塔湖·書
TOWER LAKE BOOK

主　编　潞　潞　朱晋平
编　著　刘新华　张　璇
编　委　潞　潞　孙俊峰　朱晋平　刘新华　孙铭浛　赵　锋　仝十一妹　骆冰兰　韩沛奇
苏　婧　何　欢　杜　萌　张　霞　张　璇　张芳莲　张建军　张　月　董　娟
董　霞　董树萍　董润泽　陈继东　范永慧　刘　昕　刘一豪　刘　颖　刘明星
刘　芳　钱　芳　韩　炜　王　沅　王娜娜　王永清　王玉萍　高　燕　翟惟一
赵春梅　杨霞芬　杨秀萍　李彦琪　李春花　李文荣　许艳秋　黄瑞霞　贾杨玉
李媛媛　宋献惠　王少霞　王桂平　裴志彬　焦天兰　孙素斌　冯素红　李　静
陈立伟

Reading plan

一生读书计划

军事与战争书架

主　编－潞　潞　朱晋平
编　著－刘新华　张　璇

山西出版传媒集团　山西教育出版社

再 序 |

阅读，感受喜悦

▒潞潞

听编辑说这套丛书即将再版，这真是一个好消息，甚至多少让我有些意外。四年前，《一生读书计划》问世之际，正是电子书及各种线上阅读对传统纸媒大举倾覆之时，形势不可谓不严峻。作为主编，我知道这套丛书的编撰和运行已然跨过四个寒暑，团队集中了各个学科的优秀学者和编辑，他们日复一日为这套丛书贡献着思想和体力。我担心这么好的一个选题能否实现，更隐隐担忧它问世以后的命运。幸运的是出版者毅然决然坚守初衷，这套丛书如期和读者们见了面。

编辑当初，我们即预想到这套书不会“大红大紫”，因为这不是为市场流行制作的，并不企图为此赚个“盆满钵满”，这应该是为读书人和爱书人准备的一份礼品，符合他们的心意就好，是他们心头一条长久流淌的清澈的溪水。让人欣慰的是，尽管互联网时代大潮凶猛，阅读平台和阅读方式呈现种种演变，但万变不离其宗，纸媒阅读说到底还是阅读的“根儿”，不可能被不断翻新的花样所取代。《一生读书计划》能够再版，表明了读者的认可，表明了这套丛书的生命力。读者的不离不弃，是对我们最大的厚爱和奖赏。

《一生读书计划》到读者手里已经四年了，其间不断有一些反馈，比如，一些重要的作家或作品漏选了，一些新的更有时代感的作品需要补充，一些观点不够严谨需要商榷，等等。为此，再版时梳理了这些反馈，并做了补充和修订，以便尽可能使其完美，尽可能让读者满意。

既是作者又是读者的最著名爱书人博尔赫斯说：“身为读者的喜悦是超乎作者之上的，因为读者不需要体验种种烦恼焦虑：读者只要感受喜悦就好了。”作为编者，此时，我们的喜悦也是不言而喻。

2016 年 5 月

总 序 |

阅读，一种可能的生活?

潞潞

四年前，这套书的策划者孙轶女士跟我探讨是否有这种可能，像搞一个图书超市或图书馆那样，里面分门别类摆放着若干书架，读者可以根据自己的需求想看什么看什么，广告语似乎可以是：只要抽出你想看的，其余由我们来做。当然这是戏说，后来的广告语那要精彩得多。

开始，我觉得这个想法有点像读书指南，好像别人有搞过的。但是孙女士坚持她的想法，且让我听来和以往那些读书指南很是不同，尤其她把这套丛书命名为“一生读书计划”，不仅仅是读书，还涉及人生、涉及人的一生该如何度过。这可不是一个读书范畴的问题了。

想想，人生和读书还真是一个越来越掰不开的事儿。现代人如果从七岁读书算起，这是晚的，许多孩子两三岁读书都不稀奇。幼儿园、小学、中学、大学、硕士、博士、博士后，成人教育，个人爱好，一直到七老八十老眼昏花，皓首穷经、手不释卷，人之一生何其短暂，而读书生涯又何其漫长。说一生读书，一点都不夸张，孙女士要把一生读书做个规划，不是件容易的事。

转眼间，这套丛书已然堂皇矗之，付梓而出。对此让人不禁肃然起敬。当初孙女士热情邀请我做主编，我很是惶然，因为我只是个褊狭的读者，最多能在有限范围内说点话。好在有诸位学者和专家的参与，他们以专业眼光和判断力遴选出各类佳作，毫不吝惜贡献出自己的学识和睿见。

这是一个庞大的工程，大致分为两大系列，纵向看有“小学生书架”“中学生书架”“大学生书架”“女性书架”等，横向看有“经济书架”“国学书架”“法律书架”“文学书架”等，且可以一直繁衍下去。其纵横交错，编织细密，既像一张大网，把茫茫书海里有价值的真金白银捞取上来，又像一张巨细无遗的地图，古今中外、东西南北无不覆盖，给读书人以路标和方向，亦使胃口不同的读者拥有了可选择的佳肴。

中国古代有成语曰：“汗牛充栋”“学富五车”，以谓书之多，其实就是一堆刻了字的竹片儿，放到现在，大概连一个小芯片也存不满。多即是少，少即是多，少有少的难处，多有多的麻烦。“文化大革命”期间书遭劫难，我曾连夜手抄一本借来的诗集，不知东方之既白。现在多少人却在书市中四顾茫然，面对滚滚书海不知所措。套用莎士比亚的话，选择，还是选择，是个问题。

我是一个褊狭的读者，谁都可能是褊狭的读者，这是人的个性使然。书也有书的个性。把这么多的个性统一起来，然后各取所需其乐融融，难于蜀道之难。比如有人喜欢“经典”、有人为了“实用”、有人贪图“好看”，怎样在三者上找到平衡点，始终让编者们颇费踟蹰。有本书给了编者很好的启示，这本书叫《苏菲的世界》，你可以说它是小说，也可以说是哲学。人们想象中，哲学该是多么枯燥乏味，许多读者为此却步。但这本书里，从古希腊哲学到西方的中世纪、文艺复兴、浪漫主义、弗洛伊德等等，都通过一个小女孩爱丽丝漫游仙境般的故事娓娓道来。作者乔斯坦·贾德是挪威一个高中哲学教师，大概他对中学生讲授哲学之难有深切体会，所以写出这样一部融艺术与哲学、通俗与深奥为一体的书来，他也因此成为一位知名作家。此书自 **1986** 年出版以来，销量达几百万册，成为全世界的畅销书。

比如，在“文学书架”里，人们耳熟能详的《红楼梦》等未选入，而入选了一些不那么艰深、名气也不够大的书，它们可能是一般读者更感兴趣的。按照法国符号学家罗兰·巴特的观点，供市场消费的通俗小说应该排除文学之列，我个人同意罗兰·巴特的说法，但在编这本书的过程中，我还是赞同那种更宽泛的做法，即将很多通俗小说之类也摆进了文学书架。我们最终还是要相信读者，经典不会因为通俗而消失，阳春白雪和市场并非不能共存。

我的一位朋友曾在文章里问：阅读是一种生活吗？他说不知道。其实很多人愿意在书斋里度过一生，只是没有这种幸运而已。阿根廷作家博尔赫斯八岁时写出第一篇神话故事，此后一生都在读书和写书中度过，当他成为国家图书馆馆长时已经双目失明，这是他的宿命。尽管如此，他仍然继续买书，充实他的私人书架。他甚至断言：世界就是一本书。

我个人觉得，阅读起码是一种生活方式。人生虽然短暂，但消磨起来，也有许多空虚，读书不失为一种好的选择。再者，中国人一向注重传统，书本中尽是前人的经验和智慧；中国人注重人际关系，读书恰恰可以调整和疏离过于亲密和庸俗的人际来往；中国人向往城市化和现代化，岂不知在行囊里夹带一本书正是一个现代人和都市人所必备的。读书往小里说是一种个人生活方式，但连锁起来就可能成为一个民族的生活方式，而且可能内化为民族性格和精神。

阅读为什么不能成为一种生活呢？虽然它可能是奢侈的。

2011 年 8 月

前 言

“一生读书计划”丛书之《军事与战争书架》为军事学研究者和广大军事爱好者重点推介最适合他们阅读的古今中外优秀经典军事读物以及大量的参考阅读书目。

人类历史的每一步蜕变，都伴随着血雨腥风的阵痛。一将功成万骨枯，秦始皇、成吉思汗、拿破仑……这些名字背后有多少悲欢离合，有多少道不尽的故事。前人的历史，我们可以拿来作为谈资，但须仰视。

此书并非只收录为成功者歌功颂德之作。对待战争，我们以复杂的心情来看待。很多战争本身无所谓正义、非正义，其根源就在于思想信仰的不同。而有些明显具有非正义性质的战争，如二战，其战争发动国本身也会经受难以言说的痛苦。因此，我们不能仅仅从意识形态或者是从正义与非正义的角度来解读那些逝去的英灵。

试想，如果隆美尔、古德里安、曼施坦因这“纳粹三杰”得以在二战中没有束缚地施展，欧洲的战争是否如后来那样顺理成章？试想，如果日本强大的“联合舰队”未功亏一篑，太平洋战争是否如此收场？试想，如果苏联未出兵东北，日军投降之物资必被国民党军队接收，那么东北野战军岂能如后来那样，迅速在神州大地纵横驰骋，奠定共和国的根基?

历史不能假设，但我们也不能忘记“胜者为王，败者为寇”的箴言。正因为如此，我们才更要关注当年所发生的是是非非，审视历史的转折点，找寻另一种历史的可能性。

本书除了收录这些记述具体战争本身的大量经典书籍之外，还收录了很多军事理论书籍，如《孙子兵法》《战争论》；也收录了不少军事器械类书籍，如《兵器史》《航空母舰》《较量》等。战争理论和战争器械是战争的组成部分，而这些书是这方面书目的精华和翘楚，对军事感兴趣的读者一定不能错过。

历史是严肃的，但作为军事爱好者，在对战争进程、历史真相有相当的把握之后，大可以豁达的心情道出“古今多少事，且付笑谈中”。古往今来之王侯将相，且来笑谈，而笑谈之资本，请在本书中细细品读。

目　录

军事理论

军事战争

战争史

中国战争

苏联战争

其他

军事器械

军事理论

《孙子兵法》

孙武 著

《孙子兵法》不仅仅是一部兵法，是中华文化中的重要遗产，它更是华夏智慧与朴素思想的象征。

关于作者

孙武（约前 535 年—?），字长卿，后人尊称其为孙子、孙武子、兵圣、东方兵学的鼻祖。春秋时期齐国乐安（今山东省广饶县）人。

孙武的远祖是春秋时期陈国公子陈完。陈完避难到齐国，改姓田。齐景公赐其后代姓“孙”。这是一个精通军事的世袭贵族家庭。齐国有“尚武”的传统，齐桓公当年正是凭借齐国强大的军事实力，成为春秋时期最有名的霸主。孙武的祖父孙书、父亲孙凭、叔父田穰苴均位列公卿，能征善战。据说，孙武的名字是由其祖父孙书所取。古兵书云，“武有七德”，即武力可以用来禁止强暴、消灭战争、保持强大、巩固功业、安定百姓、协和大众与丰富财物。取名“武”，体现了孙家对孙武的期望。

孙武虽然是齐人，但是在齐国并不受重用。后来，孙武到了吴国，通过斩姬练兵，获得了吴王阖闾的赏识。孙武同伍子胥一起，辅佐阖闾励精图治，使吴国迅速强大起来。

孙武与伍子胥共同辅佐阖闾经国治军，制定了以破楚为首务，继而南服越国，尔后进图中原的争霸方略；并实施分师扰楚、疲楚的作战方针，使吴取得与楚争雄的主动权。公元前506年，吴国攻楚的条件已经成熟，孙武与伍子胥辅佐阖闾大举攻楚，直捣郢都（今湖北江陵西北），占领了楚的国都郢城，几乎灭掉楚国。吴国的争霸活动在南方地区取得胜利后，便向北方中原地区进逼。公元前482年，吴王夫差率领着数万精兵，到达黄池（今河南封丘县南），与晋、鲁等诸国君会盟。吴王夫差在这次盟会上，以强大的军事力量为后盾，争得霸主的地位。

随着吴国霸业的确立，夫差不再像以前那样励精图治，对孙武、伍子胥这些功臣不再那么重视，反而重用奸臣伯嚭。由于伍子胥一再进谏，夫差大怒，遂逼其自尽，甚至命人将伍子胥的尸体装在一只皮袋里，扔到江中，不给安葬。伍子胥的死，给了孙武一个沉重的打击。他深知“飞鸟尽，良弓藏；狡兔死，走狗烹”的道理，于是便悄然归隐。他根据自己训练军队、指挥作战的经验，修订其兵法十三篇，这就是传世经典《孙子兵法》。

荐读理由

先不论《孙子兵法》这本书，单单孙武本人就是一位值得品读的传奇人物。丰富的人生、卓越的成就、深刻的思想、功在千秋的著作，孙武用自己的人生最好地诠释了其著作的内涵。《孙子兵法》成书于春秋末期，是我国古代流传下来的最早、最完整、最著名的军事著作，在中国军事史上占有重要的地位，其军事思想对中国历代军事家、政治家、思想家产生了深远的影响，享有“兵学圣典”的美誉。作为华夏文化乃至世界文明中的瑰宝，《孙子兵法》不仅仅是一部兵法，不仅仅是中华文化中的重要遗产，它更是华夏智慧与朴素思想的象征。在现代，《孙子兵法》远远不再局限于是一本军事著作，它还被广泛运用于政治斗争、商业竞争和社会生活的方方面面。

《孙子兵法》全书分为十三篇，是孙武初次见面赠送给吴王的见面礼。司马迁《史记》记载："孙子武者，齐人也，以兵法见于吴王阖闾。阖闾曰：子之十三篇，吾尽观之矣……"《孙子兵法》曾被誉为"前孙子者，孙子不遗；后孙子者，不能遗孙子"。它对当时军事理论的高度概括和对后世军事战争的指导意义是非凡的。

《孙子兵法》全书共十三篇。各个篇目主要包含以下内容：

《计》：讲的是庙算，即出兵前在庙堂上比较敌我的各种条件，估算战事胜负的可能性，并制订作战计划。这是全书的纲领。

《作战》：主要是庙算后的战争动员。

《谋攻》：是以智谋攻城，即不专用武力，而是采用各种手段使守敌投降。

《形》《势》：讲决定战争胜负的两种基本因素："形"指具有客观、稳定、易见等性质的因素，如战斗力的强弱、战争的物质准备；"势"指主观、易变、带有偶然性的因素，如兵力的配置、士气的勇怯。察"形"观"势"成为后人作战的基本素养。

《虚实》：讲的是如何通过分散集结、包围迂回，造成预定会战地点上的我强敌劣，最后以少胜多。

《军争》：讲的是如何"以迂为直""以患为利"，夺取会战的先机之利。

《九变》：讲的是将军根据不同情况采取不同的战略战术。

《行军》：讲的是如何在行军中宿营和观察敌情。

《地形》：讲的是六种不同的作战地形及相应的战术要求。

《九地》：讲的是依"主客"形势和深入敌方的程度等划分的九种作战环境及相应的战术要求。

《火攻》：讲的是以火助攻。

《用间》：讲的是五种间谍的配合使用。

书中的语言简洁，内容也很有哲理性，中国后世武将无不从中受益，几千年来一直谨受此书教导，形成中国特有的兵学文化。

《孙子兵法》有丰富的辩证法思想，书中探讨了与战争有关的一系列矛盾的对立和转化，如敌我、主客、众寡、强弱、攻守、胜败、利害等。《孙子兵法》正是在研究这种种矛盾及其转化条件的基础上，提出其战争的战略和战术的。这当中体现的辩证思想，在中国辩证思维发展史上占有重要地位。《孙子兵法》谈兵论战，集“韬略”“诡道”之大成，被历代军事家广为援用。《孙子兵法》中缜密的军事、哲学思想体系，深远的哲理，变化无穷的战略战术，常读常新的探讨韵味，在世界军事思想领域也有广泛的影响，享有极高的声誉。历代研究《孙子兵法》的人非常多。宋书《十家孙子会注》，收录了曹操、李荃、杜牧、陈皞、贾林、孟氏、梅尧臣、王皙、何延锡、张预对《孙子兵法》的注释，是值得认真阅读的版本。

先睹为快

1. 用兵之法，十则围之，五则攻之，倍则分之，敌则能战之，少则能逃之，不若则能避之。

2. 故三军可夺气，将军可夺心。

3. 其疾如风，其徐如林，侵掠如火，不动如山，难知如阴，动如雷震。

4. 故上兵伐谋，其次伐交，其次伐兵，其下攻城。

5. 善用兵者，役不再籍，粮不三载，取用于国，因粮于敌，故军食可足也。国之贫于师者远输，远输则百姓贫；近师者贵卖，贵卖则百姓财竭，财竭则急于丘役。力屈中原、内虚于家。

6. 昔之善战者，先为不可胜，以待敌之可胜。不可胜在己，可胜在敌。故善战者，能为不可胜，不能使敌之必可胜。

7. 是故百战百胜，非善之善也；不战而屈人之兵，善之善者也。

8. 兵者，诡道也。

9. 夫用兵之法，全国为上，破国次之；全军为上，破军次之；全旅为上，破旅次之；全卒为上，破卒次之；全伍为上，破伍次之。

延展阅读

《孙子兵法集注》

江苏古籍出版社，即宋本十一家注释的《孙子兵法》。这是我国古代文人注解《孙子兵法》的总结之作。不仅有利于读懂《孙子兵法》的内容，也有利于研究这些注释者的思想。

《〈孙子〉十三篇综合研究》

中华书局，作者李零。李零是我国著名的古文字学家，对《孙子兵法》原著的版本、注释等方面的研究都有很深的造诣。此书可以说集李零先生《孙子兵法》研究之大成，从版本考释、内容注释等各个方面都有很全面的描述。

《〈孙子兵法〉新注》

中华书局，中国人民解放军军事理论研究部注解。本书是中国人民解放军军事理论研究部重点研究注释出版的作品。由于其专业性，对军事内容的注解非常到位，是研读《孙子兵法》非常好的读本。

《武经七书》

孙武　等著

有志于研究中国军事的朋友，绝对不能错过《武经七书》。

关于作者

《武经七书》由《孙子兵法》《吴子兵法》《六韬》《司马法》《三略》《尉缭子》《李卫公问对》七部著名兵书汇编而成。

这七部书的作者均为中国历史上声名赫赫的军事家。

《孙子兵法》作者介绍见前文。

《吴子兵法》作者吴起，生卒年不详，战国初期卫国左氏（今山东省定陶，一说曹县东北）人。《史记·孙子吴起列传》与《儒林列传》记载吴起在鲁“尝学于曾子”，至魏又拜子夏为师。周威烈王十四年（前412），齐国进攻鲁国，鲁国国君想用吴起为将，但因为吴起的妻子是齐国人，对他有所怀疑。吴起由于渴望当将领成就功名，就毅然杀了自己的妻子，表示不倾向齐国，史称杀妻求将。鲁君最终任命他为将军，率领军队与齐国作战。鲁军大获全胜。吴起在政治、指导战争诸方面积累了丰富的经验，他把这些经验深化为军事理论。《汉书·艺文志》著录《吴起》48篇，已佚，今本《吴子》六篇（《图国》《料敌》《治兵》《论将》《变化》《励士》），系后人所托之作。

《司马法》是战国中期众家所著合集。《司马法》原为西周时期有关军礼、军法的汇集，战国中期，齐威王令大夫追论古《司马兵法》，于是将田穰苴的阐发附于其中。田穰苴，春秋时期齐国人。田穰苴是继姜尚之后一位承上启下的著名军事家，曾率齐军击退晋、燕入侵之军，因功被封为大司马，世称司马穰苴。后因齐景公听信谗言，田穰苴被罢黜，未几，抑郁发病而死。由于年代久远，其事迹流传不多，但其军事思想却影响巨大，司马迁赞曰："闳廓深远，虽三代征伐，未能竟其义。"

《李卫公问对》作者唐人李靖。李靖（571—649），字药师，雍州三原（今陕西三原县东北）人。出身于官宦之家，唐初杰出的军事家。李靖军功卓越。上元元年（760），唐肃宗把李靖列为历史上十大名将之一，并配享于武成王（姜太公）庙，后逐渐神化为李天王。唐太宗曾对李靖给予高度评价："……尚书仆射代国公靖，器识恢宏，风度冲邈，早申期遇，夙投忠款，宣力运始，效绩边隅，南定荆扬，北清沙塞，皇威远畅，功业有成。"他写有《李靖六军镜》等多部兵书，大都已经失传，后人编辑了《唐太宗李卫公问对》，在北宋时期被列入《武经七书》。

《尉缭子》，关于作者有两种看法，一说是梁惠王时魏人尉缭，一说秦始皇时秦国大将尉缭。但根据书中内容来看，第一种说法更可信，因为梁惠王与秦始皇年代不同，而书中多次提及梁惠王。此人生平已不可考。

《六韬》相传为姜子牙所作，《三略》相传为黄石公所作，现在都认为是后人托名之作。但这两部书影响深远，在中国军事史上占有重要地位。

荐读理由

《武经七书》是北宋朝廷作为官书颁行的兵法丛书，是中国古代第一部军事教科书。北宋政府颁行《武经七书》是遵照皇帝宋神宗的旨意进行的。为适应军事斗争、教学、考选武举的需要，宋神宗于元丰三年（1080）命令当朝最高学府国子监司业朱服等人组织力量校订、汇编、出版上述七书。武学博士何去非参与了此项工作。校订这七部兵书，用了三年多的时间，到元丰六年（1083）冬才完成了刊行的准备工作。校订后的这七部兵书命名为《武经七书》，共25卷。

在中国古代文化中，“经”并不是轻易可以用来给书籍命名的。凡是被命名为“经”的书籍，必然是其领域内的绝对经典。如同四书五经一样，《武经七书》是作为军事领域内的至高兵书而存在的。

《孙子兵法》是中国人最引以为傲的军事著作，该书被人们奉为“兵经”“百世谈兵之祖”。它不仅仅是历代军事家用以指导战争的兵书，而且深深地刻印在了中华文化之中。“知彼知己，百战不殆”“不战而屈人之兵”等兵家格言，已经深深地融入了中华民族文化的血液之中，指导着我们的日常实践。《孙子兵法》现如今早已超出了兵书范畴，被各行各业广泛学习与使用。

《吴子兵法》在古代与《孙子兵法》并称为两大兵书。它共分六篇，很好地体现了吴起的军事思想。其“内修文德，外治武备”的战略指导思想，“以治为胜”的方针，至今仍然对我们有很强的启示作用。

《司马法》对战争持慎重的态度。“国虽大，好战必亡；天下虽安，忘战必危。”这些信条，即使在现代看来，都有很强的警示作用。这种慎重源于战国时代战争频发、诸侯混战的乱世，需要时刻保持警戒与清醒，作者目睹了不同王国间的攻伐，明白和平的珍贵，读来令人警醒。

《尉缭子》《六韬》《三略》《李卫公问对》等，虽不像《孙子兵法》那样妇孺皆知，但在当时流传甚广，虽为后人托名的作品，但内容质量极高，被列为教科书，当之无愧。

《武经七书》颁行后，备受世人关注。自问世之后，注家蜂起，存世之作，不下数十种。《武经七书》集中了中国古代兵法的精华，被宋朝及后世确定为兵学经典，对中国军事思想的发展产生了重要影响。各种注本对人们学习和研究《武经七书》具有参考作用。《武经七书》北宋刊本已亡佚，现存宋孝宗或宋光宗时刻本，原属于陆心源皕宋楼藏书，后被日本岩崎氏买去，收藏于日本静嘉堂。

后来特别是17世纪以来，在日本出现了多种重刊本、翻译本和注解本。《武经七书》的头两部兵书《孙子兵法》《吴子兵法》在欧、亚、美流传更广，甚至在海湾战争期间被列为军事必读书目，可见《武经七书》在国外的影响之大。

有志于研究中国军事的朋友，绝对不能错过《武经七书》。

先睹为快

兵者，诡道也。故能而示之不能，用而示之不用，近而示之远，远而示之近。利而诱之，乱而取之，实而备之，强而避之，怒而挠之，卑而骄之，佚而劳之，亲而离之。攻其无备，出其不意。此兵家之胜，不可先传也。

夫用兵之法，全国为上，破国次之；全军为上，破军次之；全旅为上，破旅次之；全卒为上，破卒次之；全伍为上，破伍次之。是故百战百胜，非善之善也；不战而屈人之兵，善之善者也。

凡兵之所起者有五：一曰争名，二曰争利，三曰积德恶，四曰内乱，五曰因饥。其名又有五：一曰义兵，二曰强兵，三曰刚兵，四曰暴兵，五曰逆兵。禁暴救乱曰义；恃众以伐曰强；因怒兴师曰刚；弃礼贪利曰暴；国乱人疲，举事动众曰逆。五者之数，各有其道：义必以礼服，强必以谦服，刚必以辞服，暴必以诈服，逆必以权服。

凡战：击其微静，避其强静；击其倦劳，避其贤窕；击其大惧，避其小惧。自古之政也。

延展阅读

《〈武经七书〉与当代战争战略》

作者国防大学教授陈相灵。这本书从当代战争的角度来解读《武经七书》的内涵。深入发掘其内在的价值，对于我们读懂读透《武经七书》，同时学会灵活地运用它，具有很好的提示作用。

《战争论》

〔德〕克劳塞维茨　著

德国军事理论巨匠、《战争论》的作者克劳塞维茨，被尊为“西方兵圣”。

关于作者

克劳塞维茨（1780—1831），德国军事理论家和军事历史学家，普鲁士军队少将。1792 年加入了普鲁士军队。1803 年从柏林军官学校毕业后，任奥古斯特亲王副官。1806 年 10 月随亲王参加奥尔施泰特会战时，被法军俘虏，翌年底获释。1809 年初调普军总参谋部工作，任总参谋长兼军事改革委员会主席沙恩霍斯特的办公室主任，协助沙恩霍斯特从事军事改革。1810 年秋任军校教官，并为王太子讲授军事课。1818 年 5 月任柏林军官学校校长，9 月晋升为少将。任校长 12 年，潜心研究战史和从事军事理论著述。1831 年 5 月任驻波兰边境普军参谋长，同年 11 月卒于布雷斯劳。克劳塞维茨去世后，他的妻子于 1832—1837 年整理出版了《卡尔·冯·克劳塞维茨将军遗著》，共 10 卷，1—3 卷为《战争论》，其余为战史著作。

纵观克劳塞维茨一生，并没有显赫的家族背景，亦没有赫赫战功，但生逢乱世，一生戎马，身经百战。身处尚武的普鲁士王国，东临野心勃勃的沙皇俄国，西傍巅峰时期的拿破仑帝国，克劳塞维茨终生都在研究各种战争，并最终形成了自己的军事理论。法国大革命、历次拿破仑战争和19世纪初欧洲各国人民的民族解放运动，对于克劳塞维茨世界观、军事观的形成产生了决定性的影响。

克劳塞维茨的著作，构成了西方军事思想发展史上的一个完整阶段。后来的西方军事界把克劳塞维茨奉为“空前绝后的军事经典作家”。研究克劳塞维茨最负盛名的学者罗特费斯特曾经指出，克劳塞维茨是“研究战争而真正摸索到其根本的第一人”。

荐读理由

如果提起“兵圣”这个名号，中国人第一反应会是孙武。孙武之所以被尊为“兵圣”，并非因为显赫的战功，而在于其著成了充满智慧的兵家宝典《孙子兵法》。由此观之，德国军事理论巨匠、《战争论》的作者克劳塞维茨，被尊为“西方兵圣”毫不为过。

1831年，克劳塞维茨因霍乱逝世于波兰边界军营中。在他突然死亡之后，其有关战争理论的著作才被其遗孀在一个密封着的包中发现。包裹上面附有这样一行注记，耐人寻味：

“假如这个著作因为我的死亡而中断，则所发现的就只能称之为一大堆尚未成型的概念……足以引起无穷的误解。”

而这些理论著作被整理之后，《战争论》呈现在世人面前。的确如克劳塞维茨本人所说，后世对《战争论》的理解，可能总会有这样那样的误解。但是经过时间的检验，180多年之后，这部著作依然屹立在军事理论界的大地上。正如作者本人所认为的，他的《战争论》“将引起军事理论的一场革命，并且它将不是两三年之后就会被人们遗忘的书”。

这不仅仅是一部教会你什么是战争、如何进行战争的书，而且是一部饱含哲理的军事著作。德国史学家罗特费斯曾经指出：“知道克劳塞维茨大名的人很多，引述其名言的也很多，但是真正读过《战争论》的人却并不多，而真正能了解其真义的人则更是少之又少。”这其中很大程度上是因为《战争论》博大精深，要想真正领会克劳塞维茨的奥义，需要细细地研读。而这正是这部书的魅力所在。

克劳塞维茨亲身参加过很多战斗，同时也长期从事军事教育工作，这些都使他对战争有着相当深刻的认识。他研究了1566—1815年期间所发生过的130多次战争和征战，撰写了论述荷兰独立战争、古斯塔夫二世·阿道夫战争、路易十四战争、菲特烈二世战争、拿破仑战争、1812年卫国战争、1813年德意志解放战争等许多军事历史著作。这些著作，是形成其《战争论》理论基础的基石。

克劳塞维茨观点的理论基础是德国康德、费希特和黑格尔的哲学思想。他以这些哲学思想为指针，在资产阶级军事科学中首次对战争和军事学术等一系列现象的相互联系和发展作了分析。他把史学家和哲学家的方法合二为一，以观察为基础而进至演绎，他认为这种方法可以保证其原则的正确，因为“哲学与经验互相保证”。这种演绎与观察的协调，是《战争论》最重要的特征。

《战争论》的结论是：“战争是政治的工具；战争必不可免地具有政治的特性……战争就其主要方面来说就是政治本身，政治在这里以剑代表，但并不因此就不再按照自己的规律进行思考了。”对于克劳塞维茨的这一论点，列宁曾给予极高评价。列宁称他为“一位非常有名的战争哲学和战争史的作家”。

随着时代的发展，现代军事理论已经逐渐超越了前贤。但《战争论》中的“暴力决斗论”“政治延续论”等基本观点依然闪烁着永恒的光芒。尤其是这部书在海湾战争之前，被西方军事理论界奉若瑰宝，其思想深深地影响了欧洲各国的战争。我们现在来研究这部书，一方面可以帮助我们加深对一战、二战的理解，加深对西方战争行为的领悟；另一方面，也可以为我们的未来提供智慧的营养。

先睹为快

战争非他，不过就是一个大规模的决斗。假使我们把构成战争的无数决斗当做一个单位来看，则我们最好是假定其为两个角力者。每个人都想用体力迫使对方屈服于其意志之下，每个人都想摔倒其对手，并使其不能再作反抗。所以，战争就是一种以迫使对方实现我方意志为意图的暴力行为。

虽然理智往往有力求明确的趋势，但我们的心理又还是常为不确定的因素所吸引。人往往不愿沿着哲学和逻辑的窄路走，以求达到一种抽象的境界，而宁愿将其思想留在机会和运气的领域。

值得注意的是，正像一名弓弩手必须要有强大的臂力才能把弓拉开到最大限度一样，战争中也需要凭借一种伟大的精神指导，然后才能把部队的潜力挖掘出来。假如一支军队，由于巨大不幸的原因，为危险所包围，就好像被推倒的墙开始崩溃一样，此时只有拼命把体力用到最高限度才有安全脱险的机会；而一支获胜的军队，在得意扬扬之余，受到其主将意志指导，不辞劳苦，舍命穷追。虽然同样的努力，前者只会让我们感到可怜，后者则让我们感到敬佩。

延展阅读

《解读〈战争论〉》

作者夏征难，1955 年生，浙江上虞人，现为军事科学院《中国军事科学》编辑部副主编、副编审，著有《克劳塞维茨战争哲学思想研究》等书。本书按照《战争论》原书篇、章的基本观点、基本论述方法及相关的背景知识，阐释和转述了《战争论》的思想观点。

《〈孙子兵法〉与〈战争论〉比较研究》

作者薛国安，国防大学教授、博士生导师，《孙子兵法》研究专家，长年给中外高级军官、企业总裁及高层管理人员讲授有关《孙子兵法》的课程，2006 年在中央电视台《百家讲坛》栏目作了系列讲座“《孙子兵法》解谜”。相信东西方两部兵书的对比研究，肯定会迸发出别样精彩的火花。

《战略论：间接路线》

〔英〕李德·哈特 著

读完克劳塞维茨的《战争论》，再读李德·哈特的《战略论》，两本书参校，就会看到现代西方军事理论的根基。

关于作者

李德·哈特（1895—1970），英国著名军事理论家、战略学家，被奉为“20 世纪的克劳塞维茨”“军事理论教皇”。

李德·哈特参加过第一次世界大战，获上尉军衔。一战后，他因伤病从军中退役，转而从事军事研究及写作。一战结束后，先后服务于英国《每日电讯报》（1925—1935）和英国《泰晤士报》（1935—1939），从事军事记者工作。李德·哈特同时也是著名的军事战略家，在军事学上提出了“间接路线”的观念以及涵盖军事以外领域的“大战略”概念，同时他也是现代战争“装甲兵”作战的鼓吹者。李德·哈特与克劳塞维茨同时被誉为西方战略思想史中的两位现代战略大师。凭借其出色的军事理论才能，李德·哈特于 1937 年出任英国陆军大臣军事顾问。

李德·哈特潜心于军事理论研究，曾与富勒等人一起提出了战车、机械化步兵和飞机联合作战的现代战争原理。他一生著述颇丰，共写下了 30 多部军事著作和大量论文，其主要著作有《战略论：间接路线》《第二次世界大战史》《隆美尔战时文件》等。

荐读理由

李德·哈特被尊称为“20 世纪的克劳塞维茨”，并不代表他传承了克劳塞维茨的学说。相反，正是因为他发现了克劳塞维茨的理论漏洞，才成就了其在军事理论界的崇高地位。

克劳塞维茨军事学说的重点在于强调“集中优势兵力进行决战或局部决战”的重要性，强调人的“精神因素”的重要作用。他认为，数量上的优势在战略战术上都是最普遍的制胜因素。虽然在实际作战中，通常不可能处处形成优势，但必须在决定点上通过巧妙调遣部队，造成相对优势。一切军事行动或多或少地以出其不意为基础，才能取得优势地位，使敌人陷入混乱和丧失勇气，从而成倍地扩大胜利的影响。战略上最重要而又最简单的准则是集中优势兵力。用于某一战略目的的现有兵力应同时使用，越是把一切兵力集中用于一次行动和一个时刻越好。会战是战争的真正重心，由几场战斗所形成的大规模会战能有效地消灭敌军，所取得的成果最大，所以高级将领应当重视这种双方主力之间的战争，并将其视为挫败敌国交战意志的重要手段。

克劳塞维茨的观点肯定了“集中优势兵力歼灭敌人”的意义，但也存在一定的缺陷。他过分强调了陆军的作用，因而未能正确估计海军的意义。他的眼光显得相当近视，就在战争的机器时代已经敞开大门的时候，他还在宣扬自己的信念，说数量的优势仍在与日俱增地具有决定性的意义。这样的“信条”增长了一般军人本能的保守主义思想，使他们不敢相信机械的发明有创立新型优势的可能性。

克劳塞维茨曾经说：“有些仁慈的人可能很容易认为，一定会有一种巧妙的方法，不必造成太大的伤亡就能解除敌人的武装或者打垮敌人，并且认为这是军事艺术发展的真正方向。这种看法不管多么美妙，却是一种必须消除的错误思想……”克劳塞维茨没有想到，他所公开谴责的东西，正是军事学术方面的所有匠师所追求的东西，正是军事学术的正确目标。而李德·哈特正是将这样的目标作为自己的追求，他反对克劳塞维茨“直接决战”的观点，创立了“间接路线战略”；他反对克劳塞茨忽视装甲部队的做法，提出“装甲兵”作战方法，开创了现代军事战争的理论基础。

《战略论：间接路线》一书正式提出了“间接路线战略”，提出以“间接路线”为主要手段，以微小的代价取胜的主张。他认为，战略的真正目的并不是寻求决战，而是要尽量削弱敌人的抵抗能力，破坏其稳定性，创造有利的战略态势，从而以最小的军事消耗和最低限度的损失使敌人屈服。作战中要避免与敌人作直接的硬拼，而是采取各种巧妙的方法，力求出其不意地打击和震撼敌人，使之惊慌、动摇，在心理上和物理上丧失平衡。其结果，敌人不是自动崩溃，就是在会战中轻易被击溃。

采取“间接路线”的行动方式是多种多样的，如避免向坚固阵地作正面突击，尽量从翼侧迂回以猛击敌要塞地点；作战计划具有灵活性，根据情况随时变更部署；实施兵力、兵器的广泛机动；采取欺骗和迷惑敌人的方法，诱使敌人在兵力部署和作战行动上犯错误；威胁敌补给系统和交通线等。何种时机采用何种方式无固定规律，需灵活掌握，一切均以破坏敌人的稳定性为准则。李德·哈特以西洋军事史上的30场战争、280多个战役的研究为例，归结出间接路线为最有希望且最经济的战略形式。书中有关大战略的思考及游击战的阐述更是开风气之先。

克劳塞维茨像一位战场上的大将，其理论充满了昂扬的战斗力和进攻欲望。与之相比，李德·哈特就像一位权谋家，更善于运筹帷幄，决胜千里之外。读完克劳塞维茨的《战争论》，再读李德·哈特的《战略论：间接路线》，两本书互相参校，就会看到现代西方军事理论的根基。间接路线战略理论自问世后，一直受到西方军界的重视。以往许多具有决定意义的战争和战役，都是采取“间接路线”的方法取胜的。一些著名将领把它奉为经典，D. 史密斯认为它是“解决战争问题的钥匙”，唤起了人们“对于战略原理的再认识”。

先睹为快

凯撒的间接路线行动，其规模是比较狭窄的，而且缺乏奇袭的意味。他在每一次战局中，只是使敌人的士气有所削弱，而未能使其达到崩溃程度。其所以如此，可能是这样一个原因：凯撒所重视的，主要是震撼敌军士兵的心理，其次才是其将领的心灵。如果说，凯撒的几次战局可以作为一个例证，用来说明两种间接路线方式的区别，即对付敌人军队和对付敌军指挥之间的区别，那么还不如说，除此之外，这些战局更加令人信服地证明了战略上的直接路线行动和间接路线行动之间的区别。这是因为，每当凯撒采取直接路线的战略行动时，他总是遭到失败，而一旦转而采取间接路线的战略行动，他就经常取得胜利。

十三世纪也有许多具有高超战略艺术的例证。第一个这样的例证发生在1216年。英国国王约翰在几乎丧失王位之后，居然又在一次没有进行任何战斗，而是纯粹运用战略手段的战局当中，把自己的国家挽救过来了。他当时采取的手段是：一、机动性；二、要塞所具有的巨大防御能力；三、心理上的因素，即利用城市公民对于“伯爵们”和他们的国外同盟者法兰西国王路易的传统厌恶心理。路易在肯特东面地区登陆以后，紧接着就占领了伦敦和温契斯特。约翰当时的兵力过于单薄，要用战斗来进行抵抗是不可能的。而全国的大多数乡村仍然被伯爵们统治着。不过，约翰还控制着温索尔、里丁、瓦林福德和牛津等要塞。这些要塞监视着泰晤士河一线，把伯爵们的势力分隔在该河南北两面。而位处路易国王后方的那个最重要的要塞多佛尔，也仍然掌握在约翰的手里。这时，约翰本人已撤退到多塞特郡，而当局势逐渐明朗化之后，他便在七月间开始向北进军，前进到伍斯特，抵达塞文河，从而建立起一道屏障，使得叛乱者不可能继续向西北和西南方向扩散。此后，他又从那里向东方移动，沿着泰晤士河进军，作出了一个前往温索尔解围的姿态。

延展阅读

《装甲战》

本书作者富勒，英国军事理论家、军事史学家，与李德·哈特一起开创了装甲战理论。《装甲战》是富勒的代表作之一，此书于 1932 年在英国首次出版。1943 年美国再版此书时，作者根据当时正在进行的第二次世界大战的作战经验，对原书的一些内容以注释的方式作了补充说明。这是一部完整叙述机械化部队作战的书，而且对军队指挥和一些军事原则，以及装甲兵在各种战斗中的运用都有精辟的论述。对于广大军事爱好者来说，阅读此书，可以开阔军事视野，增长军事知识。此书曾在不少国家出版，并作为一些国家军事院校的基本教材。

《海权对历史的影响》

〔美〕A. T. 马汉 著

由于海权理论的巨大影响，西方知识界将该书列为影响人类历史进程的十大书籍之一。

关于作者

A. T. 马汉（1840—1914），1859 年毕业于美国安纳波利斯海军学校后即在海军任职，曾参加过南北战争，担任过舰长，后在美国海军学院和安纳波利斯海军学校任教，主要教授海权理论和海军史，曾两度担任美国海军学院院长。

马汉于 1890 年出版了《海权对历史的影响》一书，提出了“海洋中心”说。《海权对历史的影响》一书在美国再版了 30 多次，并在全世界广泛流传。马汉也被后人公认为是海权论的鼻祖。他的突出贡献在于对海权这一概念的创建和廓清，经受了时间的考验，体现了巨大的理论价值，对当时的世界和后世历史均发挥了重要的作用。

马汉曾任美国前总统罗斯福的海军顾问，他的理论成了美国海军发展和海上扩张的理论根据。马汉明确表示，他的海权论是要为美国的外交和军事战略提供基础，并公开称“强权即公理”。1890 年，美国国会通过了《海军法案》，美国开始大规模发展海军。19 世纪最后 10 年，美国的海军实力由世界第 12 位跃升为第 3 位，仅次于英、法两国。第一次世界大战后，美国成为世界上最强的海权国家。第二次世界大战结束时，美国完全控制了太平洋，把太平洋当作自己的“内湖”。冷战结束后，美国在海外仍有700多个军事基地，4个作战舰队，13个航空母舰战斗群，各型舰艇近500艘。

马汉的有关海权的理论著作有20多部。鉴于马汉对美国海军战略的重要影响，富兰克林·罗斯福总统说，马汉是“美国生活中最伟大、最有影响的人物之一”。直至今天，强大的海权仍是美国全球战略的基础，马汉的海权思想仍然深深影响着美国和世界许多政治家与军事家。

1914年12月1日，马汉因心脏病发作，逝世于华盛顿海军医院，享年74岁。

荐读理由

近年来，美国及北约国家发动的一系列战争让我们深刻感受到航母及制空权、制海权对一个国家的重要性，而美国的航母战略则根源于它深信着“海洋中心论”，相信着海权不可撼动的巨大作用。而这些，则源于马汉的“海权论”。

《海权对历史的影响》一书，是马汉的开山之作，具有划时代的意义。该书提出了一系列海权理论，对后世影响深远。马汉也因之被尊为“海权鼻祖”。该书出版之后，在美国即被再版30余次，成为传世经典。由于海权理论的巨大影响，西方知识界将该书列为影响人类历史进程的十大书籍之一。

马汉认为制海权对一国力量最为重要。海洋的主要航线能带来大量商业利益，因此必须有强大的舰队确保制海权，以及足够的商船与港口来利用此利益。马汉也强调海洋军事安全的价值，认为海洋可保护国家免于在本土交战，而制海权对战争的影响比陆军更大。他主张美国应建立强大的远洋舰队，控制加勒比海、中美洲地峡附近的水域，再进一步控制其他海洋，进而与列强共同利用东南亚与中国的海洋利益。而这些做法，被后来的美国政府采用并取得巨大的成功。

马汉还以英国为例，讨论了一国的地理、人口、政府政策等六项基本因素对海权的影响，并提出相关战略：

地理位置：马汉认为最理想的位置是居中央位置的岛屿，并靠近主要的贸易通道，有良好的港口和海军基地。例如：不列颠群岛与欧洲大陆的距离不远不近，既足以使英国获得对抗外敌入侵的相当安全的保障，又便于打击敌人。

自然地理形态：海岸线可决定向海洋发展的难易程度，良好港湾则代表向海洋发展的先天潜力，而土地的肥沃与否，则影响人民靠海为生的意愿和需求。

国家领土范围大小：马汉认为国土的大小必须与人口、资源及其他权力因素相配合。一个国家人口的总数与海岸线总长度的比例，具有极大重要性。

人口数量：人口数量和素质均为海权的重要基础，海权国家不但应有相当数量的从事航海事业的人口，而且其中直接参加海洋生活的人数应占相当高的比例。

民族性：面向海洋的民族具有冒险犯难的性格，可以促进商机及航运发展；国民对海上贸易的意愿及航海生产能力的心理因素亦极重要。若国民以向海洋寻求财富为荣，航海事业自然蓬勃。

政府的性质和政策：政府的战略主张，影响海军武力的运用；政府必须明智而坚毅，才能促进海权的长期发展。英国的成功主因即在此。自詹姆士一世开始，英国的国家政策即一直以追求海外殖民地、海上贸易和海军优势为目的。

马汉的海权论对日后各国政府的政策影响甚大。美国、日本、德国、苏联等国都先后将其作为制定国家发展战略的方向指导。美国前总统罗斯福控制中美洲的“巨棒政策”就是以马汉理论为基础的。直到冷战结束后，美国在亚太地区的部署都以马汉理论为基础。

先睹为快

实际上战略是属于大自然的规律，它的稳定性如今已有很多人在论说。而战术则是以人制造的武器作为其工具，分享着世世代代人类的发展进步。战术理论经常得发生改变或全部解体，但是过去的战略基础，好似建立在坚固的磐石之上，仍然没有改变。

一般来说，所有本国政府对待殖民地的态度都是自私的。不管殖民地是以什么方法建立起来的，本国政府一旦意识到了殖民地的重要性，殖民地便成为本国政府的一头奶牛。当然这头奶牛也会受到很好的照料；不过是因为它作为自己的一项财产，给一点照顾也是值得的。立法的目的就是为了垄断殖民地的对外贸易；政府为本国在殖民地居住者提供有益的邮船；殖民地往往被看成是适于国内那难以控制的人和无用的人的居住地。只要军政当局还留在殖民地里，它仍不可避免地具有本国固有的特征。

1778 年之战完全是一次海上战争：不但英国尽力避免使自己陷入大陆战争，而且两个竞争对手的海上力量也旗鼓相当，这是自图尔维尔时代以来未曾有过的。照英国以往的政策，它会努力激励大陆战争。一些因存在争议从而引发战争的地方和战争的目标，大部分都远离欧洲——除了直布罗陀海峡外，都不在欧洲大陆。

延展阅读

《海权论的鼻祖：马汉》

作者王生荣，《中国军事科学》杂志编辑、副编审。著有《毛泽东与军队武德》《海权论的鼻祖：马汉》等。本书共分 11 章，包括“海权论”经典学说、美国走上世界海洋大国的战略、日本夺取东亚海权的战略、德国在北海冒险赌注的战略等内容。

《亚洲海权地缘格局论》

作者鞠海龙，本书追溯和解析了历史上亚洲海权地缘格局的发展过程，阐述和解读了亚洲未来海权格局转型发展的实质内容，特别是通过分析美国、印度、中国等国的海权战略模式，对未来亚洲海权战略格局的发展及其方向进行了论证和预测，指出合作共赢的模式应该成为亚洲海权战略的取向和价值。本书具有一定的学术研究和参考价值。

《大棋局：美国的首要地位及其地缘战略》

〔美〕兹比格纽·布热津斯基　著

这本书思想深刻，是冷战结束后最重要的政治、军事文献之一。

关于作者

兹比格纽·布热津斯基，1928 年 3 月出生于波兰华沙，其父为 1938 年波兰驻加拿大蒙特利尔总领事，幼年随父母生活在国外。1953 年从哈佛大学毕业后定居美国，1958 年加入美国籍。他是著名的国际关系学者、地缘战略家、国务活动家、外交家、卡特政府的国家安全顾问、美国国家安全事务助理（1977—1981），目前美国最重量级智囊之一。

布热津斯基对苏联和中国的研究有独到见解，在美、苏、中大三角关系中，力主联华制衡苏联。其对国际体系的变革及发展具备前瞻思维和战略视野，善于综合其他学科对国际关系发展在哲学层面提出深层次的观点。布热津斯基在其名著《大棋局》及《大抉择》中，继承并发扬了地缘政治学鼻祖麦金德于《历史的地理枢纽》中阐发的地缘政治思想，明确提出亚欧大陆是最重要的地缘政治中心的观点，认为美国要继续保持世界领导地位，必须控制亚欧大陆，尤其是“全球巴尔干”地区（全球巴尔干地区西起埃及西奈半岛，东至中国新疆，北抵俄罗斯南部边境，南临巴基斯坦南部印度洋沿岸，包括整个中亚及中东，是世界宗教、种族、人口不断发生冲突碰撞，但拥有极其丰富的自然资源的地区)。这一思想在现代美国发动的一系列战争中不断得到印证。

布热津斯基是美国前国务卿马德琳·奥尔布赖特（1997—2001 年在任）在哥伦比亚大学攻读博士期间的导师；美国现任国防部长罗伯特·盖茨曾为布热津斯基的行政助理；据传美国现任总统奥巴马在哥伦比亚大学求学期间亦曾受过布热津斯基的教诲。

布热津斯基的主要作品有《实力与原则：布热津斯基回忆录》《大失败：二十世纪共产主义的兴亡》《大棋局：美国的首要地位及其地缘战略》《大抉择：全球统治或全球领导》等。

荐读理由

《大棋局》是布热津斯基的代表著作。这本书思想深刻，是冷战结束后最重要的政治、军事文献之一。他在给美国的力量赋予意义时显示了他传奇般的广阔视野和敏锐的思想。在当今多变的时代里，布热津斯基仍然是美国最伟大的战略思想家。在书中，他对冷战后世界形势进行了令人深省的分析，并深刻分析了美国在这种形势下应当发挥怎样的作用。他的思想对美国当代政治、军事决策产生了至关重要的影响。

布热津斯基博士的全球战略构想将欧亚大陆看作关键地区。他列出欧亚大陆地缘战略国家和地缘政治支轴国家各五个，对它们在欧亚大陆的地位、发展前景、政策走向以及同美国的利害关系一一作出分析判断，并就美国对它们的政策提出建议，其中有关中国的评述占有较大篇幅。对于布热津斯基博士的各种看法，相信中国的读者读过本书后会作出自己的判断。

布热津斯基博士一再强调发展美中关系对世界和平与稳定的重大意义。当时美国国内各派政治力量对今后美中关系发展前景存在着分歧。当时的克林顿政府为了对付国内的压力，一时难以制订长远的、全面的对华政策。但是美国多数决策者认识到中国是一个兴起的大国，反对遏制中国，主张通过积极和建设性的接触政策，发展与中国的关系。

布热津斯基认为，美国作为世界唯一的超级大国，在全世界占有军事优势，是世界经济增长的主要推动力，在尖端科技领域地位领先，"美国文化"具有吸引力。不过美国不仅是第一个超级大国，也是最后一个超级大国。他预计到2015年左右，美国将失去世界霸权地位。在此之前，为了未雨绸缪，需要建立符合美国利益的国际秩序。为此，美国必须防止另一个超级大国的兴起，和任何一种威胁美国霸权地位的反美联盟的出现。

该书分七个板块："新型的霸权""欧亚大棋局""民主桥头堡""黑洞""欧亚大陆的巴尔干""远东之锚""结论"。

"新型的霸权"论述的是美国作为第一个全球性大国，其通往全球至高无上地位的捷径，以及美国的全球体系。

"欧亚大棋局"则讲述了世界上的地缘政治，以及可以作为美国战略棋手的地缘政治支轴国家、美国的潜在对手。

"民主桥头堡"讲述的是作为美国盟友的欧洲的情况。

"黑洞"则论述了现代战略环境中俄罗斯的尴尬。

"欧亚大陆的巴尔干"讲述了这个特殊地区的特殊性。

"远东之锚"则特别着重地论述了日本和中国这两个对美国具有特殊作用的国家。

最终，通过"结论"一章，布热津斯基得出了自己的大棋局。

"《大棋局》是一本我们盼望已久的好书，它以锐利的目光和坚实的思维，权威地阐述了美国在冷战后的世界上的战略利益。全书巧妙地综合运用了历史、地理和政治的分析方法，是具有俾斯麦伟大传统的战略思想的体现。”哈佛大学教授塞缪尔·彼·亨廷顿教授评价说。

“《大棋局》一书把美国应开始实施的近期、中期和长期目标连成一体，清晰、精彩地阐述了美国外交政策所必需的新框架。该书填补了一项重要的空白。”《国际先驱论坛报》专栏记者弗洛拉·刘易斯如是说。这部书，对于美国读者来讲，具有十分重大的意义，而对于其他国家的读者来讲，则有助于了解美国高层的思想，了解他们的战略抉择。从这方面来说，这是一部不得不读的书。

先睹为快

最后要说的是，伴随着雅尔塔欧洲的消失，还必须使凡尔赛欧洲不再重现。欧洲分裂状态的结束不应成为将欧洲推回到众多民族国家争吵不休的状态的一个步骤，而应是一个出发点，营造一个因北约扩大而得以加强、因与俄罗斯的建设性安全关系而更加安全且幅员更大和日益统一的欧洲。因此，美国在欧洲的主要地缘战略目标可极其简明地归纳为：通过更加真实的跨大西洋伙伴关系来巩固美国在欧亚大陆的桥头堡，以便使扩大中的欧洲成为向欧亚大陆传送国际民主与合作秩序的更有活力的跳板。

更为重要的是，以和平方式加强中国在这一地区的地位将有助于中国寻求实现也许是由古代战略家孙子早已确立的主要目标，即：削弱美国在本地区的实力，以至于力量锐降的美国不得不需要把在地区内发挥主导作用的中国作为其盟友，并且最终把甚至需要具有全球实力的中国当作其伙伴。中国将会寻求并实现这一目标，但其方式，又要避免造成美日扩大安全联盟的防务范围，或者美国在本地区的实力被日本的实力所取代。

美国政策的任务应为：确保日本作出上述选择，中国崛起而在本地区取得举足轻重的地位不致妨碍东亚力量的稳定三角平衡关系。努力处理好同日本与中国的关系和维持包括美国在内的稳定的三方间相互作用关系，这对于美国的外交技能和政治想象力将是严峻的考验。消除过去那种认为日本的经济上升会导致所谓威胁的成见和消除对中国的政治能量的恐惧心理，有助于给必须奠基于仔细的战略估算的政策注入冷静的现实主义。这种估算是：如何把日本的能量纳入国际方向和如何把中国的力量引入区域性妥协。

延展阅读

作者还有下列精品：

《大失败：二十世纪共产主义的兴亡》

1989 年出版的《大失败：二十世纪共产主义的兴亡》把西方“和平演变”战略进一步系统化、理论化，正如作者在“前言”中所说，“这是一本论述共产主义的最后危机的书”。《大失败》给西方“和平演变”战略增加了新内容，提供了系统的理论根据，受到一切反共势力的重视。

《大博弈：全球政治觉醒对美国的挑战》

美国的外交政策已经出现了问题。用传统的说法来讲，美国是自罗马帝国以来最强大的国家，但其面临的挑战也日益增多：恐怖主义和其他非国家行为体、中国作为世界强国的崛起、全世界对美国意图的不信任……

美国今后几年内的外交决策将决定美国超级大国的地位还能维持多久，唯有改革才能将美国这艘大船带入最佳航道。本书将帮助我们更加了解美国的全球战略及其对华外交政策的走向。

军事战争

《影响人类历史进程的100场决定性战役》

〔美〕保罗·K. 戴维斯　著

想对世界战争历史做一个通盘了解的读者，一定不能错过这本书。

关于作者

保罗·K. 戴维斯是美国著名的战略分析家，在美国著名的智库“兰德公司”供职，为美国高层提供战略咨询服务。

成立于1948年11月的兰德公司是美国最重要的以军事为主的综合性战略研究机构。它以研究军事尖端科学技术和重大军事战略而著称于世，继而又扩展到内外政策各方面，逐渐发展成为一个研究政治、军事、经济科技、社会等各方面的综合性思想库，被誉为现代智囊的“大脑集中营”“超级军事学院”，以及世界智囊团的开创者和代言人。它可以说是当今美国乃至世界最负盛名的决策咨询机构。兰德公司为美国政府培养了一些屈指可数的人才。如芝加哥大学教授艾伯特·沃尔斯蒂特，他提出的“第二次打击”概念对美国军事战略影响巨大。又如前中央情报局长、国防部长、能源部长詹姆斯·施莱辛格，前军备控制和裁军署署长、里根政府的国防部副部长弗雷德·伊克尔，前总统经济就业局局长、前国防部长唐纳德·拉姆斯菲尔德等。

保罗长期致力于国家防务方面的研究，对人类历史上的重大战役有很深的研究，其代表作《影响人类历史进程的100场决定性战役》自问世以来便广受社会好评。

荐读理由

人类历史上的变革通常都伴随着腥风血雨的战争。有些伟大的文明在战火的蹂躏下黯然消逝，但有些民族因为战争而步入文明。战争改变了世界。而其中，又有一些战争比其他的战争具有更为深刻的历史意义，其影响深远，深刻地改变了我们的生活。

诚如罗伯特·海因莱因所说："我要忠告信奉暴力绝不解决任何问题这一无知且不道德的人，把拿破仑·波拿巴和威灵顿的亡灵请出来，让他们辩论一下。……暴力，赤裸裸的武力，在历史上比任何其他因素解决的问题都要多，相反意见总是盯着它的最坏方面。忘记这个真理的后代，总要为此付出他们的生命和自由。"正是因为我们热爱和平，我们追求自由，所以，我们更要关注战争。

《影响人类历史进程的100场决定性战役》是一部关于人类战争简史的著述。全书上至公元前1479年的美吉多战争，下至公元1991年的沙漠风暴行动，时间跨度近4000年。按照作者的观点，这部书的目的是填补军事史中"多少受到忽视的一个空白，即对历史上100场最具决定性的战役作一详细调查"。

那么，如何来确定哪些战役有资格进入这"100场最具决定性战役"的范围呢？作者主要是根据如下几点来确定的：

1. 战役的后果引起了重大的政治或社会变革。例如1066年的黑斯廷斯战役就属于这一类。诺曼人入侵英格兰完全改变了不列颠岛的未来，决定了那里人民的传统及其政治和社会系统的性质，所产生的社会后果继续对欧洲乃至世界的一些事件有重大影响。

2. 如果战役的后果被逆转了，主要的政治或社会变革将接踵而至。如美国革命中发生的特伦顿战役就属于这一类。如果华盛顿1776年12月打输了这一仗，这个失败几乎肯定会招致革命军，乃至革命本身的终结，使英国人在今后一个不确定的时期内继续控制北美殖民地，或许像加拿大一样作为一个附属于英国的自治领地存在。在一场大战过程中有时发生多次会战，如果特伦顿战役是英国雇佣兵的胜利，那么同样纳入本书的萨拉托加战役和约克敦战役将不会发生。

3. 战争标志着某种重大军事变革的前进。公元378年阿德里安堡战役就是这样一场战争。战前，一般是步兵主宰战争，罗马的步兵也是如此；在这次战役中，哥特人的胜利引进了骑兵，并作为主要武装力量沿用了一千多年。

作者所选择的战争是十分具有代表性的战争。作者的目光绝对不仅仅局限于某块地域、某段历史，而是放眼整个世界的历史。以中国为例，作者选取了垓下战役、襄阳战役、山海关战役、沈阳战役、淮海战役等。虽然缺少了一些很多人认为十分重要的战役，如长平之战、鸦片战争、甲午海战等，但泱泱五千年的华夏文明，中间发生的战争不胜枚举，经典战役也比比皆是，作者不可能穷举。作者所举出的这几场战役，均是改变了中国命运的重要战役。因此，作者的眼光是十分犀利的。

而作者所选取的其他战役，如美吉多战役、君士坦丁堡战役、滑铁卢战役、色当战役、诺曼底战役、沙漠风暴等，也具有十分重大的军事价值。当然，这中间也有一些经典的战役没有收入，造成了一定的遗憾，如斯大林格勒保卫战等。但是瑕不掩瑜，所收录的优秀的战争及其详尽的介绍，已经足以让军事爱好者们欣喜不已。

作者每叙述一场战役，首先对战争的时间、地点，参战方的人数、指挥官做一个比较简单的介绍，然后非常详细地分析战争发生的背景，从而凸显战争背后的利益争夺及其重大价值。其次，作者大篇幅地详细叙述战况的具体进程。在叙述的时候，作者用深入浅出的语言，在描述战争进程的时候，适度地对战争的进程做出评价，让读者在阅读的时候能够随着作者的思路进行思考。最后，作者对战果做了详细的介绍，同时附录相关的知识性的材料。

本书并非仅对战争的具体进程进行研究，它的重要价值在于对这些战争重要性的肯定以及其军事科普的作用，对于一些不了解古代的战争或者是国外的战争的读者，具有非常好的引导作用。想对世界战争历史做一个通盘了解的读者，一定不能错过这本书。

先睹为快

作为独裁者，凯撒有元老院从未有过的对帝国的憧憬。所以，他开始用他任命的人来扩充元老院，以拥有一个更能对事态做出响应的机构。他任命的人，有的来自古罗马骑士团的骑士阶层，也有的来自罗马以外的其他意大利地区，因为他把罗马公民的荣誉和特权扩展到意大利半岛上的大部分地区。他知道，忠诚是拥有罗马现在所有的领土所必需的，而罗马公民的权力有足够的吸引力来获得忠诚。通过派遣殖民者去罗马的行省，同时免除那些一心只顾自己发财的地方官，他开始在整个欧洲传播罗马文化。他还在罗马社会中实施了改革，即使这些改革有悖于罗马的传统，最著名的是采用儒略历。与其说他是贵族的朋友，不如说是人民的维护者，而这也是他被杀的原因之一。

华盛顿认识到，除非他用手中所剩无几的兵力取得一次快速的戏剧性的胜利，否则春天征召足够兵力的可能性是微乎其微的。尽管他从 8 月以来可能没有实践他的雄才大略，但此时他展示出了适应能力和想象力。当时的军事常规是这样的，天气一冷，战斗便结束，直到春天气候适宜的时候。因此，隆冬发起攻击是完全出人意料的。华盛顿选定圣诞节的次日发动攻击。他知道德国人会隆重庆祝这个节日，到12月26日，他们就会尝到两天庆祝会的苦果了。拂晓向可能已进入梦乡的敌人发动攻击是进行突袭并获得成功的最佳时机。

博罗季诺战役标志着拿破仑覆灭的开始。他特有的攻击性和惊人之举在9月7日不见了，以后也只是偶尔显现一下。他到达巴黎粉碎了所有反对他的阴谋，等俄国灾难的消息传到法国时，他已组建了另一支军队。这支部队年轻，没有经过训练，只有少数从西班牙战场上调来的老兵支撑着这支队伍。这次对他的威望的打击唤起了被他长期统治的各国起来组织军队反对他，第二年10月，他在莱比锡被一支新组建的多国军队击败。太多的仇敌和太少的军队意味着他的灭亡。

延展阅读

《影响人类历史的100场战争》

作者俄国作家索科洛夫。战争的历史与人类的命运也许是千百年来永恒的话题，当你打开这本书的时候，你会感觉到那些血肉丰满、令人震撼的战争史诗，被作者简约的笔触一页一页地掀开。本书内容涵盖人类三千年来的著名战争，作者以史实为依据对每一次重大战争都进行了分析和总结，从大量战争数据的使用可看出作者追求史料的精确和严谨，而这也正是读者对历史读物的基本要求。

《第一次世界大战的重大战役》

〔英〕杰克·雷恩 著

一战，可以带给我们无尽的思索，同样需要我们投以关注的目光。

关于作者

杰克·雷恩，英国作家，长期从事军事史研究，对第一次世界大战有比较广博的知识，第二次世界大战时曾在英国的情报机构工作。《第一次世界大战的重大战役》为其主要著作。

荐读理由

第一次世界大战，是人类历史上的一大悲剧。这场战争的爆发有着深刻的历史根源。

战前的欧洲各国因错综复杂的历史、现实矛盾而分为协约国和同盟国两个相互对立的帝国主义军事集团。协约国以英、法、俄为首，同盟国以德、奥、意为首。但各国之间貌合神离，整个欧洲形势极度混乱。随着奥匈帝国王储被塞尔维亚青年暗杀于萨拉热窝，欧洲火药桶最终被引燃。1914 年 7 月 28 日，奥匈帝国向塞尔维亚宣战。7 月 30 日俄国动员，出兵援助塞尔维亚。8 月 1 日，德国向俄国宣战，接着在

8 月 3 日，向法国宣战。8 月 4 日，德国入侵保持中立的比利时，比利时向德国宣战；同日，英国考虑到比利时对自己国土安全的重要性，于是向德国宣战。8 月 6 日，奥匈帝国向俄国宣战，塞尔维亚向德国宣战，意大利宣布中立。8 月 12 日，英国向奥匈帝国宣战。第一次世界大战全面爆发。

第一次世界大战开始后，在欧洲大陆上出现了三条战线：西线从北海延伸到瑞士边境，在这里，英、法、比三国军队对德作战；东线北起波罗的海，南至罗马尼亚，在这里俄军对德、奥作战；还有一条巴尔干战线，在这里奥军对塞尔维亚作战。战争范围后来从欧洲逐渐扩展到亚洲、非洲和美洲。不仅陆上，战争还同时在空中、海上和海下进行。

最终，第一次世界大战以协约国的胜利而告终。第一次世界大战是帝国主义因为发展不平衡而展开的争夺全球利益的战争，其性质本身对双方来讲，都是无所谓正义不正义的。战争也没有解决其固有矛盾，只是赢得了短暂的和平。战后，协约国对战败国采取惩罚性的制裁措施，结果最终引起德国的强烈反弹，为第二次世界大战的爆发埋下了祸根。

时间迈入 21 世纪，我们的目光都聚集在美国所连续发动的阿富汗战争和伊拉克战争，聚集在反恐、反核扩散和反分裂。第二次世界大战已经在人们的意识中逐渐地模糊，而第一次世界大战则显得更加遥远。但当人们静下心来回首历史，却不得不承认，两次世界大战，才是人类历史上最为疯狂的举动，也是人类历史上最黑暗的岁月。第二次世界大战决定了我们现在的世界秩序，而第一次世界大战则是开启了一个全球化时代的决定性事件。无数的二战英豪，如丘吉尔、艾森豪威尔、隆美尔等，在一战期间都是青涩的青年，而经过一战的洗礼，则成长为左右世界进程的二战枭雄。一战，可以带给我们无尽的思索，同样需要我们投以关注的目光。

本书作者杰克 · 雷恩是一位英国作家，长期从事军事史研究，对第一次世界大战的很多具体进程有很深的了解。第二次世界大战时，杰克·雷恩在英国的情报机构工作，这为他了解一些相关的资料内容，同时加深对战争行为的了解起到了很好的促进作用。此书是他倾尽全力而写的主要著作。他为了写作此书，花了很长的时间来搜集资料。由于搜集的史料非常丰富，因此翔实地叙述了当时所有重大战役的具体进程和所起的作用、这些战役中交战双方的战略战术和所使用的武器的发展等等。

先睹为快

英国指挥官约翰·弗伦奇爵士不在指挥部，连他的参谋长也不在。接着出现了异乎寻常的情景。对他们这一个月的败绩感到焦躁和苦恼的英国参谋人员，鲁莽地告诉他们的不速之客说，如果英国稍微知道法国人在军事上的无能，它决意不会参战。恼火的英国人们没有心绪作出有鉴别力的判断，而加里埃尼的外貌又不像军事人员，他从一副夹鼻眼镜斜眼看人，在他争辩着想争取英国人支持时，眼镜不牢靠地颤动着。当参谋人员注视着他的不整洁的制服，蓬松的小胡子，黑纽扣的长筒靴和黄色的护腿时，怀疑的态度增加了。后来一位英国将军评论说："英国军官绝不会同这样一个丑角式人物谈话的。"

在轻视和不信任部队方面，没有其他西方总参谋部超过法国的了。在战争爆发之前，法国军事领导人估计，后备役军人约有百分之十五将拒绝招募。实际上，这个数字比百分之一稍多一点，而成群结队冲进新兵招募办事处的志愿兵，逾三十五万人。更使最高统帅部感到惊异的，和平时期的三千名逃兵又自动地返回他们的部队。

在一个被政治抗争分裂的国家里，甚至最得人心的法国社会党领袖让·若雷斯的被杀害，也没有引起国内的混乱。同社会党国际的德奥区分部破裂的若雷斯，公开敦促他的追随者参加“为了我们可爱的法国的神圣战争……”1914年7月31日，在动员前不到二十四小时，若雷斯被一个发狂的青年人打死了。在另一种情况下，他的暗杀会激起全国的罢工和骚动，但由于大战迫在眉睫，事情变了。自共和国于1871年成立以来，从来没有这样团结过。

当熹微的晨光照射到滚滚烟火时，大量德国步兵出现在弹幕后面。不到一小时，他们就占领了半个谢曼德达姆。迪歇纳甚至没有时间炸毁横跨埃纳河上的桥梁——桥上早已挤满大量步行赴南岸的德军了。到日暮时，德军窜犯的地方比堑壕战开始以来哪一天都多，他们跨过了三条河——埃莱特河、埃纳河和韦斯勒河——到了十三英里外的菲斯默村。

鲁登道夫的时间表要求他的牵制性挺进在菲斯默停下来。像他原先设想的那样，协约国后备军急忙抽调上来阻止他的部队，而路普雷西特皇子则做好一切准备向空虚的佛兰德防区发起打击。但鲁登道夫抵不住可能的惊人胜利的诱惑，他允许继续进攻。在他们滚滚向前时，德国部队展开来，占领了苏瓦松的关键性的铁路中心。到5月30日，德军又到达马恩河畔的夏托－蒂埃里，离巴黎还有37英里，在4年前他们曾在这个地方被赶走。

延展阅读

《被遗忘的浩劫——第一次世界大战》

作者张钊、田园。这是一本好看的、关于第一次世界大战进程及战争文化的历史书。说它好看，是因为：

1. 充满细节。细节是历史中最动人的因素。历史的进程往往被一些偶然或必然的细节牵动着、制约着，滚滚向前。

2. 语言饶有兴味，富有张力。在作者笔下，错综复杂的战争进程被写得有条不紊，趣味横生，仿佛在讲述一个个动人心弦的紧张故事。

3. 内容蕴含丰富。纵览一战进程，从导火索萨拉热窝刺杀案到凡尔登、索姆河、马恩河会战，直至演变成一场席卷全球的战争，最后到战争结束——《凡尔赛和约》的签订，场面十分宏大；涉及一战主要将领，从兴登堡、鲁登道夫、法尔肯海因到霞飞、黑格、贝当、福煦、潘兴，他们个个鲜活，跃然纸上；对一战的特点堑壕战、粘滞性、无限制等也有所概括；还记录了坦克、机枪、飞机、潜艇等兵器在一战中的具体应用及它们的命运。

4. 收集了一战中有代表性的图片，图文互证，再现一战情景，让人触目惊心。如果您是历史文化爱好者，如果您热爱军事，如果您热衷于兵器，本书都会带给您阅读的快感与享受。

此书作为阅读了解第一次世界大战的读本，是非常好的选择。

《第二次世界大战战史》

〔英〕李德·哈特　著

在汗牛充栋的第二次世界大战史的著作中，本书无疑是其中最具通盘关照的权威作品之一。

关于作者

见《战略论：间接路线》之“关于作者”。

荐读理由

罗马史学家波利比阿如是说：“最具有教训意义的事情莫过于回忆他人的灾难。要学会如何庄严地忍受命运的变化，这是唯一的方法。”李德·哈特本人也曾经指出：“写历史的目的是要想发现事实真相，解释其原因，并确定事相之间的因果关系。”这些很好地阐释了我们读历史作品的重大意义。第二次世界大战是人类有史以来规模最大的战争，无论是战火波及的区域，还是直接或间接参与的国家、生命财产的损失等，没有其他的战争堪与比拟。其所造成的冲击与影响，更是全面而深远。以史为鉴，可以知兴衰，对第二次世界大战的研究，是永远不会过时的。

在汗牛充栋的第二次世界大战史的著作中，李德·哈特的这本书无疑是其中最具通盘关照的权威作品之一。

李德·哈特著作等身，他在学术思想史上的地位早有定论。何华德教授曾经提道："李德·哈特不仅为战略家和史学家，他是一位通儒，也是一位哲学家。"《第二次世界大战战史》是李德·哈特的最后传世之作。作者凭借着个人的军事经历、丰富的资料文件、当事人的访谈记录，集23年之功才完成这部巨著。本书不仅对历时6年的二战中大小战役均有翔实的叙述，更对此段历史作了冷静、客观的分析与思考。

该书出版之后，广受社会赞誉。《伦敦时报》评价此书是"无与伦比的军事史知识，一本迄今为止描写二战史最好的书"。而《经济学家》不仅对此书大加赞赏，而且对作者更是推崇备至："这是一部经过多年殚思竭虑的成熟作品，它将成为第二次世界大战史的代表典范……书中充满'李德·哈特主义'——战车战的庞大洪流、弹性的纵深防御、间接路线、后勤上的过分伸展法则、同时追求多重目标，以使敌人备多分力……李德·哈特不仅是战略的倡导者与批评者，更是位第一流的大师。"

先睹为快

在这样一连串的轻松胜利之后，日本人自然很不愿意依照其原定的战略计划，再回转到防御的态势。他们害怕这样的转变可能会导致战斗精神的逐渐衰退，同时也会使经济基础远较强大的西方敌国获得一个恢复的喘息机会。尤其是日本海军，急于想消灭美国人在太平洋方面可能卷土重来的两个基地——夏威夷和澳洲。诚如他们所指出的，美国海军的航空母舰仍可在夏威夷从事作战，而澳洲更是明显地已经变成一个反攻的跳板和防御的堡垒。

日本陆军，由于其心理还是以中国大陆（包括东北在内）为焦点，所以不愿意再派遣更多的部队来满足这种远征的要求，尤其是想入侵澳洲的话，则所需的作战时间可能很长，而所需的兵力也可能很大。陆军在联合舰队所草拟的攻占锡兰计划中，即早已拒绝合作。

在非洲肃清轴心军之后，1943年联军征服西西里岛似乎是轻而易举。但实际上，这一次的重返欧洲是一个危险的跃进，充满了许多不确定的因素。它之所以能够成功，大部分应归功于一连串长期潜伏的原因。第一是希特勒和墨索里尼两人的盲目骄傲心理，他们联合起来尝试在非洲挽救他们的面子；第二是墨索里尼对其德国盟友存有一种嫉妒的害怕心理，不愿意让他在意大利领土的防御中居于领导的地位；第三是希特勒的想法和墨索里尼不一样，他不相信西西里岛是联军的真正目标——英国人所使用的一项欺敌巧计，对于这种错误的判断也颇有贡献。

最后，在1943年5月华盛顿“三叉方戟会议”中所作的决定，是同时采取这两条路线，以使日本人陷于一种彷徨的状况，使他们的兵力分散，并阻止他们把预备队集中或转移到任何一条单独的路线上。两条路最后又都以菲律宾附近为会合点。这种决定是完全符合同时威胁不同目标的原则，那也是间接路线战略观念的一个主要优点。不过，此种折衷的决定还是不曾对历史的教训作够深入的考虑，因为仅只采取一条作战路线，也同样可以威胁不同的目标，但在资源的运用上却可远较经济。

延展阅读

《第二次世界大战的回顾与省思》

钮先钟著。这是一本关于第二次世界大战的论文集，由战争初期、希特勒进攻苏联起始至败亡、太平洋战争三部分组成。作者以宏观的视野，依据翔实的史料，回溯了战争爆发至结束的全过程以及当时错综复杂的国际局势，从各种不同的角度客观分析了导致大战中诸多战役成败的因素，并在深刻检讨其中缺失的基础上，总结出具有警世作用的教训。本书可以帮助读者从更宽的层面去了解并思考“战争”之更深层的意义。

《二战回忆录》

〔英〕温斯顿·丘吉尔　著

作为二战同盟国三巨头之一，丘吉尔对二战的认识程度与常人存在天壤之别。

关于作者

温斯顿·丘吉尔（1874—1965），20世纪最伟大的政治家之一，曾于1940—1945年及1951—1955年期间两度任英国首相，带领英国获得第二次世界大战的胜利，并在战后世界秩序的建立过程中，发挥了极其重要的作用。2002年，BBC举行了一个名为“最伟大的100名英国人”的调查，结果丘吉尔获选，成为有史以来最伟大的英国人。

丘吉尔早年进入军事学校学习，后又长期做战地记者，丘吉尔从此游走在文学与戎马之间，游刃有余。在做战地记者的日子里，丘吉尔亲身体验了1895年的西班牙古巴战争、1896年的印度人民起义战争、1899年的南非布尔战争。这些经历，既加深了丘吉尔对战争的理解，又锻炼了其描写战争的文笔，为日后从事《第一次世界大战回忆录》和《二战回忆录》的创作奠定了基础。

二战爆发，张伯伦政府倒台。英国国王任命丘吉尔组成临时内阁。从此，丘吉尔登上了人生的巅峰。二战之中，丘吉尔积极联络美国，取得美国的支持。而在德国向苏联宣战之后，丘吉尔甚至积极号召与自己生平最讨厌的共产主义者结为同盟，共同对抗法西斯。这些都体现了其敏锐的政治意识和非凡的气魄。最终，二战以同盟国的胜利而告终，而丘吉尔在此战争中居功至伟。

二战结束后，丘吉尔作为保守党议员下台。但这恰恰给了丘吉尔撰写《二战回忆录》的宝贵契机。在战争没结束的时候，罗斯福已经逝世。而斯大林并没有特意将战时的情形写下来，展现在世人面前。三巨头之中，能做到这一点的，只有丘吉尔一人。而正是在《二战回忆录》写完之后，1953 年 12 月 10 日丘吉尔获得诺贝尔文学奖，其颁奖辞则充分体现了对其著作的充分肯定：“一项文学奖本来意在把荣誉给予作者，然而这一次却相反，是作者给了这项文学奖以荣誉。”

在 1951 年的大选中，保守党重夺政权，丘吉尔再度出任首相。1953 年伊丽莎白二世即位，授予丘吉尔最高荣誉嘉德勋章，并有意封丘吉尔为伦敦公爵，以表彰其为英国所作出的贡献，但最终丘吉尔接受了其子伦道夫的建议，拒绝了伦敦公爵的封号。

1965 年 1 月 24 日，丘吉尔因中风去世。

荐读理由

作为二战同盟国战时三巨头之一，丘吉尔对二战的认识程度与常人存在天壤之别。而作为诺贝尔文学奖获得者，丘吉尔写的这本《二战回忆录》可谓流光溢彩，字字珠玑。

《二战回忆录》成书于一个特殊的时期。丘吉尔在战争爆发后，临危受命，被任命为英国战时临时内阁首相。从此，丘吉尔周旋于美、苏之间，迅速结成一个强大的同盟，为二战的胜利打下了坚实的基础。敦刻尔克大撤退、美军的对英援助、美国参战、英苏结盟、诺曼底登陆、开罗会议、波茨坦会议，这一系列的历史故事背后，都有丘吉尔的影子。战争胜利之后，英国举行大选，出人意料的是，丘吉尔所在的保守党失利，工党上台。不过，这反而给了丘吉尔难得的休养和著述的宝贵时机，这才有了《二战回忆录》的出版。

《二战回忆录》气势磅礴，洋洋洒洒六卷宗。该书从一战结束开始，到波茨坦会议结束，重点在于讲述欧洲战场的形势。这不仅仅是简单的陈述史实的作品，中间还披露了很多不为人知的细节，包括战时各国高层之间、军队将领之间的往来信件、电报，会议的辩论细节等等。从中，我们可以对战争中一些微妙的形势有更深刻的体会，同时也能够对丘吉尔的政治理念有更深的理解。而丘吉尔对一些场面传神的描写，能够带动读者跟随作者的感情，时而紧张，时而轻松，时而凝重，时而活泼，读来如身临其境。正如战后英国第一次大选时，丘吉尔的切身感受：

"快天亮时，我突然像被捅了一刀似的醒过来了。我的思想被一种下意识抓住了：我们失败了。所有重大事件的压力压着我，而我心理上却一直维持着一种'飞行速度'，现在它们都要消失了，而我就要掉下来了。"（《胜利与悲剧》）

我们也可以通过其中披露的一些琐碎的细节，来更多地了解国与国之间、伟人与伟人之间复杂的关系和一些更人性化的内容。如：

"1 个小时的谈话结束了，我起身向斯大林告别。斯大林似乎突然间有些尴尬，用一种从未有过的诚恳语气对我说：'明天拂晓你就要走了，为什么不去我家喝点什么？'我说我通常总是偏爱这种方式的。于是，他带着我穿过了很多过道和房间，来到了克里姆林宫内部的一条寂静的道路，走了二三百码之后，来到了他的寓所……然后又出来了一位漂亮的红发姑娘，她很孝顺地亲吻了她的父亲。斯大林朝我眨了眨眼睛，意思好像是说：'你瞧，我们布尔什维克人也有家庭生活。'"（《大同盟》）

作为一部讲述战争历史的回忆录，这部书更多的是向读者阐释战争各个阶段错综复杂的利害关系和精确的战争数据。这些都是后世历史学家研究二战最需要的史料。这也是这部书得以确立起不可替代的地位的根本所在。

1948年6月，《二战回忆录》第一卷出版。1951年，丘吉尔再度当选首相。1953年，丘吉尔被授予诺贝尔文学奖。这部书的出版，在国际范围内好评如潮，我们可以从下面评价的文字中，体会到这部书给当时社会带来的震撼，而这也正是我们要重点推荐此书的原因：

“书籍的出版可目为大事者寥若晨星，此书即为其中之一。”

——《纽约时报》

“真知灼见，鉴往知来，字字珠玑，在位高权重者中堪称独步。”

——文森特·希恩

“隐藏在语言背后的想象力充溢着英雄主义，叙述气势磅礴、波澜壮阔的世界大事时显得游刃有余，在迄今为止的历史作品中尚属罕见。”

——《纽约客》杂志

先睹为快

对我来说，这份情报就像闪电一样照亮了整个东欧的局势……此后，我就觉得这肯定是希特勒的主要意图。由于贝尔格莱德爆发革命，这些装甲部队必须回师罗马尼亚，这可能会使德国进攻苏俄的日期不得不从5月份推迟到6月。我于是设法找到警告斯大林的途径，让他意识到他所面临的危险，以便同他建立起像我与罗斯福总统之间的那种联系。

这事似乎很重要，因此在4月1日，我向总统发出了一封私人电报：

……

另外还有一方面是你我需要考虑的。苏俄军队无疑将占领整个奥地利并进入维也纳。如果他们又拿下柏林，他们脑海中会不会有这样一种错误印象，认为他们是我们共同胜利最大的贡献者；这会不会使他们产生一种情绪，给将来造成严重而可怕的困难？因此我考虑从政治的观点来看，我们应尽量向东深入德国；柏林如果在我们的掌握之中，我当然要把它拿下。这在军事上也是理所当然的。

实际上，由于总统的身体已经非常虚弱，处理这些重大问题的是马歇尔将军，但我没有意识到这点……

我必须承认，在演讲时我感到很自如，比有时在下议院演讲时还要有把握。我面对的是最诚挚、最善意的听众，他们总是在最恰当的地方爆发出笑声和掌声。当我说到日本的暴行时，他们的反响最为强烈。当时我这样问道："他们把我们看成什么样的人了？"我能感觉到这个庄严的集会里涌动着美利坚民族的意志和力量。谁还能对我们的胜利持有一丝怀疑？

延展阅读

《第一次世界大战回忆录》

读完了《二战回忆录》，是否热血沸腾，意犹未尽？那么，赶紧再读《第一次世界大战回忆录》吧！同样是丘吉尔著写，同样的精彩纷呈，能满足你的感官和对了解战争内幕的诉求。

《西洋世界军事史》

〔英〕J. F. C. 富勒　著

世界公认的西方军事通史的巨著典范。

关于作者

J. F. C. 富勒（1878—1966），英国将军，军事历史学家，军事理论家，机械化战争理论的创始人之一。出生于奇切斯特。1899 年开始服役，参加过英布战争；第一次世界大战中随英国远征军赴法国参战；1916 年担任坦克军参谋长；1918 年在拟制《1919 年计划》时提出了建立和使用机械化军队的新观点；1922 年任英国坎伯利参谋学院主任教官；1926 年任英帝国陆军总参谋长军事助理；1930 年晋升为陆军少将；1933 年退役。

此后，富勒出任伦敦《每日邮报》记者，并长期致力于军事历史研究和军事理论著述。富勒一生出版有 45 部军事著作，其中不少被英国陆军军事学院列为经典著作或选作教科书；他的很多著作还被翻译成多种文字，在世界范围内广为流传。1963 年，富勒获英国三军学会的最高荣誉奖章。

荐读理由

人类的历史充满了战争。中国在秦始皇时期就已经完成了大一统，此后虽然也有长时间分裂局面，同周边的朝鲜、中亚诸国等也间或有战争，但总体来讲由于地理和政治原因，与西方世界的军事交锋极少。

如果将东亚地区拿掉，其他地区包括欧洲、美洲、地中海地区、西亚甚至包括印度，战争则颇为频繁且交错非常多。几个历史性的大帝国将这些地区紧密地联系在了一起。因此，研究西洋的军事史，就等于掌握了一大半人类的战争史。

富勒所著的《西洋世界军事史》，就是这样一部以欧洲为中心确立的世界军事史著作。富勒是西方著名的军事理论家，与李德·哈特共同创立了现代军事机械化战争理论。此书的英文名称为“*Decisive Battles of The Western World and Their Influence on History*”，直译的话，应当翻译为“西方世界的决定性战役以及它们对历史的影响”。但因为这套书内容十分丰富，绝对不单单是介绍战役那样简单，而的的确确是构筑了一个完整的西方世界军事史，因此，台湾军事学大师钮先钟先生的翻译非常准确地体现了该书的价值和内涵。

作者穷三十年之工，成就了这部卷帙浩繁的西方战争通史。全书以西方历史上的决定性会战为主结构，详细描述了其经过与影响，同时以大事记串联各会战间的政治发展与战争的由来。会战各章好像海浪的高峰，而大事记则像其间所夹着的低谷，这样高低起伏就形成了3500年的战争史。洋洋巨观，费字160余万，被公认为西方军事通史上的巨著典范。

本书共分三卷。

第一卷：从萨拉米斯会战到勒班陀会战。萨拉米斯会战发生在古老的希波战争期间，是一场极其惨烈而又壮观的大会战。而勒班陀会战则发生在1571年，是欧洲基督教国家联合海军与奥斯曼帝国海军在希腊勒班陀近海展开的一场海战。由西班牙王国、威尼斯共和国、教皇国、萨伏依公国、热那亚共和国及马耳他骑士团组成的神圣同盟舰队在整天的战斗中击溃了奥斯曼海军，令奥斯曼帝国从此失去在地中海的海上霸权。

富勒认为，在这么长的一段时间内，最重要的大事就是罗马帝国的产生。这个时期，地中海地区是西方世界的中心，因此决定性的战役也都在这个地区展开。

第二卷：从西班牙无敌舰队失败到滑铁卢会战。西班牙无敌舰队的失败，昭示着英国海上霸权的崛起。而英国的崛起深深地影响了世界的历史进程。富勒把英国的崛起看作这个时期最为重大的历史事件。

这段时期是西方世界军事史上一个重要的时期。英国同西班牙、法国进行了长期的战争；英国在美洲的 13 个殖民地独立，成立了美利坚合众国；普鲁士兴起并逐步统一了德意志；拿破仑帝国崛起；英国占领了印度……都是人类历史上极为重大的历史事件。这个时期的战争，对我们当下的生活都影响深远。

第三卷：从南北战争到第二次世界大战。美国的内战在美国人看来是人类历史上的重大事件。诚然，它促使美国工业蓬勃发展，使得美国迅速崛起为世界一等强国，的确是人类历史的大事。从此，美国走上了它的辉煌之路，时至今日，它成为世界唯一的超级大国。

两次世界大战是人类历史上最大的浩劫。欧洲一直都是战争的策源地和主战场。而中国在鸦片战争之后，就无法做到不被西方的军事事件波及。而第二次世界大战，中国成为战争的主战场之一。两个相对独立的东西方世界，在这个时期终于被打破，世界已经没有壁垒，没有距离。富勒用恢弘的气势来讲述这段历史，让我们不禁为这样生动的战争史而惊叹。

富勒的这本书出版以后，在世界范围内都获得了很大的反响。无数的军事学家、政治家、历史学家，甚至是普通的读者都为之痴狂。这是一本会让你爱不释手的战争史著作。

先睹为快

说来也很奇怪，像雅典人这样一个聪明的民族，对于这种重要兵种的建立，竟会如此迟缓。早在很久以前，他们即已组成了一支具有高度效率的海军弓弩部队，这些人员是从次一等的富有阶级中招募来的，不过他们的财产还不够养马的资格。在伯罗奔尼撒战争中，对于斯巴达的海上突袭，这些弓弩手曾经发挥极大的作用，根据修昔底德的记载，斯巴达人只好采取非常的手段，组织了 400 匹马和一批弓弩手来对付他们。

当波斯大军入侵的时候，在希腊各国中唯一有真正骑兵的只有色萨利人，但是他们对于希腊的防御，却并未有所贡献，因为他们完全不是波斯骑兵的敌手。尽管他们的国家具有山地的性质，可是说也奇怪，希腊对于这种兵种却是如此落后；因为 20 年前，公元前 511 年，斯巴达人在距离雅典不远的地方，即曾为色萨利人的骑兵所击败，早已付出了代价，认清了它的价值。依照戴布流克的分析，在希波战争的全部过程中，决定性的因素都是希腊人对于波斯骑兵的畏惧心理。

西班牙舰队的失败，好像是一个耳语一样，把帝国的秘密送进了英国人的耳中；在一个商业的时代中，赢得海洋要比赢得陆地更为有利，也许在 1588 年，对这一点还并无太明确的认识，可是在以下的一个世纪中，这个耳语的声音就变得愈来愈大了，终于成为每一个英国人的呼声。

所以西班牙舰队的被击败，其历史上的重要性是这样的：它为大不列颠帝国奠定了基础，使英国人获得了西班牙所丧失的威望。这种威望和对于其国运所具有的信心，促使英国人走上了帝国主义的道路。最后他们的旗帜飘扬在世界之上，成为亘古未有的海洋大帝国。

这个帝国从兴起到衰颓，中间差不多经过了300年以上的时间。

苏联人对于这种冲突的方式，可以说是得风气之先，因为他们对于冷战是有条理的进行，所以在大战刚刚结束之后，他们没有发射一枪，即已控制了三分之一以上的欧洲。此后，他们就对于全世界上的所有非共产主义国家，进行宣传、破坏和颠覆的战争。一切不接受苏联共产主义的国家都被当作是苏联的敌人。阿宏先生又指明：西方的军事专家都是不能摆脱传统观念的束缚，没有认清冷战就是真正的战争，这种战争一直都在进行，永无休止，所以对于宣传和颠覆的战斗是一定要再接再厉的。他又说："一个职工同盟夺取共产党的领导权，这个胜利正与增加了一个师的兵力是同样的重大。"

延展阅读

《辉煌帝国的军事视角：解读富勒〈西洋世界军事史〉》

作者宋宜昌。本书以英国军事史学家富勒的军事名著《西洋世界军事史》为解读对象，结合世界战争史上的几次著名战役，全面而又深刻地阐发了富勒独到的军事思想和军事理论。读者将对富勒的军事著作有大致的了解，还能获得军事领域的相关知识。

本书是以知识阶层为主要读者对象的经典名著解读系列读物。本书将会把你带进硝烟弥漫的年代和炮火纷飞的战场。它还告诉你当文明和历史的进程迸射出战争火花时，那些伟大的统帅和英勇的将士如何应运而生，克服难以想象的困难和艰险，控制战场上的命运，最后争取胜利，进而影响历史，影响一个民族、一个国家、一个大陆，乃至世界的命运。

《兵家必争之地：中国历史军事地理要览》

胡阿祥、彭安玉、郭黎安　主编

读完此书，你会觉得似乎对中国古代的无数场战争有新的理解，原先朦胧的面纱被揭开，豁然开朗。

关于作者

胡阿祥，先后在复旦大学读历史本科与历史地理研究生，在南京大学获文学博士学位。现为南京大学历史系教授、博士生导师。兼任中国地理学会历史地理专业委员会委员，中国魏晋南北朝史学会理事、副秘书长，中国唐代文学学会韩愈研究会副会长，江苏省六朝史研究会副会长、秘书长，南京六朝文化研究会副会长。出版专著及各类大小作品 10 余种，发表论文及文章 250 余篇，主编有多部丛书。本书即由胡阿祥主编。

彭安玉，1986 年复旦大学历史系中国文化史专业研究生毕业，获硕士学位。现任中共江苏省委党校经济社会发展研究所教授，同时兼任江苏省农史研究会理事、江苏省六朝史学会理事、江苏省南京六朝文化研究会理事等职。代表性著作有《中国古代吏治研究》《中国古代宏观经济管理研究》《中国行政制度史》《殊途同归——春秋战国改革的历史走向》《中国古代政治与道德教化》等。

郭黎安，供职于江苏省社科院，其研究方向为宋代地理以及六朝的经济文化地理。出版有专著多部，代表著作有《宋史地理志汇释》等。

荐读理由

为什么长城要沿阴山、燕山等山脉而筑？为什么在周边民族大规模入侵中原时，双方常常会守秦岭、淮河为界？为什么山西高原、关中地区、四川盆地、江南一带、福建区域、岭南地区经常出现军事割据？为什么山海关、嘉峪关、剑阁道等的得失会关系到战争的全局？

诚如孙子所说，“夫地形者，兵之助也”，“知彼知己，胜乃不殆；知天知地，胜乃不穷”。中国古代的军事学家早就注意到了地形对于战争的重要作用。历来的军事学家在研究军事的时候都注重地理因素，总结出很多利用地形来克敌制胜的方略。明末清初，著名学者顾祖禹集历代研究之大成，撰写了历史军事地理名著——《读史方舆纪要》。该书以明代地理为基础，叙述了中国4000多年来军事地理的发展形势，阐明了各地区的战略地位和作用，具有极高的军事价值，被梁启超誉为“极有别裁之军事地理”，被施和金先生称为“兵家必读之书”。

“秦人用函关，却六国而有余……诸葛武侯出剑阁，震秦陇，规三辅，刘禅有剑阁，而成都不能保也。”

“及肩之墙，有时百仞之城不能过也；渐车之浍，有时天堑之险不能及也。知求地利于崇山深谷、名城大都，而不知地利即在指掌之际，乌足与言地利哉!”

顾祖禹的两段论述，很好地解答了古人关于地理之利的理解。很多地方，自是天堑，其得失事关大局，因此，必须首先要占有。但是运用之妙，存乎一心。并非只有天堑才能成为地利，只要运用得当，即使是“及肩之墙”“渐车之浍”也比高城、天堑要更为有用。

中国古代的战争太多了，而中国人在记录历史的时候历来没有详细记载的习惯，通常详于记载战争中的统帅，关注战事的成败，而略于记录具体的战争进程。因此，我们对中国古代战争个案的了解，都是朦朦胧胧的。但是，几千年来的无数次战争，造就了中华灿烂的军事思想。而读透这些军事思想，并将之投射到战争中去就会起到事半功倍的效果。中国的军事统帅特别注重地理，而如果我们对中国的这些古战场的重要关隘、地形进行一个细致的分析，很多战争就一目了然了。因此，军事地理学具有极为重要的价值。而《兵家必争之地：中国历史军事地理要览》就是这么一本为你详细地分析中国各个地区、各个狭关险隘的重要性的专著。

这部书是由南京大学教授胡阿祥组织编写的。全书共23讲，前5讲为总论，概述中国历史军事地理的若干重大问题；后18讲是分论，分析中国各区域的历史军事地理形势。

南京大学施和金教授对此书给予了高度的评价："胡阿祥、彭安玉、郭黎安等同志有志于将中国古代和近现代的军事地理融会贯通，对中国历史上的军事地理规律加以探讨和研究，以饱满的爱国主义热情和严肃认真的治学态度，撰写了《兵家必争之地：中国历史军事地理要览》一书。这是一项很有意义的工作，它不但填补了我国军事史上的一项空白，而且对我国的国防建设作出了非常有价值的贡献。"

读完此书，你会觉得似乎对中国古代的无数场战争有新的理解，原先朦胧的面纱被揭开，豁然开朗。读者在获得军事战争的具体知识的同时，会提高自身的军事素养，十分值得阅读。

先睹为快

函谷关为兵家必争之地，尤其是旧函谷关更是如此。旧关地理形势十分险要，北面是大河滚滚东流，南面是一片崇山峻岭，山谷中两边悬崖峭壁。东自函谷，西至潼关，历史上也通称为函谷（即桃林塞），道路狭窄，天险自成，谷中崖壁之上松柏茂密，遮天蔽日。春秋时晋国据此天险阻挡了西面秦国的入侵；战国时秦占此地，于谷中置雄关名函谷关，关东、关西即以此关而得名。

战国时期，秦国凭着函谷关险要，屡退东方联军，最后竟兼并六国，一统天下。刘邦进关中灭秦时，回避函谷关险道，绕向南面攻取武关而入关中，这是进入关中的另一条路。另外从北面由临晋到朝邑也可进入关中，不过要两次渡河。古代由关东入关中虽有三条道可行，唯有函谷关这条路较为便捷，今天陇海铁路便从此通过。由于这条通道甚为险要，易守不易攻，在古代战争中对于保障关中安全，起着很大作用。

就山西的地理位置看，它介于太行山与黄河中游峡谷之间。太行山的东面是华北大平原，黄河中游峡谷的西面是陕西。陕西在中国历史的早期、华北大平原在中国历史的晚期，分别具有重要的意义，是当时的政治中心所在。山西的北面是内蒙古高原，南面是中条山与黄河。内蒙古高原的游牧民族是中原王朝主要威胁所在，黄河南面的河南地区乃天下之中，四战之地。这样的地理位置，使得山西成为影响范围广大、牵一发而动全身的特殊区域。

山西的地形地势也多优越之处。山西地形复杂，山地、高原、丘陵、台地、平原等各样地形均有分布，全部山区面积占了全省总面积15.6万平方公里的80%以上。尤为重要的是，除中、南部的几个盆地的谷地海拔较低外，大都在千米以上，相较于其东部的华北大平原，呈现出强烈的隆起地形，习称山西高原。高原相对于平原，自然占有军事上的优势。再者，山西的地势由东北向西南倾斜，由高向低，便于向南向西进攻。

延展阅读

《布局天下：中国古代军事地理大势》

作者饶胜文。本书是一本历史军事地理著作。政治兴亡常与军事成败相关，而地理又与军事密切相关，故探讨中国古代军事地理大势，对于深入认识中国历史上的历代兴亡，实为一个关键。本书的一个鲜明特点，是把中国古代军事地理大势形象地概括为“棋盘型格局”。全书内容亦由此而展开。因有“棋盘型”，乃有“四角”的分析，即关中、河北、东南、四川；乃有“四边”的阐述，即山西、山东、湖北、汉中；乃有关于“合天下之全势”的中原的认识。全书从地理形势、军事成败入手，最后落实到政治局面的变化，即历史上统一与分裂的成因及其类型。概而言之，全书由地理而言军事，由军事地理而论政治得失。

《中国古代战争的地理枢纽》

宋杰 著

从地理学的角度审视中国古代战争。

关于作者

宋杰，1952 年 1 月生，北京市人。1982 年 1 月毕业于北京师范学院历史系，留校任教。后师从宁可教授研习秦汉史及古代军事地理，获得博士学位。现任首都师范大学历史系中国古代史教研室主讲教授、博士生导师。其著作《〈九章算术〉与汉代社会经济》一书获北京市第四届哲学社会科学优秀成果二等奖，《先秦战略地理研究》获得北京市社会科学出版基金资助；学术论文《〈九章算术〉在社会经济领域的价值》刊载于美国著名年鉴刊物《波士顿科学哲学研究》。

发表专著有《中华五千年纪事本末·秦汉部分》《〈九章算术〉与汉代社会经济》《先秦战略地理研究》《中国经济发展史·秦汉卷》《中国货币发展史》《中国经济通史·隋唐五代卷》《中国古代战争的地理枢纽》。

荐读理由

我们研究中国古代的军事战争，常常局限于官方史书和文学作品中的记录。中国的史书则由官方编修，受政治影响过大，对史实多有讳改。而中国的文学作品，常常不是严谨的纪实性之作，而是有所发挥的作品。我们在阅读过程中，一方面既为作者的文笔叹服，另一方面却对战争的很多细节感到困惑。尤其是中华文明泱泱五千年，精彩战例不可计数，如何通过几部作品，就可以抓住这些战争的核心，却又免于“演义”性质的作品的误导呢？

《中国古代战争的地理枢纽》一书给了我们很好的答案。宋杰教授对中国古代的战争与地理的接轨有很精到的研究。在他的带领下，我们可以通过地理学的角度来审视战争。在这样一种理论指导之下，很多谜团豁然开朗。这不是一本告诉你哪一场战争取得了什么样的结果，产生了什么样的影响的书，而是试图告诉你，这场战争为什么要在这里发生，而这里的地理状况将如何左右战争局势的发展的书。跳出战争本身来反观战争，会获得不一样的收获。

全书分三个部分。

第一部分为导言，作者用深入浅出的语言，为我们解释了中国古代所谓的“衢地”以及这些战略枢纽对整个国家的重大影响。同时也介绍了我国古代枢纽区域地位价值的演变。

第二部分，作者分 17 个小的章节，分别讲述了从上古三代一直到宋元之际中国古代战争中的重要地理位置对战争形势的影响。

第三部分是附录部分。

书中图文并茂地阐释了“三代的城市经济与防御战争”和“战国秦汉的‘陷陈’”。同时所有的文章后面都附录了很详尽的战略图，这有助于我们加深对整部作品的理解。

宋杰教授之所以完成这部著作，其动机在很大程度上是出于对军事历史的由衷热爱。正如李贺诗云：“男儿何不带吴钩，收取关山五十州。”宋杰教授提道：“我早年在北京师范学院（今首都师范大学）历史系就读时，曾听过宁可先生讲授的《中国历史的地理环境》一课，老师纵论古今形势之演进，屡出妙语灼见，满堂学子为之倾倒，给人留下了深刻印象。我毕业任教以后，有幸分配在中国古代社会经济史研究室接受宁可先生的专业指导，后又在其门下攻读博士学位，耳提面命，获益良多。先生曾推荐阅读英国学者麦金德的名著《历史的地理枢纽》，并指出可以结合中国历史上的东西对立和南北对峙局面来研究军事枢纽问题。在这一思路的启发下，我将自己的博士论文题目拟为《先秦战略地理研究》，遂奠定了探讨此项课题的决心。”

作者认为，所谓的“天下之枢”，并非是永久不变的。若要在这一领域取得新的进展，就需要从时间的概念出发，探索军事枢纽的分布和变化问题，即以我国历史发展脉络为主线，研讨各个王朝兵家要地发生转移的情况，再剖析其社会背景和转移的原因。同时，在地理范围方面，则大致以历史上华夏族、汉族的居住区域为界限，为每个朝代选择了一两处枢纽。整部作品浑然天成，彰显了大气与精练的完美结合。《中国古代战争的地理枢纽》，对于不了解战争，或者说是不了解中国古代战争的读者来讲，是一部非常难得的指导性的书籍。

先睹为快

春秋历史表明，那些挫败群雄、执盟会牛耳的国家之所以能取得胜利，不仅是由于内政、外交和会战的成功，相当程度上也得益于合理的战略制订；其统帅、将领们正确认识和利用了当时的地理形势，根据不同时期的客观情况来部署兵力，选择进军方向、线路以及交锋的战场，造成对本国有利的形势。另一方面，则尽量利用自然、人文地理的种种条件来遏制对手，给敌人的军事行动带来困难，借此促成自己在作战中的胜利。

战国时期的中原，对魏国来说，好像是设有美味诱饵的陷阱，一旦过早地置身于此，便受到诸多强邻的围攻，而无法摆脱困境。

后来秦国进行统一战争时，也出现过类似的战略失误。秦昭王时魏冉指正，亦曾把主攻方向定在中原，频频出兵围攻魏都大梁，又与齐国争夺陶邑，结果并不理想。由于燕、赵、韩等诸侯来救，“穰侯十攻魏而不得伤”。陶邑虽然得手，但因距离关中太远，有韩、魏的阻隔，日后还是被魏国夺走。范雎献“远交近攻”之策后，秦国及时调整了战略，以主力进攻临近的河东、河内、南阳，与三晋和楚分别作战，待扫清外围后，便势如破竹地攻占了中原地带。

蒙古灭宋战争中的围攻襄樊之役，前后历时6年，耗费了巨额的财富和人力，才攻陷了这座号称“京湖之首”与“天下之脊”的枢纽要地，打开了进军江南的大门。此后，蒙军“乘破竹之势，席卷三吴”，顺利地实现了预期的战略计划。襄阳对于江南政权的屏蔽作用，可谓在这次战争中表现得淋漓尽致了。正如顾祖禹所言：“观宋之末造，孟拱复襄阳于破亡之余，犹足以抗衡强敌。及其一失，而宋祚随之。即谓东南以襄阳存，以襄阳亡，亦无不可也。”

延展阅读

作者还有下列精品：

《先秦战略地理研究》

宋杰教授是专门研究先秦史的著名专家，尤其是在研究地理对战争、对政治经济的影响方面造诣颇深。这本书系统地阐释了宋杰教授的研究成果，是通过地理角度来反观先秦历史的一部很好的读本。

《两魏周齐战争中的河东》

本书论述了河东地区在经济、地形、水文、交通等方面的历史特点以及对两魏周齐战争的影响，并从战略地理研究的角度分析了东、西魏分裂时的政治形势以及高欢所采取的军事部署，西魏的应对策略、夺取河东的过程与巩固当地防务的措施，西魏、北周时期河东行政区域的设置及演变情况，沙苑之战以后东魏、北齐对河东、汾北地区的历次反攻，西魏、北周东征战略的特点及其演变，周武帝平齐之役的过程与胜利原因。

《经略幽燕：宋辽战争军事灾难的战略分析》

曾瑞龙　著

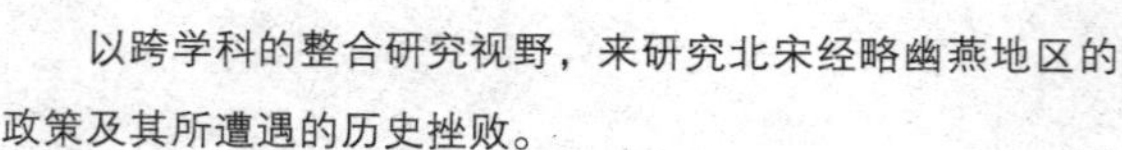

以跨学科的整合研究视野，来研究北宋经略幽燕地区的政策及其所遭遇的历史挫败。

关于作者

曾瑞龙（1960—2003），宋代军事史专家，祖籍广东惠阳，生于香港。他毕业于香港中文大学历史系，师从罗球庆教授。后负笈美国亚利桑那大学，师从陶晋生教授，获取博士学位。

曾瑞龙生前任香港中文大学历史系副教授。他的研究领域包括比较战略文化、唐宋时期的对外关系和战争史等。而他对宋辽战争的研究时间非常长，从开始大量阅读这方面的资料，一直到本书的完成，经历了十几年的时间。作者对传统的北宋灭亡的原因提出了大胆的质疑，从战略的层面提出自己的见解，可以为我们研究这段历史提出新的研究视角，补正我们对这段时期宋王朝军事失败的很多看法。

荐读理由

宋辽战争一直是中国历史研究者关注的课题。传统学者惯用“强干弱枝”“重文轻武”或“先南后北”等政策来解释北宋的积弱和对外战争的失败，但这样高度概括的说法，未能深入剖析宋辽战争中的各场战役，因此有其局限性。本书以跨学科的整合研究视野，来研究北宋经略幽燕地区（俗称燕云十六州）的政策及其所遭遇的历史挫折。

作者认为，“宋代的国势比不上汉、唐，是经略幽燕的失败所直接引起的。如果979年或986年任何一次宋军能攻取幽州，将辽人逐出关外，学界当然仍然可能会批评宋代积弱，但所关涉的应该是其他议题，而不是宋人在军事上的力不能逮了。随着岐沟关和君子关战役的连串失败，辽强宋弱的局面形成了”。

事实上，北宋对辽战争互有胜负，并不是一直都打败仗。但是宋军在几次重要的战役中遭遇大败，从此一蹶不振。作者着重提到了两次宋太宗经略幽燕的战役——高粱河战役和岐沟关战役。

作者从军事战略战术的层次来论述，指出：高粱河战役的失败，是因为宋军沿袭了五代的速进战术，迅速包围了幽州，在激烈的攻防战中，一度有三百人登城，几乎赢得了战争。但这时，宋太宗命令充当预备队的曹翰部队也投入攻城，这时，辽军抓住时机，投入精锐部队，从宋军的侧后方位的空当切入，大败宋军。这场战役体现了战争形势的新陈代谢。

岐沟关之败同样是缘于战略各层次的脱节。这场战争，宋军投入十万军队，在曹彬的指挥下，从雄州挺进，吸引辽军主力，中路田重进所部从定州窥取飞狐口，同时代州方面的潘美和杨业席卷云、应等州，一时声势浩大。但是中路军迅速推进，占领了蔚州之后已经无法再推进，而曹彬所部一度攻陷涿州，但因粮尽无奈退兵。辽军趁机追击，大败宋军。这场战争，整个欺骗计划未能对准战略上的决定点幽州，同时，军队整体配合无方，虽然各路均有亮点，但是配合不当，粮草不能保证供给，难逃一败。

两次大战，宋人精锐尽失，从此再难图幽云。

本书分八个章节加一个绪论和一个结论章，共计十章。绪论，论述了研究的基本视角和采用的研究架构、研究方法，同时阐明了自己的论点。第一章对北宋军事失败做了宏观解释。第二章到第四章，重点探讨了北宋内部的战略问题，从高层战略决策的角度，思考北宋失利的前因后果。第五章到第八章，作者分别详细地分析了几次宋辽为争夺幽云所进行的大规模战争：高梁河战役、满城会战、岐沟关战役、陈家谷与君子馆战役。最后的结论章，作者对这些战争做了理论性的思考，解答了几个发人深省的问题：军事灾难是如何形成的、另类取向的可能性与战略文化的制约、前车之鉴等。最后，作者专门附了八张战略形势图，详细阐释了几次重要的战役。

作者综合既有的历史研究成果，从军事战略的角度，重新检视每一战役所衍生的战略、战术及军事文化问题。对于关键的史实，作者也广泛运用宋辽双方的史料加以考证。本书提出了许多新颖的见解，可以增进学界对宋初史事的了解，是一部深具学术价值的论著。

先睹为快

从开战至今，宋军在战役法方面似颇足称道。从在岐沟关取得初段突破开始，然后涿州会战和沙河会战，宋军都在一个初期的战术胜利之后，立即插入强有力部队从纵深推进，进而打乱了辽军会师幽州的构想。此外，孔守正夜取岐沟关，太宗“二十三日，未明，次幽州城南”，都说明宋军曾一再乘夜行军，否则《太宗纪》应作二十二晚或二十三日抵幽州才对。辽军措手不及，完全陷入混乱，从辽景宗责备耶律奚底和萧讨古的话可以看得出来，后者被责以“不严侦侯”，乃至“遇敌即败”，可见宋军确实达到了战役的突然性。

宋太宗对前线指挥的干预是有两个层次的。第一个层次是战役的层次，其核心在于“当会兵设伏夹击之”的构思。“当会兵设伏夹击之”这句话也有两重意义。第一重意义是作为一个广泛的战役指导思想。在这重意义来说，“当会兵设伏夹击之”体现出典型的弹性防御构思，要义在于集中兵力，寻找敌军的弱点打。这种构思不但成为满城会战的指导方针，也贯串起日后雁门、羊山等成功的战例。“当会兵设伏夹击之”的另一重意义是具实指的战役指导方针，体现在刘廷翰、李汉琼、崔翰、孟玄喆等四将会师于徐河，而崔彦进则出黑芦堤，沿长城口切入辽军侧后的部署上。这个兵力展开的部署，为日后的胜仗打下了基础。从这个层次上看，宋太宗的干预对战役的发展是存在着正面影响的。

中国民间，特别是有关杨业一门的戏曲、小说，好将陈家谷战役描绘成一场残酷的人事斗争——潘美并非不知此战必败，但却故意逼着杨业败死。近年一些杨家将的传记，也倾向于这种看法。无可否认，杨业的战死有着人事倾轧的因素在内……潘美和王侁固然嫉妒杨业，但若将整个陈家谷战役——从策划到撤走援兵——都看成有意逼死杨业的一个过程，恐怕不是持平之论。潘美为都部署，杨业知代州，王侁是监军，这三个人的利害并不完全冲突。杨业战胜了，潘美和王侁都有机会分享他的战功，有论者指出在雍熙北伐时杨业的战功多为潘美冒去。但这种关系并没有必然构成害死杨业的动机。

延展阅读

《刀锋上的文明：宋辽金西夏的另类历史》

作者梅毅。暂时忘却那些宿命般的悲剧历史，我们回顾两宋三百余年的文明成就，确实顿生骇然惊叹之感。昔日的繁华，早已成为深埋于地下的废墟；从前的风华，也化为过眼云烟，但无法否认那一个灿烂时代的光荣与不朽。往事越千年，我们仍能嗅到那三个多世纪汴梁与临安传来的梅花香气，还能依稀听闻诗人词家那一叹三叠的华丽吟咏。伟大的宋朝，绝非是死亡的朝代，即使它崩溃的瞬间，也如流星陨落一般，照亮了野蛮的黑暗，驱散了内心的恐惧，足以启发后人的心智。在我们民族的记忆中，总是萦绕那个与野蛮为邻的伟大时代的方方面面。伟大的宋朝已成为永恒。

《宋辽关系史研究》

作者陶晋生，美国亚利桑那大学历史学教授。本书为著者十数年来研究宋辽外交关系这一课题的成果的呈现。全书分为 11 章，囊括宋辽间外交关系研究的各个层面，史料翔实，论证严密，创见颇多，对于宋辽关系史研究具有重要学术意义。

《长平之战：中国古代最大战役之研究》

靳生禾、谢鸿喜　著

此书对于我们还原长平之战的历史原貌作出了非常大的贡献。

关于作者

靳生禾，1932 年 11 月出生，河北宁晋人，任职于山西大学黄土高原地理研究所，中国地理学会历史地理专业委员会委员、中国古都学会理事、三晋文化研究会理事，享受国务院颁发的政府特殊津贴。

靳生禾长期从事中国古代史和历史地理学教学与研究。1982 年开创中国历史地理文献学课程，讲稿为高等院校史、地专业用作教材或攻读学位必读书。近年主持古战场野外考察与研究，先后发现东周古雁门关遗址、战略重镇羁马遗址、阏与古战场遗址、十六国潞川古战场遗址，全面系统地完成了战国长平之战古战场的考察与研究。发表论文《胡服骑射与华夏文化》《赵武灵王胡服骑射考辨》《中国古地理文献中地方等第问题刍议》《“穆天子传”若干地理问题考辨》《评台版“郦学研究史”》等百余篇；出版专著《旅行家法显》、《中国历史地理文献概论》、《赵武灵王评传》、点校本光绪《山西通志》（合作）、《长平之战：中国古代最大战役之研究》等。其中，《中国历史地理文献概论》《赵武灵王评传》《长平之战古战场考察报告》等论著获全国或省部奖。

谢鸿喜，山西太原师范学院历史地理与环境变迁研究所教授，长期从事中国古代史和历史地理学教学与研究。与靳生禾教授多有合作，共同著有《长平之战：中国古代最大战役之研究》《玉壁之战古战场考察报告》等。

荐读理由

战国末年，强大起来的秦国为谋求统一全国，连年发动对周边诸国的战争，在此过程中发生了很多惨烈的战斗。长平之战是当时规模最大、死亡人数最多的一次战斗。

公元前 262 年，秦昭王派大将白起攻打韩国，占领了野王城，切断了韩国上党郡和国都的联系。韩国想献出上党郡向秦求和，但是上党郡守冯亭不愿降秦，请赵国发兵取上党郡，引发秦国对赵国的不满。

公元前 260 年，秦王再次派王龁攻打韩国，夺取上党。上党的百姓纷纷逃往赵国。赵国在长平（今山西省高平市长平村）派驻军队，以便镇抚上党的流民。4 月，王龁攻打赵国。赵孝成王派廉颇为将抵抗。双方僵持多日，赵军损失巨大。廉颇决定采取坚守营垒以待秦兵进攻的战略。秦军多次挑战，赵国却不出兵。赵王为此屡次责备廉颇。无计可施的秦国使出离间计，秦相应侯范雎派人携千金向赵国权臣行贿，使赵王不再信任廉颇。赵王更换将领，派赵括率兵击秦。

赵括上任之后，一反廉颇的部署，不仅临战更改部队的制度，而且大批撤换将领，使赵军战斗力下降。8 月，赵括在不明虚实的情况下，贸然采取进攻行动。秦军采取后退诱敌、分割围歼的战法，秦将白起率军将赵军截为三段。赵军首尾分离，粮道被断。到了 9 月，赵兵已断粮 46 天，饥饿不堪，甚至自相杀食。赵括走投无路，重新集结部队，分兵四队轮番突围，终不能出，赵括亲率精兵出战，被秦军射杀。赵括军队大败。四十几万士兵投降白起。白起把赵国俘虏全部坑杀，只留下 240 个小兵回赵国报信。这就是中国古代最惨烈的战争——长平之战。

长平之战，是我国历史上最早、规模最大的包围歼灭战。此场战争，发生于当时最有实力统一中国的秦赵两国之间，结果使赵国遭受了毁灭性的打击，令秦国国力大幅度超越于同时代各国，极大地加速了秦国统一中国的进程。赵军参战人数约 45 万人，秦军保守估计也在百万以上。

长平之战成为中国历史上最经典的战役之一，而被世世代代的军事家、文学家所演绎，所研究。“廉颇老矣”“负荆请罪”“纸上谈兵”等典故早已融入中国文化体系之中，成为中华文明的一个组成部分。长平之战，对中国历史走向有着深远的影响，它催生了中国历史上第一个封建集权的大帝国——秦帝国一步步发展壮大，统一中国。从国家战略到具体战术，军事家直到现在都在探讨它的得失。

现在我们所能看到的关于长平之战的早期文献，最详细的首推《史记 · 白起王翦列传》。其他的文献多由于秦焚书坑儒和秦末项羽焚烧阿房宫而湮没了。《战国策》、先秦诸子中的记载，也只不过是透露出一点点的信息。而《史记 · 白起王翦列传》则又详于人物情节，而对战斗的具体进行情况所述甚少。晚清以至近代，都有不少学者试图对长平之战做一个比较系统的研究，但是却由于材料的局限，只能“从文献到文献”，难以突破原有的认识水平。

靳生禾、谢鸿喜两位先生认识到，研究长平之战的症结有二：第一，对于历史大题材而又偏偏缺乏确切记载的历史，疏于详尽地占有材料，其研究多是零星的片段，而不能做到系统全面；第二，对于偌大的古战场，疏于现场的勘探，而难有实质性突破。因此，两位老先生在研究了大量的研究论著的基础上，亲身到古战场进行勘察，反复琢磨，从而著就此集大成之作——《长平之战：中国古代最大战役之研究》。

《长平之战：中国古代最大战役之研究》主要论述了长平之战的历

史地位、古代文献中对长平之战的记载、晚清近代以来的研究、长平之战的成败得失、赵军和秦军的进军路线和布防、廉颇与王龁的三年对峙、赵括和白起的决战。同时，本书还附带了大量的记载长平之战的文献资料和古人所作的诗词歌赋，对于全面了解长平之战有非常重要的价值。

中国的历史，在漫长的流传过程中往往具有演义化的倾向。当惨烈的战争成为往事，其中发生的一幕幕故事成为人们茶余饭后的谈资，过滤了其原有的血腥和暴力，过滤了其可能是决定性的细节。但当我们认真思考的时候，却又必须跳出“演义”化的情节，探寻真正鲜活的历史。此书对于我们还原长平之战的历史原貌作出了非常大的贡献。

先睹为快

唯长平之战结果，赵军固全军覆没，秦亦死亡过半，即双方死亡百万左右。是役成为春秋战国时代一次持续最久、规模最大、最惨烈的战争。诚如古人论及东周500年的战争时，唯推晋阳、长平两役，所谓“晋阳之围，悬釜而炊；长平之战，血流漂卤”。这场战争由于秦取得全胜，由其统一的形势已成不可逆转，从此急转直下。长平之役，标志着以列国林立、兼并战争频仍为时代特征的战国一代行将终结，一个史无前例的中央集权大帝国就要降临了。从此说来，长平之战是一场地道的划时代战争。此役秦胜于赵，后来中国历史依次发展如此；倘若当年以赵孝成王为首的赵廷，于此役之始所取战略方针得当有力，此役后期头脑清醒无战略失误，则赵胜于秦以至由赵统一，是固属可能的。

时至今日，这“百里石长城”仍依稀可寻可见，羊头山以东保存较好，石城底宽约4米，最高者尚1米多，石块不整，石质不一，是以知当年就地取材，仓促而成，走向系随山势起伏蜿蜒，与后来北方万里长城仿佛无异。然而，周氏以当地有“秦岭”之名，所谓“百里石长城”为“秦人遮绝赵救兵及刍饷而筑”云云，则显系言之未的。当地之所以有“秦岭”之称者，不过初由赵筑而最终秦占领了它。

延展阅读

《战国长平之战新考》

主编王树新等。本书作者在前人研究长平之战的基础上，侧重对长平古战场的实地考察，收集大量资料，在充分研究考证资料的基础上，对韩长平邑的疆域及主要地理要素，长平之战中秦赵两军的行兵布阵、攻守对峙及战争的结局，白起是否活埋赵降卒四十余万等问题，进行了新的论述，提出了新的看法和结论。

《那一次，我们挨打了》

端木赐香　著

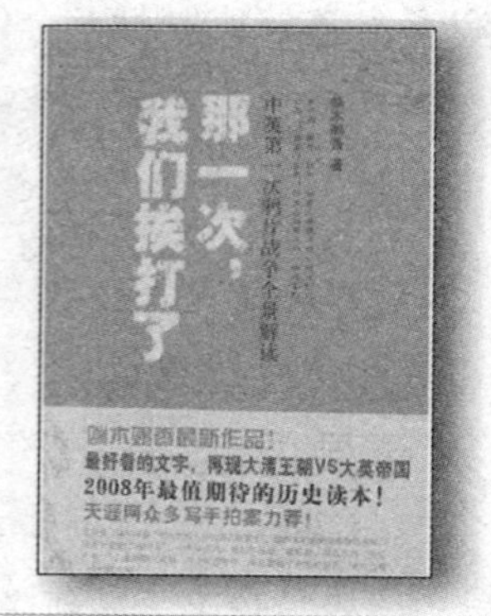

用浅显的语言讲深奥的道理是高级水平，这也是很难达到的一种精彩的写作状态，而端木赐香却恰恰做到了这一点。

关于作者

端木赐香，原名李桂枝，生于1968年，1990年毕业于河南大学历史系，在河南安阳师范学院历史系任教，戏称自己的业务是“拆历史的墙角，探文化的陷阱”。行文似戏谑，被章立凡先生称为“历史顽主”；文字背后一腔真诚，被鄢烈山先生评曰“仁义多情”。主要著作有《我是如此美丽》《中国传统文化的陷阱》《糊涂读史：明清的帝国偏执与盛世张皇》《那一次，我们挨打了：中英第一次鸦片战争全景解读》《这一次，我们又挨打了：中英第二次鸦片战争始末》等。

荐读理由

从乾隆后期开始，清朝的统治日趋衰落。清政府以“天朝上国”自居，虚骄自大，闭目塞听，而同一时期的欧美帝国主义列强已有长足发展。外国商人为获取暴利，将大量鸦片走私输入中国，鸦片的输入量由道光即位之初的4000余箱，到道光十八年（1838），已猛增到

40200 箱。道光延续自雍正以来的禁烟政策，但鸦片走私不但不见收敛，反而日益猖獗。1838 年，道光任命林则徐为钦差大臣，赴广东查禁鸦片。

1839 年 6 月 3 日，林则徐抵达广州后，在虎门海滩当众销毁 20000 余箱鸦片。中国的禁烟措施，遭遇英国政府的强烈反对。1840 年 6 月，由 48 艘舰船和陆军 4000 人组成的英国远征军封锁了广州珠江口，鸦片战争爆发。清军武备废弛，不明敌情，指挥紊乱，因此屡战屡败。至 1842 年，英殖民主义军队攻陷镇江，切断京杭大运河南北交通，继而直抵南京城下。清政府已无力再战。1842 年 7 月 24 日，清政府在英军的炮口下，被迫签订了丧权辱国的《南京条约》。这便是第一次鸦片战争。

几年之后，为扩大在华权益，英国和法国合谋再次发动侵华战争，史称第二次鸦片战争。第二次鸦片战争是英法资产阶级第一次联合侵略中国的战争。其实质是鸦片战争的继续和扩大。

1856 年 10 月 23 日，英殖民主义者利用“亚罗号事件”突然闯入虎门海口，进攻珠江沿岸炮台，挑起侵略战争。接着，英军炮轰广州城，并一度攻入内城。同时英国向法国政府提出联合出兵的要求。此前，法国正以“马神甫事件”向中国交涉。1857 年 12 月，英法侵略军 5600 余人在珠江口集结，准备大举进攻。清军忠实执行清政府的政策，不事战守。英法联军炮击广州，并登陆攻城。广州陷落后，四国侵略者合谋继续北上。1858 年 4 月，英、法、俄、美四国公使率舰陆续来到大沽口外。5 月 20 日，英法军舰炮轰大沽炮台，大沽失陷。26 日英法联军侵入天津城郊，并扬言要进攻北京。清政府派大学士桂良、吏部尚书花沙纳为钦差大臣，赶往天津议和，分别与英、法订立条件苛刻的《天津条约》。

鸦片战争是中国历史上的一次划时代的重大事变。中国近代历史以此开端。由于这次战争是英殖民主义强行向中国倾销走私鸦片引起的，所以历史上叫做鸦片战争。鸦片战争以后，中国开始由独立的封建国家逐步变成半殖民地半封建的国家，中华民族开始了 100 多年屈辱、苦难、探索、斗争的历程。

《那一次，我们挨打了：中英第一次鸦片战争全景解读》和《这一次，我们又挨打了：中英第二次鸦片战争始末》是端木赐香为读者奉献的解读两次鸦片战争的经典著作。作者通过全景式的解读，展现当时西方国家正在加速走向现代文明，而中国却在专制愚昧中踽踽蹒跚而行的情景，通过此种对比来厘清鸦片战争中大清一败涂地、屡屡挨打的根本原因：不在于一个皇帝的能力高低，不依靠几个臣子的忠奸与否，也无关乎民心向背，腐烂的专制制度才是近代中国落后挨打的主因。

这并不是学术性著作，作者倾向于用更为明白晓畅的语言来解读历史。张耀杰对端木赐香的作品给予了高度的评价：

“端木赐香的作品充满了女性作者慧眼慧心、亦俗亦雅的学术分寸感！我倾向于把这样的历史著作称之为高度口语化的法政比较史学，也就是用民间社会最为流行的通俗话语，从宪政制度和法律规则的层面上充分展开历史人物与历史事件的比较研究。”

而同济大学教授聂圣哲则对这种写作方式有更深的理解：

“我认为写作水平可以分三种：用深奥的语言讲浅显的道理是初级水平；用浅显的语言讲浅显的道理和用深奥的语言讲深奥的道理是中级水平；用浅显的语言讲深奥的道理是高级水平，这也是很难达到的一种精彩的写作状态，而端木赐香却恰恰做到了这一点。”

对于读了过多的严肃的教科书式的近代史著作的读者来讲，捧起这部书，顿觉在历史的厚重感下洋溢出的活泼气息，会让你有一种一口气读完的欲望。鸦片战争是中华民族的耻辱。但正是鸦片战争，打破了闭关锁国的清王朝的大门，给这个飘摇的末路王朝以致命的打击。沐浴在现代文明下的我们，在反观历史的时候，为什么不可以抱着一种平和而轻松的心态呢？让我们随着端木赐香的文字去重新感受鸦片战争那段不平凡的历史吧！

先睹为快

日籍华人陈舜臣说："对专制帝国来说，皇帝的资质往往左右国家的命运。"（陈舜臣：《鸦片战争实录》中译本，中国友谊出版公司 1985 年版，第 2 页）这里我们可以下判断了，此话 50% 正确。皇帝的资质确实主宰着专制国家的命运，但那是在中国的历史循环圈里。这话一旦放到国际大环境之下，放到两种文明、两种制度的格局之上，就不是那么一回事了。一句话，皇帝资质再高，整个王朝却自绝于国际主流，面对新世界、新文明的挑战，照样玩不转！

《南京条约》签订的前一天，道光皇帝在寝宫的台阶上散了一夜的步，唉声叹气，懊恼连天。可怜的道光，他不知道，英国对中国，那可是单相思很久了！

当然，和谐之中，偶尔也有不和谐的音符。那就是小刀会起义。刘丽川本就是浑水摸鱼，看太平天国打进了南京，他在上海才呼应的，也不管洪秀全是否承认他。这个编外的太平天国开国元勋于 1853 年 9 月 7 日攻占了上海县城，苏松太道兼江南海关监督吴建彰人被活捉，官印被没收，第二天设置于外人居留区的海关关署也被人捣毁。英法美本来就对中国海关不能禁绝走私的落后管理心怀不满，比如中国官员喜欢中饱私囊，外国一些商人也就心照不宣地按照中国规则办事，贪污贿赂和偷税漏税的风气渐炽。

1861 年 4 月 24 日，孟托班从上海出发前往香港，他要回法国了。在回忆录中，他说他不愿意离开上海。是的，中国是成就他功名的地方，以后他再也没有机会来了。1861 年 6 月底，他回到了法国。参议院里，正有空缺的议员席位等着他。除此之外，他的皇帝还有赏——拿破仑三世封将军为八里桥伯爵，并且可以世袭。伯爵幽默地跟人说：他一直担心皇帝封他个北京伯爵呢，要是那样的话，叫起来可不大好听!

延展阅读

《近代的尺度：两次鸦片战争军事与外交》

作者茅海建，我国著名的历史学家。本书是作者继《天朝的崩溃》之后的又一部力作。收录了写成于 20 世纪 90 年代后期的 11 篇论文。作者通过丰富的材料、精当的考证，对于两次鸦片战争的种种重大问题提出了自己的新见。

《国破山河在——从日本史料揭秘中国抗战》

萨苏　著

一篇篇短小精焊的短文，向我们诉说着战争幕后被我们遗忘的或者漏掉的历史。

关于作者

萨苏，本名弓云，祖籍河北，生于北京。1992年毕业于北京师范大学，第一份工作是在北京保利大厦做侍应生。自此先后在美国通用电气、AT&T、诺基亚、AMECO等公司工作，现为一家美国公司驻日的网络工程项目主管，住在日本关西的小城伊丹市。因为亲戚中有几位文史方面的专业人士，养成对文史的爱好，现兼任《环球时报》驻日本记者，曾出版过《中国厨子》《嫁给太监》《梦里关山走遍》《北京段子》《与“鬼”为邻》等书。其新浪博客点击量达1800万以上，被评为2006年度新浪最佳写作博客。2009年10月，其新浪博客点击量已经超过7600万，发表日志2200余篇，当选新浪博客2008年度十大草根博客。

萨苏到了日本之后，有感于日本留存了大量的侵华史料，其中很多史料是不为国人所知的。无数的无名英雄的故事，湮没于历史的长河之中，却在敌国的资料库中重见天日，作者对此感慨万千，于是着手写作《国破山河在》一书。该书披露了大量国内不见的资料，这些资料，如果不加以整理，就会失传于世。而当这些资料呈现在我们面前时，我们所感受到的是前所未有的震撼。

荐读理由

作者于 1999 年到日本。现在的日本，已不复旧日的凶悍，呈现出一种后工业时代略带萧条的平静。然而，走在大街小巷，依然可以看见当年那场战争留下的种种痕迹——都市中随处可见的慰灵碑、墓园中大片四棱尖顶的墓碑，都在无言地诉说着那场战争渐渐消逝的记忆。

日本一个左翼政治家说过："这些墓碑，比任何言辞更为深刻地警诫着日本不再走向下一场战争。"

促使作者研究史料的机缘，是一次在某个佛寺访问，偶然看到一个日军步兵少佐的墓碑。碑文说明，这个叫福井义的日本军官，1933 年战死在齐齐哈尔附近。在中国人的印象中，抗战是从 1937 年开始的。那么，这个日军少佐为何会在 1933 年战死在齐齐哈尔呢？这让作者一下子感受到 1931—1937 年间，东北率先抗战背后藏着很多很多不为人知的故事。

作者开始探寻事实真相。结果发现，这位少佐是在 1933 年年初"讨伐马占山之役"中被击毙的。那时，正是马占山将军在黑龙江艰苦支撑的最后时刻。而在作者找到的文献之中，有日军与马占山将军交锋的大量史料和照片，如中国军队在电波状战壕中的坚守、双方的炮战、日军的伤员、葬礼等等，显示了在日军侵占黑龙江的过程中，中国军队进行了顽强的抵抗。这些都是在国内的时候不曾见到的。

在外寇入侵、中华民族最危险的时刻，中国人民地不分南北，人不分老幼，以巨大的牺牲捍卫了民族的尊严。《国破山河在》一书以全新的视角，从日本的资料中挖掘出大量不为国人所知的抗日史实。中国的抗战，以最简陋的武器对抗凶残而装备精良的侵略军，很多时候战至最后一刻、最后一人，众多英雄事迹和英雄人物湮没于血与火中无人知晓。在敌方的史料中，虽然当初记录的目的不同，却在客观上保存了许多中国人为国死难的可歌可泣的事例。如：

日本老兵稻垣三郎回忆徐州会战中，曾经提到一个“绑在机枪上的少年兵”。当时，稻垣所部依靠强大火力突破了中国军队在淮北某地的顽强抵抗，占领了阵地。阵地上，他们看到中国军队的重机枪旁边，倒着一具少年士兵的遗体，竟被用铁索绑在机枪的支架上。见到这样的场景，日军马上叫来战地记者拍照，说明中国士兵是被迫参战，以打击中国军人士气，同时彰显“皇军”的正义。而他们找来几个被俘的中国伤员，询问他们是否了解这回事。几个中国被俘伤员说出的话，却出乎所有日军的预料。

原来，这支与日军交战的军队，是地地道道的两淮子弟。所以，此战对他们来说，不仅是保国，更是卫家。这个少年机枪手家就在阵地后的村子里。战斗开始前，他召集弟兄说，要么打退日军，要么战死。说完，取出早已准备好的铁索，将自己锁在了机枪的支架上，不顾长官的劝阻，将钥匙远远地抛入了河中。

真相大白的时候，所有日军为此感到震惊。

作者辛勤梳理日方史料，和国内资料互为对证，许多珍贵的历史片段重现于我们眼前。萨苏文笔灵动诙谐，将这段沉重激昂的历史形象鲜活地展现给读者。书中还保存了大量日方拍摄的历史照片。

本书分战役揭秘篇和人物轶事篇。一篇篇短小精悍的短文，向我们诉说着战争幕后被我们遗忘的或者漏掉的历史。这些历史，我们已经几乎没什么印象了，却留存在了敌国日军的档案之中。当我们从敌军的资料库中找寻到这些可歌可泣的事迹的时候，是怎样的一种震撼！

复旦大学葛剑雄教授在读到此书的时候，非常高兴。他说道：

“我和萨苏先生素不相识，读到编辑发来的书稿才首次得知其人其文。

当我读到萨苏先生的书稿时，立即决定要向读者推荐，因为此书有利于我们全面地了解抗日战争的历史。”

萨苏先生创作此书主旨并不在于研究战争，而是希望以此唤醒我们对这些中国的脊梁的回忆。在那样苦难的时刻，依然有那样多的人为了这个国家义无反顾，不惜生命来捍卫这片生我们、养我们的土地。从他们身上，我们可以看到一个民族的尊严。

先睹为快

1938 年将军病逝后就地殓葬，1947 年其好友陈仪等协助迁葬，起棺时竟尸身不朽。其生前至交好友竺可桢大哭，曰：“百里，百里，有所待乎？我今告你，我国战胜矣!”一时众人泣不成声。

蒋百里将军的夫人，日本籍的左梅女士也是一位奇女，自 22 岁嫁给蒋百里将军就断绝了和日本的联系。抗战中，她和中国女性一样为中国伤兵治疗裹创，不辞劳苦。将军去世后，在误解和怀疑中抚养五个子女，皆以中国文化传统为教育，不习日语一字，获得了中国人的普遍尊敬。

以中将师长之身，打到最后一人，重伤之余，还能翻身而起，击毙杀害自己的凶手，高呼“不投降”而以身殉国。吕将军，虎魂也!

虎到绝路。

得知吕公良将军战死的消息，日军联队长小野修没有感到很高兴，因为作为一名高级军官，他对于当时日本的战况是比较了解的。估计是想到今后自己的命运而有同情之感，小野修下令，在许昌南门外小村附近，为吕公良将军安葬，并让联络官深谷高三郎大尉题写了墓碑。碑文曰：“勇将新编第二十九师师长吕公良之墓。”

这座墓碑建立后不久，新编二十九师残存被俘的中国官兵从它旁边路过。其中一个团长看清了以后，冲上来抱住墓碑嚎啕大哭。随着他的哭，其他被俘官兵也大放悲声，日军亦无法禁止。

日本士兵斋藤在修水前线作战，战斗间歇，他到一条小河边用汽油桶洗水果，不小心汽油桶被水冲走了。日本兵跟着后面追，却发现汽油桶飘向了对岸。

这时，他发现对岸有一个洗澡的中国兵，双方都大吃一惊。

因为都没有带枪，双方都无法射击。那个中国兵慢慢站起身来，捡起那个汽油桶，取出一个水果吃了一口，向后面的树林退去。

这日本兵鬼使神差地用日语问了一句："好吃吗?"

没想到这个中国兵居然用日语回话道："谢谢。"出于好奇，日本兵继续问："你们过得怎么样？发的钱多么?"那个中国兵站住脚步，耸耸肩说："好几个月没发饷了。日子不好过啊，有督战队，不好好打仗可能被自己人打死哦。"沉默了一下，又说道："那样我就看不到收复台湾，看不到占领大阪，也看不到占领东京了，多遗憾!"说完，带着汽油桶慢慢走向树林中去了。

延展阅读

《那些中国人》

这是萨苏的一部随笔集。书中，他以文人篇、军人篇、科人篇、伶人篇、凡人篇分别讲战争的故事，写科学院的故事，说普通人的故事，娓娓道来，妙趣横生。在他笔下无论大人物还是小人物，都是活生生的中国人。他的描写会让你不由自主地或会心一笑、或心尖一颤、或若有所思……他在竭力探寻着中国人的最本质和共性的东西。著名学者、复旦大学教授葛剑雄评价作者"萨苏先生的文章很有吸引力，语言亦庄亦谐，举重若轻"。

《远东审判：为了迟到的正义》

武原、陈伟德　著

本书带你走近那场世纪大审判，了解其背后的秘密。

关于作者

武原、陈伟德是研究抗战史的著名学者。

1989年，日本国内的右翼团体已经多达840个，成员接近13万人，几乎达到与二战时期相当的水平。自小泉纯一郎当政以来，日本的政治进一步右化，右翼势力有所抬头，活动更为频繁。一些日本国内的政要或明或暗地支持右翼势力活动，或做出一些煽动右翼势力情绪的举动。这些都向我们敲响了警钟，值得每一个中国人警醒。

他们深感作为中国人，尤其是对这段史实有所研究的专家，肩负着责任，于是进行了本书的创作。

荐读理由

1946年5月3日，远东国际军事法庭在日本东京开庭，审理东条英机等28名甲级战犯。同时，在横滨、马尼拉、南京、新加坡等地设立法庭对受到起诉的乙级和丙级战犯进行审判。法庭历时两年半时间，于1948年12月29日闭庭，判处日本首相东条英机等7名甲级战犯绞刑，并对一批重要战犯作了无期或有期徒刑判决。

但历史并未就此尘埃落定。

围绕着这次审判，各个国家都有不同的评价。曾经饱受日本侵略之苦的亚洲各国，均认为这次审判很不彻底，留下了大量军国主义余孽。这些军国主义思潮至今仍然在日本国内滋生泛滥。现在，日本右翼势力极力否认和诋毁远东审判，妄图为日本军国主义分子翻案。东条英机的牌位也被供奉在了靖国神社，依然受到日本人甚至是日本首相的祭拜。而日本的教科书，也努力引导日本人民认为日本才是二战的最大受害国，而全然不顾它在二战中给其他国家带来深重灾难的事实。

日本人觉得，东京审判实质上是一次耻辱性的事件。中国有一句古话，“胜者为王，败者为寇”，可以很好地抒发日本人对二战的复杂心态。他们觉得自己没有错，只不过因为自己战败了，所以才需要一直隐忍，但他们总有一天要重新崛起。那么，东京审判到底发生了些什么？为什么作为战胜国，并且是对日主要作战国之一的中国，似乎在东京无所作为？为什么如此多的战犯可以逃脱历史的制裁？而又是什么，让人在60多年后的今天，依然要把视线锁定在那次历史性的大审判上，争执不休？

武原、陈伟德两位学者根据自己长期的研究撰写的《远东审判：为了迟到的正义》一书，很好地解答了这些问题。

本书带你走近那场世纪大审判，了解其背后的秘密。读完此书，你会知道为何日本天皇不受制裁，为何冈村宁次无罪，为何中国军队没有占领日本。千场战斗的功绩随着一场道貌岸然的审判而湮没，实在让人叹息。

作品依据大量史实资料，完整、翔实地再现了60年前那场世纪死亡大审判，充分凸显了这一震惊世界的国际事件中的中国力量，并且首次完整记录了明枪暗箭、波澜起伏、惊心动魄的庭审辩论全过程。

中国法官梅汝璈和检察官向哲浚等人在美苏等大国的强势挤压下，奋力突围，坚持法律原则，终于亲手将 7 名战犯元凶送上绞刑架。但是，在各种利益交织的东京审判庭上，中国并非主角，真正的主角是美国。美国的意志主导了一切。大部分参与对美作战的日军将领得到了审判，但是大量在中国作战的日本战犯却逃过一劫，这让人唏嘘不已。

本书按照时间顺序，选取了 28 天，分 32 篇，详细地展现了整个审判的过程。其中讲述的很多史实是大部分读者所不了解的。如：

“麦克阿瑟的交易：天皇不是战犯”：作为日本元首和最高统帅，天皇不但没有承担战争责任，反而继续担任日本国家元首长达 44 年，成为日本历史上在位时间最长的天皇。其实，这是一项秘密交易的结果。

“世上已无六十七师”：原定派驻日本执行占领任务的六十七师，却被蒋介石急不可待地派往苏鲁豫解放区打内战。后来，六十七师被全歼。

“战犯摇身变顾问”：就在远东国际法庭接连发来传票时，蒋介石竟冒天下之大不韪，聘请冈村宁次为军事顾问。从此，这个日本战犯直接参与了蒋介石在内战中发动的大部分战役。

这些详细的史料陈述，对于普通读者来讲是新鲜的，甚至是震撼的。通过阅读此书，了解在这段时间里，各派势力勾心斗角，如何为了日后的利益而牺牲掉历史的正义。从中，我们也可以明白当今很多问题形成的根源，对于我们把握当下的国际问题也有很强的现实意义。

现在，随着日本国内右翼势力的抬头，否定侵华历史，妄图为日本战犯招魂的风气在日本愈演愈烈。日本人对东京审判的认识与我们大相径庭。在此背景下，重新审视并对大审判加以总结显得尤为重要。大审判，审判的是具体的罪，审判的更是人类的良知。

先睹为快

梅汝璈抵达东京后，住在东京帝国饭店，盟军最高总司令部的中国联络官给梅汝璈接风洗尘，特举办了宴会。宴会期间，正在东京考察的前中央大学校长、时任上海市教育局长的顾毓秀，特意买了一把装饰华贵的宝剑赠予梅汝璈。梅汝璈深深鞠躬，双手接过宝剑，说："红粉赠佳人，宝剑赠壮士。可惜我非壮士，受之有愧。"顾毓秀郑重地说："你代表四万万五千万中国人民和千百万死难同胞，到这侵略国的首都来惩罚元凶祸首。天下还有比这更壮观的吗？君不为壮士，谁为壮士？"梅汝璈激动地拔剑出鞘，望着锋利的剑锋说："中国戏文中常有这样的情形，若是有了尚方宝剑，就可以先斩后奏。如今系法制时代，必须先审后斩，否则，我真要先斩他几个，方雪我心头之恨！"

1949 年 1 月 26 日，军事法庭在搁置六个月后，对冈村案进行最后一次公审。此前石美瑜已接到由蒋介石署名的电令，要求宣判冈村宁次无罪。石不敢违抗，所以开庭前就写好了判决书，审判只是走走形式而已。这次审判冈村宁次，国民党政府与上次相反，事先既没有公布审判的具体日期，也不通知社会各界参加，只有二十几名消息灵通的新闻记者到场。上午的审判匆匆忙忙结束后，下午 4 时开庭继续审判，庭长石美瑜在宣判另外两名战犯的判决之后，开始对冈村宁次进行宣判，结果是宣判其无罪。理由是冈村宁次任中国派遣军总司令官仅八个月，日本政府就宣布投降，并能"率百万大军息戈就范，听命纳降"。冈村宁次在日军任职期间又无"屠杀、强奸、抢劫，或计划阴谋发动，或支持侵略战争等罪行"。

第二个上绞刑台的是东条英机，第三个上绞刑台的是松井石根，第四个是武藤章。第二批上绞刑台的是板垣征四郎、广田弘毅和木村兵太郎。最后一个战犯兵太郎死去的时候，时间是 0 时 43 分。

一分钟后，战犯被处决的消息就通过电波传遍了世界。凌晨 1 时，在蒙蒙的细雨中，两辆军用卡车驶出巢鸭监狱大门。前面的一辆装有七具恶魔尸体，后面一辆站着 20 个全副武装的美国宪兵，车子全速沿着东京至横滨的公路飞驰，沿途还实行了戒严。三个小时之后，七具尸体在横滨市西区的久保火葬场化为了灰烬。为防止东条英机等人的墓地成为日后军国主义者的朝圣地，七名战犯的骨灰被撒入荒野，无处觅寻。所谓是：自作孽，不可活，即是死，亦死无葬身之地。

延展阅读

《东京大审判——远东国际军事法庭中国法官梅汝璈日记》

1946 年至 1948 年，受当时的国民政府派遣，代表中国出任远东国际军事法庭法官。参与审判对 20 世纪 30—40 年代发生于亚洲和太平洋地区的大规模侵略战争负有主要责任的日本战争罪犯。在近三年的审判工作中，努力维护民族尊严，伸张国际主义，同企图庇护日本战犯、损害中国利益的势力进行斗争，促成了大体公正的审判结果。这是梅汝璈当时的日记，展示了东京审判幕后各派势力的明争暗斗，可以了解当时中国法官内心的声音。

《丧钟为谁而鸣——远东国际军事法庭审判纪实》

中央电视台《探索·发现》栏目组编写。本书首次以中国人的视角描述了这次审判的全过程，寻访到了仍健在的参加审判的当事人，记录了在这次史无前例的大审判中所发生的种种鲜为人知的故事与细节。今天，重新了解这次审判的过程和其中错综复杂的斗争，仍旧有着极其强烈的现实意义。时间越长，历史的透明度就越高，给人的启示也就越深刻，也就越能引起人们的警觉。历史不会因时间的流逝而褪去真实、理性的色彩。

《从沉沦到荣光：抗日战争全记录（1931—1945）》

李继锋　著

作者会引导你，以一种客观公正的心态看待抗日战争，看待国共两党在抗日战争中的表现。

关于作者

李继锋，1962 年生，江苏高邮人。南京大学历史学博士，现为江苏行政学院教授、硕士生导师。专攻中国近现代史，主要研究领域为中华民国史、近现代中国政治制度史、抗日战争史等。

编著有《近代中国妇女运动史》《图片中国百年史》《图片二十世纪中国编年丛书》《影像与断想：抗战回望》《从沉沦到荣光：抗日战争全记录（1931—1945）》等。撰有《分合之际：二十年代初省宪运动背景之研究》《民国初年中央集权与地方分权之争》等论文。

1999 年起，参与历史纪录片的拍摄，主创作品有 CCTV 的《百年中国》《辛亥革命》《一个时代的侧影：中国 1931—1945》《抗战》，以及凤凰卫视的《庐山风云》《大国船梦》等。

抗战历史一直是李继锋关注的领域。1985 年，当他在南京大学开始撰写硕士论文的时候就选择了抗战前期国民政府的对日战略的课题，并且此后长期从事此类题材的研究著述工作。李继锋试图展现一个未被人为割裂的抗日战争史，将国共两方面对抗战认知的差别整合起来，还原历史原貌。

荐读理由

抗日战争已经过去半个多世纪，中国民众却始终无法忘怀。

原因之一是那段为民族生存而战的历史太过血腥和惨烈，注定要铭刻在每一个华夏子孙的心底；原因之二是侵略者面对中华民族的大度，却始终不肯为此真心忏悔和深刻反省；原因之三是那场横亘于中国现代史上的战争，由于掺杂了民族内部的恩怨，至今尚有许多不为人知的史实未能披露于世人面前。

李继锋教授长期从事抗日战争历史研究。在研究过程中，他接触到很多史料，并深刻体会到海峡两岸对于这场战争的认知存在天壤之别。身处不同政治环境之中的两岸同胞，彼此看不到对方在抗战中的付出与努力，只能将误解代代传续，不能不说是极其让人遗憾的。

作者在本书的序言中提道：

“在我印象中，那时留下的最好的一部书应该是曹聚仁、舒宗桥先生编著的《中国抗战画史》了……它的立论与视野至今仍然无法逾越。自此之后，一部完整的抗日战争史被割裂了，至今尚在修补但仍然未尝愈合。用台湾拍摄的纪录片《一寸山河一寸血》和中央电视台刚刚播放的纪录片《抗战》做一比较，就能够知道这之间的认知差别有多大了。对想进一步了解抗日战争历史真相的观众，难免有怅然若失的感觉……1931 年到 1945 年间发生的一切依旧是模糊不清甚至是人为扭曲的。”

有感于此，李继锋做了大量的研究工作，试图能够比较公允地反映 1931 年至 1945 年抗日战争的实况，除了中国的情况，对日本方面的情况也用了相当的篇幅。

全书采用编年体的结构，每年有一综合性的叙述，内容重点放在战争方面，但也不局限于战事本身。对政治、经济、社会、外交、国际形势等都有所触及，其目的就是想让读者对战争以及围绕着战争的社会氛围有个总体的印象。

从 1931 年到 1945 年，时间横亘 14 年之久。这其中发生的事情纷繁复杂，条目众多。作者每一年都首先做一个“本年大势”的介绍，然后再抓取每一年的重大历史事件来介绍，辅以大量的图片、文字资料，构成一部全景式的叙述体系。

以 1933 年为例，这一年，被定名为“1933：城下之盟”。这一年，日军开始向长城发动进攻，中国军队进行了英勇的抵抗。而在对这一年的介绍中，作者并不局限于对国内的形势分析，他展示了很多当年国际上的重要事件的图片，如日本天皇视察军舰、日本开设国民道场训练少年习武、德国兴登堡总统让权于希特勒等。而在详细的分论里面，则介绍了“山海关的尴尬”“热河的耻辱”“长城鏖战”“日本退出国联”“困境中的东北义勇军”“飞行热”等内容，同样，每一篇专题文章里面都有丰富的图文资料。其中很多图片，相信是绝大多数读者所没有见过的。

在读此书的时候，读者会有一种视觉上、心理上的震撼。作者会引导你，以一种客观公正的心态来看待抗日战争，看待国共两党在抗日战争中的表现。当历史迈入 21 世纪，海峡两岸关系获得空前发展的时候，我们也应该积极地了解对方的认知，消除彼此之间的误解。国共两党虽然在那个年代里政治上不能共存，但也曾携手抗击日军，谱写了中华民族历史上可歌可泣的篇章。这段历史不应该被偏见遮蔽，被人为地割裂。这正是作者想告诉我们的，也应该是我们读者所应该了解的。

先睹为快

长城与大刀，成了中国人的自豪，这实在是有些悲凉和无奈。毕竟，在 20 世纪的 30 年代，军事技术正在发生巨大的革命。新兴的空军已经开始成为独立的兵种，一些思想敏锐的美国、意大利的军事家宣布，人数很少的空军飞行员们能够直接决定战局的命运；坦克部队正在努力摆脱附属于陆军的状况，准备集团使用，发挥它快速的机械化特性，好让思想迟钝、动作缓慢的敌军束手就擒……但新闻界迫切需要胜利的消息来鼓舞国人的士气，哪怕是一些偶然的，并不能够影响战争进程的战斗结果，可惜的是，在日军猛烈的炮火下，缺乏协作以及后方支持的前线军队无法提供满意的答卷……如果因为战争一时的无望就迷恋上冷兵器的效力，那么就是误入歧途，起码落后了时代整整一个世纪。

从低调悲观开始，却以高调乐观结束，1939 年蒋介石的心理上画出的是这样一条略有波动的上升曲线。

共产党军队的壮大对国民党开始是喜，稍后是喜忧参半，但是从 1939 年开始，随着八路军逸出山西向整个华北平原展开，蒋介石等的感受已经是忧大于喜了。国共两党合作中的隐患，两年以后通过皖南事变而为全世界所知晓。

1941 年底太平洋战争爆发，美国对日本宣战。为独立抗战了近五年的中国——一个富有历史智慧的民族，看到事态不出所料时表达出由衷的快意。四肢发达、头脑疯癫的日本的跌倒已经指日可待。但战局的发展让这个笑意很快变成了惊诧，这表情凝固了。当日本军队像潮水一般地漫过香港、马来西亚、菲律宾、新加坡与印度尼西亚，当英国、美国、荷兰的军队像多米诺骨牌般地倒下，或者狼狈逃跑，或者缴械投降，整个世界都目瞪口呆地看着日本军队的表演。

延展阅读

《一个时代的侧影：中国 1931—1945》

这里结集的是 30 集纪录片《一个时代的侧影：中国 1931—1945》的文案，也就是电视节目的初稿。从 1931 年九一八事变到 1945 年日本宣布投降，这 15 年在中国历史上的意义显然无需论证，我们选择这个时间段作为我们的叙事出发点，抗日战争肯定是贯穿于始终的主旋律。但《一个时代的侧影》不是单纯的抗战史，我们给它的定位是抗战时期的社会史、生活史和民间史。因为关于抗战的更多的文本记忆在宏大叙事、重大事件、精英人物和悲情述说方面，已经做了比较充分的展示，我们不必重复。可以说《一个时代的侧影》是对上述这些主流电视节目的有效旁证和补充。

《1935：危机再现》

主编李继锋。1935 年，蒋介石政府对日本曲意逢迎，日本外相广田刚提出亲善外交，双方军政高官频繁互访，民间的经济代表团也你来我往，中日关系出人意料地迎来了小阳春。也许，这一个中日关系由公使级升格为大使级是最有讽刺意味的一幕。可是国人刚刚破涕为笑，华北危机来了，白银危机发生了，大家立刻啼笑皆非，预感大祸临头了。

《中国抗日战争史》

〔日〕石岛纪之　著

石岛在写作此书时，特别注重把各方面的关系理顺，从而得到一个客观公正的中国抗日战争史。

关于作者

石岛纪之，日本著名学者。1941 年出生于日本东京，1963 年毕业于东京大学文学系，专攻中国现代史。任日本茨城大学文学部教授。

石岛从 1961 年开始研究中日战争问题。当时首先读到的是远东国际军事法庭审判有关南京事件的一份备忘录，思想上受到震动，从此潜心进行这方面的研究。1971 年至 1983 年间，陆续发表了数篇研究论文。在上述研究的基础上，1984 年为纪念九一八事变 53 周年，石岛写成了《中国抗日战争史》。

荐读理由

这本书的出版，有非常深刻的历史背景和现实意义。近年来，日本右翼势力活动越来越频繁且尺度越来越大。日本对二战的认识，对中国抗日战争的认识也逐渐被右翼势力所扭曲。这种倾向并非一朝一夕出现的，而是一个长期积累的过程。这个过程在 20 世纪 80 年代就已显现。

在20世纪80年代，日本社会的主导力量，是二战之后成长起来的新人。伴随着日本国力的重新崛起，有人企图通过修改历史来达到为日本寻求国际生存空间的目的。这样，中日之间围绕着“教科书问题”“南京大屠杀问题”等诸多历史问题，展开了文化、政治上的较量。而作为一名对这段历史有着非常深入研究的日本历史学者，石岛先生深感肩负的历史责任，觉得有必要站出来，写一部关于这方面问题的著作，来澄清历史。

在本书的前言部分，石岛先生提到：“如何评价日中战争的问题是一个是否承认大日本帝国的复权，也就是是否应阻止通往战争之路的、极具现实意义的问题。”可以说，石岛先生作为一名日本人，深切地感受到日本右翼势力和军国主义的复兴对世界和平构成了威胁，为此忧心忡忡。他写作此书的目的就是阻止日本重蹈覆辙。

在写作此书的时候，石岛先生敏锐地观察到：“迄今为止，中国出版的中国现代通史中，抗日战争都是以中国共产党及其抗日根据地的历史为中心的。这种倾向，在日本人写的中国现代史中也有表现。在抗日战争中，共产党与根据地人民起了极为重要的作用，这一点确是事实，但只谈这一点不免有些片面。抗日根据地发展的历史，正是由于其在抗日战争整体中所处的位置才明确地显示出其意义的。最近，不仅在日本，在中国出版的通史中也出现了克服这种片面性的动向。”为此，石岛在写作此书的时候，特别注重把各方面的关系理顺，从而得到一个客观公正的中国抗日战争史。具体来说，就是政治、经济、文化、军事各方面的综合；共产党、国民党、民主党派的斗争的综合；抗战中民众的成长；中国抗日战争与亚洲其他民族的抗战的结合。

北京师范大学郑玉纯教授在为此书中译本作的“译者的话”中，对此书作了相当高的评价。他认为这本书在当时具有突破性的价值，其特点为：

第一，明确了中日战争的性质，那就是日本帝国主义的侵略战争。

这一点，在日本国内产生了深远的影响，有力地抨击了日本右翼势力美化历史的图谋。作者作为一名日本人，敢于正视历史，承认本民族所犯下的错误，同时与自己民族的右翼势力进行斗争，这种精神是一名真正的历史学家所必须具有的。

第二，在抗日战争的分期问题上，明确地提出应当以九一八事变为界，虽然现在这已经基本上成为人们的共识，但是在当时是具有突破性的认识。本书对此有非常精到的论述。

第三，不仅仅关注军事问题，还关注政治、经济等诸方面的问题。

第四，对中国的抗日战争有宏观的把握，对国民党、共产党的抗战都给予积极的肯定。这在当时中国国共对峙的局面下比国内的教科书更具有客观性，更具有历史精神。

第五，史料翔实，可读性非常强。

我们之所以推荐此书，一方面是因为这本书本身是一部非常优秀的历史著作；另一方面是因为这代表了一部分日本人对于这段历史的反思。只有明白这是日本人对于自己民族所犯下的罪行的深刻反思，才能读出别样的韵味。

以史为鉴，才能有更光明的未来。我们应当相信，在我们与石岛纪之先生等日本友好人士的共同努力下，中日关系终将迎来美好的明天！

先睹为快

蒋介石活着回来，受到以南京为首的中国各地民众的空前欢迎。这不仅是因为人们认为蒋介石的生命与国家的安危休戚相关，还因为“人民绝对反对消耗国力的内战”。与此相反，为了表示没有个人野心而同蒋回南京的张学良却扮演了一个悲剧的角色。他在军法会议上被判处十年徒刑后得到特赦，但以后受到国民党的监禁，始终没有恢复自由。失去张以后的东北军发生内部分裂，趁此机会，1937 年 2 月 8 日，国民党中央军进驻西安，掌握了西安的支配权。在此之前，1 月 7 日，共产党将本部保安移到延安。这样，共产党与东北军、西北军的同盟军关系崩溃，西北地区形成国民党军与红军对峙的局面。

日中战争的爆发，极大地冲击了台湾民众，他们认为这是对本民族的新的侵略战争。这一时期，在台湾内公开进行民族运动是不可能的。但是，产生了代表台湾民众的民族意识的各种“流言飞语”。例如，1937 年 8 月，在台南州的某个幼儿园，园长让孩子们反复唱“日本强大，支那战败逃亡”的时候，两名小孩唱道：“支那不败，日本必败。”在中国大陆，台湾出身的中国人进行的民族运动越发活跃。1940 年，以日中开战后逃离台湾的谢南光为主席，在重庆成立了台湾革命大同盟。

在抗日战争最重要的后方基地之一的延安，集中了不少来自亚洲各地区的反法西斯战争的活动家。太平洋战争爆发之前的 1941 年 10 月末，日本、印度、印度尼西亚、菲律宾、缅甸、泰国、越南、朝鲜、德国（犹太族）等国（民族）的代表以及中国少数民族 130 多人，参加了东方各民族反法西斯代表大会，决定成立延安东方各民族反法西斯联盟。

在解放区集中的各民族中，实际上有组织地进行反战、抗日运动的是朝鲜人和日本人。为了祖国的独立而来到解放区的朝鲜共产主义者、民族主义者们，结成了华北朝鲜独立同盟（1942 年 7 月成立）。人数在 1945 年 8 月达到约 2000 人，他们还组织了朝鲜义勇队（1942 年改为义勇军）华北支队，与日本军直接作战。

延展阅读

《抗日战争与中国民众》

日本池田诚编著。本书主要阐述全民族的抗日救亡运动，涉及抗战时期中国的政治、经济、军事、思想文化及国际关系等，这本书很好地做到了客观公正地看待历史，批判了日本学术界对抗战的一些错误观点，在日本社会产生了十分积极的影响。

《我是日军翻译官：伪满“江上军”亲历记》

作者山大柏。1940年，一个20岁的青年步入了伪满“帝国海军江防舰队司令部”，当上了日军翻译官，直至日军垮台。此书以其亲身经历揭开了这段鲜为人知的历史内幕，展现了北方都市哈尔滨当年的社会风情，刻画描述了侵华日军、汉奸、宪兵、特务以及苦力、妓女、小商人、学生等各类人物。此书是一个翻译官的心灵自白，是80岁老人半个世纪的刻骨铭心的反思。此书文笔流畅，叙事自如，有很强的可读性，并有较高的文史价值。

《抗日战争与中国的国际地位》

作者王真。中国大国地位的真正复兴是在新中国成立以后，因为只是从这时开始才真正逐步地解决了近代中国所未能解决的民族独立、政治统一、经济振兴三大问题。一个独立、民主、富强的新中国开始跻身世界之林。然而，这并不妨碍抗日战争在近代中国国际地位史上的定位。应当说，它是这一历史轨迹上的一个辉煌的坐标，由此人们看到近代中国国际地位从痛苦的沉沦到艰难的崛起的悲壮的历程。

《中国抗日战争60次军事行动》

刘伟、袁静伟　主编

这些军事行动是革命先烈用鲜血铸就的战争教科书。

关于作者

该书为国防大学出版社组织精干力量编写而成，是为抗日战争胜利60周年的献礼之作。主编刘伟，国防大学军队指挥教研室副教授，曾参与国家或军队重大课题的研究；主编袁静伟也是我国著名的军事专家，著有《空天一体作战研究》《潜网——共和国反间谍纪实》等多部优秀的军事著作。

另外，此书的撰稿人赵建兵、李刚、李景龙、刘念克、宋孝和等在战争研究领域也均有建树。

荐读理由

抗日战争，是在国共合作旗帜下进行的一次全民族的抗战。这是近代史上中国人民反对外敌入侵取得第一次完全胜利的民族解放战争。在这场伟大的民族解放战争中，同时存在正面战场和敌后战场，它们互相依存，互相策应，既有统一的共同抗日的战略目标，又各自独立自主。两个战场对抗日战争的胜利都起到了重大的作用，其作用都不应该被抹杀。

在中国抗日战争中有许多重大的事件和军事行动，并造就了许多叱咤风云的人物。他们以爱国主义的民族精神和威镇寰宇的英雄气概指挥军队抗击倭寇，捍卫中华，创造了彪炳史册的功业。

为纪念抗日战争胜利60周年，国防大学出版社组织军内外部分战争亲历者、资深专家学者和学有专长的青年军事学、军事史学工作者撰写了《中国抗日战争60位著名人物》《中国抗日战争60件大事》和《中国抗日战争60次军事行动》系列图书。其中，《中国抗日战争60次军事行动》出版之后，广受欢迎。一次次的军事战役构成了整个战争的主体。把握好这一次次的战役，就能够很好地把握抗日战争本身。

本书所收录的60次重大军事行动，都相当有分量，既有共产党领导的军事行动，也有国民党领导的军事行动。这些军事行动是革命先烈用鲜血铸就的战争教科书。

"'一·二八'淞沪抗战"，让我们对1932年那场上海滩腥风血雨的岁月有更深入的了解，对国民党第十九路军官兵为保家卫国、捍卫领土而违抗军令，孤军奋战，血洒疆场的壮举肃然起敬。

"南京保卫战"，让我们为国民党因为消极抗战，而致使民国中心、六朝古都南京一朝沦陷而酿千年浩劫唏嘘不已。南京大屠杀，从此铭刻于中华民族的历史之中，成为国人心中永远的痛。

"台儿庄之战"中，中国军队履行了炎黄子孙的匹夫之责，用手中的枪炮和大刀，用血肉之躯奋勇杀敌，赢得了战役的胜利。这是国民党正面战场首次赢得的胜利。这一胜利大大鼓舞了全国军民抗战的士气，沉重打击了日本侵略者的气焰，在中国抗日战争史上留下了浓墨重彩的一笔。

"冉庄地道战"则让我们看到了在面临危亡的时刻，中华民族同仇敌忾、全民皆兵的可歌可泣的历史。真正能够战胜敌人的，不是手中的枪炮，而是全民同仇敌忾的必胜信念！

“中条山会战”的惨烈让我们知道，中国军队为了赢得战争所付出的代价何其高昂。历史永远不会像后代的影视作品所展示的那样轻松酣畅，每一次战役都是血的代价。

伴随着“敌后战场的全面反攻”，中华儿女给了日军以最后一击。这最后的一个句点，是那么的沉重。战争，给两个民族都带来了深重的灾难。这需要我们在和平的年代认真反思。

应当注意的是，本书所记述的60次重大的军事行动，并不是中国抗日战争军事行动的全部，还有很多重大的战役并没有收入，如“松山战役”等。但是，我们不可能将全部的战争记录下来，八年抗战，发生了多少可歌可泣的事件，战争一直在持续，中华儿女无时无刻不在为了民族的独立而奋斗，无时无刻不在抗击着日军。每一次的抗争都可歌可泣，都是我们中华民族宝贵的精神财富。本书提供给我们一个大体的脉络，尊重这些战争，尊重这些战争中的人，就是尊重我们自己。

先睹为快

汽车越来越近了。最前头的几辆已经开到山脚下公路拐弯的地方。鬼子骄横得很，他们显得是如此的得意洋洋，不时向平型关方向指指点点。这些日军虽是辎重和后卫部队，但也不把中国守军放在眼里，如入无人之境。7时许，日军全部进入我军伏击区域。

林彪拿起电话机，要部队等待命令出击。他趴在指挥部里，身旁是一架电话机，胸前放着摊开的地图，两手举着望远镜在观察。警卫员、通讯员、司号员等，离他只有几步远。时间一秒一分地过去，战斗前的寂静实在难耐！

敌军指挥部设在黄土岭东一个名叫教场的小村庄。此刻，一群穿黄呢大衣的军官站在一座独立院落的平坝前，正在用望远镜朝山头瞭望。这情景恰被我炮兵发现。炮兵营长杨九秤立即命令炮群向沟里集中射击。连续几发炮弹正打在敌指挥官人群中，敌军官立即倒下一片。一发炮弹落在距阿部规秀数步的地方炸了，碎片打中其左腹及两腿等数处，中了致命伤。三小时后，阿部规秀中将这朵“名将之花”就在我们神勇的迫击炮兵的排炮下“花落瓣碎”了，这位双手沾满中国人民鲜血的刽子手得到了他应有的惩罚。

清晨来临，战场寂静，但指挥所里却热热闹闹，人们熙熙攘攘在争看俘虏。这时第六批增援之敌又来了，他们和被我军堵在口袋以外的第五批援敌会合之后，以轻便坦克和装甲车开路，盲轰乱射，掩护后面的汽车挺近。廖政国团长和曾政委立即命令特务营出击。半小时过后，援敌被阻后退，随坦克和装甲车转身向万塘据点撤去。战斗正激烈时，有一群头发焦枯、脸目烧肿、浑身污秽不堪的鬼子，听到马达声响，没命地向大队奔去。战士们估计是昨晚搜捕草荡时漏网的鬼子，没等命令跟踪追了上去，把他们抓了回来。战士们押着俘虏一面往回走，一面兴高采烈地谈论着这次战斗的胜利。有个叫石川芳男的日俘用中国话对我们的战士凄然地说：“白天见你们只有少数部队，不想夜间出来这么多，四面八方冲来，你们用兵太巧妙了。”

延展阅读

《中国抗日战争60件大事》

主编金桂兰。本书是一部介绍抗日战争的书籍，主要记述了抗日战争时期的60件大事，包括：九一八事变、一·二八事变和华北事变等。该书语言通俗，故事情节生动，史实可靠，适合历史爱好者与普通读者阅读。

《陈诚回忆录——抗日战争》

陈诚　著

陈诚的这本回忆录，比较客观地反映了那个时期中国最高层领导者的所思所想以及决策背后的过程。

关于作者

陈诚（1898—1965），字辞修，国民党副总裁、军事统帅，祖籍浙江省丽水市青田县高市乡外村。陈诚是黄埔系骨干将领，是蒋介石的得力干将、干女婿，并最终由一名军事统帅成长为一名政治家。

陈诚的人生与中国的命运紧密地结合在一起，尤其是与蒋介石王朝关系密切。1919 年，经陈诚父亲的老朋友、同乡杜志远将军向陆军部军学司司长、主试官魏宗翰疏通，陈诚以备取生名义进了保定军校第八期炮科。直皖战争爆发后，他南下广州，加入了中国国民党。1924 年 6 月，黄埔军校正式建立，陈诚于 9 月调到学校任上尉特别官佐，担任教育副官，并与校长蒋介石结缘。

蒋介石发动四一二政变后，陈诚坚决站在蒋介石一边，得到蒋介石的器重。此后，陈诚在历次战争中，都甘为蒋家先锋，冲锋陷阵。

1943 年 3 月 23 日，蒋介石应时局要求，筹划建立中国远征军，陈诚被赋予此艰巨任务。陈诚为远征军的建立呕心沥血，制订了详细的作战计划，但就在反攻作战即将打响之际，蒋介石突然任命卫立煌为远征军代理司令长官，全权指挥远征军作战训练。但陈诚对中国远征军的建立起了莫大的作用。

抗战胜利之后，陈诚成为一级上将，在黄埔系中，地位仅次于蒋介石。

1947 年，国民党军队在辽沈战役中一败再败。这一年，蒋介石将陈诚派到东北战场，担任东北行辕主任，意图夺取整个东北。陈诚在东北连吃败仗，国民党军队丢盔弃甲，元气大伤。那时，国民党内的舆论一致声讨陈诚的败绩，甚至有人提出应该“杀陈诚以谢天下”。

1948 年年底，陈诚接到“台湾省主席”的任命。就在陈诚接到“台湾省主席”任命的几天之后，1949 年元旦，蒋介石发布了“求和”的文告，宣布下野。

1950 年 3 月，陈诚在蒋介石的安排下成为“行政院长”，他以“行政院长”的身份推行土地改革。1964 年病重之际，陈诚最后向蒋介石提出辞去“行政院长”的要求，得到批准。1965 年 3 月 5 日，陈诚因肝癌病逝于台北，享年 68 岁。

荐读理由

“陈诚是追随蒋介石最久、最为忠诚又最受信任的得力助手，历经半个多世纪中国主要历史事件，其自身作为及见闻内容极为丰富，而涉及蒋氏集团高层重大决策及核心机密之处尤多。”

（《陈诚回忆录——抗日战争·序》章开沅）

历史有时候并不像镜子。镜子离得越近，看得越清楚；而历史有时候需要时间的距离，才能将事实显现。当中国走过了一个甲子，当年纵横捭阖的先人已然作古，我们后代反而更容易抛却感情方面的因素，来更客观地看待这段历史。

陈诚，曾几何时，是以蒋家王朝走狗的面目出现在我们的历史课本之中。但不要轻易地对一个历史人物下结论。我们在评价陈诚的时候，也应该综合其一生的经历，尤其是试着站在他的视角上来审视他。这样，我们可能会得出不一样的结论。

陈诚一生经历丰富，尤其是与近代中国历史的核心人物之一——蒋介石关系非凡。他的人生，可以折射中国历史。陈诚一辈子对蒋介石忠心耿耿，对共产党嫉恨之至。但他并不是对蒋介石言听计从，百依百顺。面临若干重大历史事件，他往往有自己的分析和判断。尽管最后终究还是要服从蒋校长的决断，但他在遗稿中却没有隐讳自己在思想上的有所保留。通过阅读陈诚的回忆录，相信大家对这段历史以及历史中的人物会有更多的了解。尤其是作为蒋介石的心腹，陈诚对历史事实的叙述，可以更好地体现蒋介石的真实想法。这对于我们客观地看待那段历史，大有裨益。

陈诚涉及高层决策和核心机密甚多，而他的公文、私文收藏之丰富也让人深感惊诧。2005 年，在陈诚逝世 40 周年之际，台北“国史馆”与陈氏家属共同举办了“陈辞修先生文物捐赠即石叟丛书网上启用发表会”，这次公开了 1100 余件文物、5600 余件档案、1700 张照片。这被章开沅先生称为“民国史研究历程中的一大盛事”。

《陈诚回忆录——抗日战争》由台北“国史馆”整理陈诚手稿所得，其余还有北伐两册、内战一册、建设台湾两册，这些共同构建了一个完整的历史体系。

《陈诚回忆录——抗日战争》共分为四个部分。

第一部分为“抗战”。分别叙述了战争背景、第一期抗战、第二期抗战、拱卫陪都、远征和胜利到来几个部分。这种对于抗战进程的划分与叙述，与我们习惯的以敌后战场的进程来做划分，是很不同的。对于整体战局的分析也有其独到之处。

第二部分为“我与湖北”，讲述的是陈诚在湖北的从政经历。这段经历，与军事关系不大，但是却是陈诚人生中的一个重要阶段。这为他以后在台湾从政奠定了基础。

第三部分为“陈诚言行纪要”，记述了抗战时期陈诚的主要经历。

第四部分为“往来函电”，重点呈现了很多与蒋介石的往来函电以及与其他高层的函电内容。

陈诚的这本回忆录，比较客观地反映了那个时期中国最高层领导者的所思所想以及决策背后的过程。这对于大陆读者来讲，是非常难得的转换视角的指导性书籍。相信对这段历史有兴趣的读者一定不会错过。

最后以章开沅先生的话作为结语：

“历史不宜以成败论英雄，在海峡两岸关系正在日趋好转的今天，我们更有条件心平气和、客观公正地评说民国时期那些史事和任务。还是那句老话，历史是复杂的，而人们之所以‘不识庐山真面目，只缘身在此山中’。”

先睹为快

八年抗战的历史，可以说是用血和泪写成的，国家和人民损失牺牲之大，为亘古所未有。我们所以甘愿担承这样巨大的损失和牺牲，不完全是因为不能忍受日本的侵凌，而是有积极的目的在的。这目的就是国民革命的目的，也就是要建立一个三民主义的新中国。

中央对于这种情形，是不是有所闻知呢？是的，中央一切都知道得很清楚。但是为了团结一致，为了共御外侮，不能不曲予优容，免得闹翻了脸，投鼠忌器，将更造成为亲者痛为仇者快的局面。老实说：假抗战之名，为争夺地盘扩张势力之实者，岂但共党为然，正自大有人在。

延展阅读

《蒋介石的宠将陈诚》

作者孙宅巍。一本圈圈点点的《三民主义读本》，使他赢得了蒋介石的赏识；几发反击陈炯明的炮弹，更使蒋对他另眼相看。由此开始了他在蒋家王朝飞黄腾达的一生。从军阀混战到抗日战争，从大陆狼狈败退到在台湾的惨淡经营，他竭尽力气，苦心补天。一生都反共，喊反攻，临终却无片言只字及此。本书资料翔实，立论公允，是国内首次出版有关陈诚生平的著作。

《中国抗日战争：正面战场作战记》

郭汝瑰　主编

一谍卧底弄乾坤，两军胜负已先分。

关于作者

郭汝瑰（1907—1997）军事家，原名郭汝桂，重庆铜梁人。国民党国防部作战厅长、中将军衔。1926年考入广州黄埔军校第五期学习。1927年春受吴玉章指派赴四川，在其堂兄郭汝栋军中任排、连、营长，1928年加入中国共产党。1930年与党失去联系后赴日留学。抗战时期，参加淞沪及武汉战役、长沙第三次会战，立有战功。

1945年12月和1946年3月，两次在重庆密见董必武并接受指示继续留在国民党内部，解放战争时期在蒋介石身边工作，为中共中央提供国民党军队的重要情报。由于国防部作战厅长直接参与指挥作战，并经常向蒋介石提供作战方案，定期到蒋介石官邸汇报战况，听取指令，有时还要随蒋介石到各战区视察，所以，郭汝瑰等于直接参与了这场反共反人民的战争。整个解放战争期间，郭汝瑰冒着生命危险，通过来往于宁沪之间的任廉儒，为我党我军提供了许多核心的军事情报，为解放战争的胜利作出了一份特殊的贡献。1949年，任叙泸警备司令和国民党第22兵团司令，12月11日率领国民党72军在四川宜宾起义。

新中国成立后，郭汝瑰历任川南行署委员兼交通厅厅长、南京军事学院教员、全国政协委员、中苏友好协会会长等职。1980年重新入党。主编和著有《中国军事史》《郭汝瑰回忆录》和《中国抗日战争：正面战场作战记》。洋洋600余万字的《中国军事史》和厚厚两大本的《中国抗日战争：正面战场作战记》，填补了中国军事科学研究的空白。而其在耄耋之年完成的近40万字的《郭汝瑰回忆录》，给后人留下一笔宝贵的精神财富。《郭汝瑰回忆录》和由王钟伦先生写成的长篇报告文学《独钓龙潭》先后出版后，台湾方面舆论哗然，一些报纸不惜以通栏大标题发表长篇文章《一谍卧底弄乾坤，两军胜负已先分》《郭汝瑰投共始末》。

郭汝瑰将军九十大寿之时，在送女儿去重庆江北机场的路上，不幸中途发生车祸，抢救无效，于1997年10月23日逝世，走完了他曲折而瑰丽的人生。

荐读理由

抗日战争和解放战争期间，国共双方不仅争领地、争民心、争物资、争援助，而且彼此间进行了激烈的情报战、谍战。现在反映此类隐蔽战线战斗的影视作品很多，但都不如郭汝瑰将军这位实实在在的高级间谍真实而意义重大，郭汝瑰将军被称为“内战第一卧底”当之无愧。

郭汝瑰将军身为共产党员，长期卧底国军指挥中枢，掌握了大量国军抗战军事动态信息，并与红军方面保持信息共享。1949年，郭汝瑰将军率军起义，终于摆脱了卧底身份，回归正常生活。郭将军的经历曝光之后，国民党媒体惊叹“一谍卧底弄乾坤，两军胜负已先分”，足见其作用之大。长期在国军指挥中枢主政的经历也为郭汝瑰写作国民党抗战历史打下坚实的基础。

国民党领导的抗日战争正面战场是抗日的主战场。正面战场担负着较大规模的正规战任务，抗击敌人的较大规模的进攻。在八年抗战中，正面战场共进行了22次会战，正面作战战线虽然从华北、华东一直撤退到华南和西南，后撤几千公里，失地100多万平方公里，但这是蒋介石在制定“以空间换取时间”战略方针时早已估计到的，达到了分散敌之兵力、消耗与迟滞敌人、掩护大后方撤退等战略目的。

在八年的浴血奋战中，正面战场部队伤亡320多万人，广大爱国官兵同仇敌忾，精忠报国，他们浴血于捍卫民族生存的神圣之战中，其爱国精神永远值得我们崇敬和怀念。

《中国抗日战争：正面战场作战记》的写作有着很深厚的历史背景。在内战结束之后相当长的一段时间内，海峡两岸处于对立状态。而对于抗日战争的描述，两边也都是怀着排斥对方的心态，各自陈述，将自身作为抗日的主体加以褒扬，而贬低对方的作用。大陆方面斥国民党军队为“反动派”“消极抗战”；而台湾的历史书则斥共产党红军为“共匪”，宣称共军“从不从事抗日，专门打击国军”，甚至将国民党内部的主战派，如冯玉祥、李宗仁等，都写成“反叛将军”“阴谋活动家”等。而记录在案的很多历史也多有捏造、掩盖的现象，以淞沪会战为例：中国军队的作战是英勇的，但最后造成大溃败的原因是未能适时转移部队，延误了撤退的时机。这些都是有史可证的。但是台湾出版的抗日战争史中根本不提这一关键性的问题。

台湾出版的很多战史书籍，有时为了掩盖事实，甚至篡改档案。这样就掩盖了正面战场抗战的原貌。我国大陆各地现存的抗日战争时期的军事档案异常丰富，而且保存良好，为正面战场作战的研究提供了宝贵的第一手资料。但其中一些材料同样夸大事实，有违真相。而海峡两岸的很多高级将领的回忆录，也或多或少地会掺杂一些个人因素而具有局限性。因此，要得到一个比较客观真实的正面战场作战记录，首先需要做的就是去伪存真和去粗取精的工作。在郭汝瑰将军的带领下，该书的编写组在这方面做了卓有成效的工作，取得了很大的成绩。

本书按照时间顺序，对抗日战争的正面战场做了非常全面的论述。

而最后，作者也对这场战争做了总结和反思。全书洋洋洒洒125万字，带给我们不一样的震撼。

《中国抗日战争：正面战场作战记》，是目前在国内所见的最好的全面记录国民党正面战场抗战的书籍之一。它突破了长期以来的意识形态的桎梏，能够对国民党的正面抗战做一个非常公正合理的评价和描述，既不夸大其价值，也毫不吝惜对其重大意义的褒奖。我们大陆读者大多对中国共产党领导下的武装抗日斗争已经非常了解，而对那些正面战场所发生的一切似知而非知。而阅读此书，可以大大加深对那段岁月的了解，从而能更好、更全面地把握这场全民族的抗日战争。

先睹为快

1936年7月13日，蒋介石在国民党五届二中全会上又对“最后关头”作了解释：“中央对外所抱的最低限度，就是保持领土主权的完整。任何国家要来侵扰我们领土主权，我们绝对不能容忍。”假如有人真要强迫我们承认伪满洲国等损害领土主权的时候，就是我们不能容忍的时候，就是我们最后牺牲的时候。“从去年11月全国代表大会以后，我们如遇有领土主权再被人侵害，如果用尽政治外交方法而仍不能排除，这个侵害，就是要危害到我们国家民族之根本的生存，这就是为我们不能容忍的时候。到这时候，我们一定作最后之牺牲。”

国民党、蒋介石在处理对日关系态度上虽然有了新变化，但由于蒋介石仍不肯放弃“攘外必先安内”的误国方针，于是出现了政策上的二重性。一方面，从1935年开始，数次派人设法与共产党人接触，传达希望与共产党中央谈判的信息，并于1936年2月派董健吾进入陕北瓦窑堡，与中共中央取得了联系，开始了秘密谈判；一方面又仍然企图收编红军，坚持“剿共”，企图以武力消灭共产党。

1943 年至 1944 年夏，中美空军联合作战，不仅逐渐夺回了制空权，而且对日军海上运输线和日本本土构成严重威胁。但是豫、湘、桂作战失败，美国空军第 14 航空队的作战基地几乎全部被毁。在侵华日军已成强弩之末、中美空军又完全掌握制空权的情况下，国民党军竟然发生如此惨重的失败，以致美军中一些人对国民党军的抗战能力产生怀疑，从而对中国抗战产生错误判断。美国参谋长联席会议向罗斯福报告说："如果日军继续西进，陈纳德的第 14 航空队将失去战斗力，我军超长距离轰炸机在成都的机场将会丢掉，中国必然垮。"

延展阅读

《中国抗日战争正面战场备忘录》（丛书）

军事科学出版社组织力量编写。这是一段中国人民用鲜血与泪水写就的历史。本书以生动之笔和丰富史料，真实再现了那场轰轰烈烈的战争，揭露了抗日战争正面战场许多鲜为人知的内幕！中华民族以她特有的坚韧和不屈不挠的精神，在血雨腥风中与日军英勇奋战，谱写了一曲悲壮的荡气回肠的壮丽史诗。抗日战争胜利 60 年后的今天，本书又将我们的记忆带回到那个烽火连天、威武悲壮的年代……

《抗日战争时期国民党正面战场》

郭雄等编著。本书将抗日战争时期国民党正面战场的重要战役的史实和抗战中英勇殉国的爱国将领的生平，作了简要的介绍，推开了一扇学术研究禁区的大门，实事求是地肯定了国民党正面战场的对日作战，歌颂了广大官兵反抗侵略、英勇杀敌的爱国主义热忱，填补了我国全民族抗战史的一页空白。

《国殇：国民党正面战场抗战纪实》

张洪涛、陈冠任　著

以生动的笔触、详尽的资料介绍了国民党从抗战开始一直到武汉会战结束这段时间内的英勇表现。

关于作者

张洪涛，西安人，军事学硕士，现为北京世纪捷进图书有限公司总经理。作者喜好文学，尤以军事题材文学作品见长，著有《血祭大江》《决战北中国》《救命的失误》等十余部军事文学作品和译著。本书是作者在军事领域厚积薄发的一部鸿篇巨制。

陈冠任，中国现代史、民国史学者，著名畅销书作家，著有《蒋介石玩权术》《国民党十大王牌军》《战将——中国人民解放军传奇将领纪实》《荣氏父子——四代父子五代人的光荣与梦想》等作品。

荐读理由

泱泱华夏五千年，多少仁人志士为了国家民族的生存抛头颅、洒热血，成为中华民族永远的骄傲和心中的痛。抗战时期，无论是敌后战场的共产党部队，还是正面战场的国民党官兵，中华儿女不分你我奋勇杀敌，谱写了一曲曲雄奇悲壮的民族之歌！聂荣臻元帅曾对国民党军队爱国将士给予高度的评价："许多为民族独立而英勇殉国的国民党爱国将士的精神，与在抗战期间为抗击日本侵略军而壮烈牺牲的无数共产党员、我军将士和人民群众一样，仍然令人崇敬不已。"

"正面战场"是中国人控制的连片国土与日军侵华推进线上日控区对峙交战而形成的战场。由于在这个战场上作战的中国军队主要是国民党的军队，因此一般也称其为国民党正面战场。何应钦曾列举国民革命军参加过22次对日正面战场会战，但实际上抗战时期的大型战役并不止何应钦说到的这22场。下面将几个比较重要的会战列举如下：

（一）淞沪会战（1937年8月13日至11月11日）。"八一三"淞沪会战是抗战爆发以来，中日双方规模最大的一次会战。三个月的战役中，双方都投入几十万的兵力。由于国民革命军战略不当，武器装备落后，在遭受了33万多人的损失后，最终被迫匆忙撤兵。此战日军伤亡5万余人。淞沪会战后，日军迅速进攻国民政府首都南京。由于此时国民革命军兵力凋零，退守绝地，被迫在12月12日匆忙突围撤退。日军进入南京开始了长达数月、惨绝人寰的南京大屠杀，残酷杀害中国军民30多万人。

（二）太原会战（1937年9月13日至11月）。1937年9月13日，日军向太原进攻，国民革命军由于指挥混乱，被迫从太原突围。此战国民革命军英勇抵抗，伤亡惨重，消灭敌军2万余人。

（三）徐州会战（1938年1月至5月21日）。日军打通了津浦线，扩大了占领区，但未能消灭中国军队主力。其中台儿庄大捷消灭日军1万多人，极大地鼓舞了全国人民的抗战意志。

（四）武汉会战（1938年6月至10月）。历时4个半月的武汉会战虽然最终以武汉失守而结束，但国民革命军的正面抵抗取得了毙伤敌军4万人，近10万名日军因战斗、气候、疾病等原因暂时丧失了作战能力的巨大战果，极大地消耗了日军的有生力量，抗日战争从此进入相持阶段。

总体来说，国民党正面战场的抗战，由于调度无方、消极抗日，以及双方实力的差距，中国军队胜少负多。这一点历来受到历史学界的诸多批评。尤其是新中国成立以来，大陆方面的教科书、历史书中，抗日史都是以中国共产党领导的敌后抗日为主线，而对国民党的抗战政策大加否定。但改革开放以来，两岸开始放弃敌对政策，走向和解的道路。史学界也开始互相交流，大陆学术界对于国民党正面战场的抗战研究重新重视起来。

毛泽东在总结抗战时曾客观地评价道："从 1937 年 7 月 7 日卢沟桥事变到 1938 年 10 月武汉失守这一时期内，国民党政府的对日作战是比较努力的……"毕竟，国民党政府为抗战时期的合法政府，国民党政府在当时，动用了可以动用的国力、民力、军力同日本帝国主义进行正面的交锋，同时积极争取国际援助，为赢得最后的抗战胜利打下了坚实的基础。虽然付出了惨重的代价，其中也有主观上的消极因素，但每个官兵临阵奋勇杀敌、保家卫国的赤胆忠心都是一样的。当抗战已经胜利六十多年后，我们回首战争，应当对正面战场的抗战进行中肯的评价。

《国殇：国民党正面战场抗战纪实》，以生动的笔触、详尽的资料介绍了国民党从抗战开始一直到武汉会战结束这段时间内的英勇表现。出版之后，广受社会欢迎。团结出版社随即跟进推出了《国殇（第二部）》，将武汉会战结束后至抗战胜利的历史做了详细的介绍，两部书也构成一部完整的国民党抗战史。该书的最大特点在于语言的生动、资料的翔实。对于不了解国民党抗战细节的读者来说，这是一本合适的读本，能够让读者对正面战场有一个非常全面细致的了解。

先睹为快

南城墙与东关失守后，王铭章义愤填膺，亲临城中心十字街指挥督战。敌军炮火集中狂轰西门城楼、西关、火车站等处，占领南城墙的日军继续用机枪火力掩护步兵从西南城角向西城墙守军进攻。王铭章再次下令一定固守西关和火车站，并部署兵力压制敌人向西城楼进攻。下午5时，西城墙和西门城楼陷落，日军集中火力猛击城中心十字街口。王铭章除令城内各部队与敌巷战，死守西关待援外，亲自登上西北城墙，指挥作战，王铭章命令警卫连仅余的一个排，去夺取西门城楼，但是敌人火力太猛，全排壮烈牺牲。此时，王铭章决心转移到西关火车站372旅，继续指挥守军与敌拼搏。当行至电灯公司附近时，西城楼敌军居高临下，一阵机枪射击，王铭章及其部属、随从共20余人，大部分为国献身。王铭章代军长身中数弹，贯穿胸部，血流如注，但仍挺着身躯对部属说："你们快同敌人拼去吧！不要管我！"最后在艰难的"中华民族万岁"的呼喊声中，气绝身亡。

从蒋介石的一生来看，他还是颇有些民族心的。事实上，早年的蒋介石曾经是个民族主义者。当初他之所以投身革命，在一定程度上是他头脑中的民族主义思想使然。1904年，还是个17岁少年的蒋介石在宁波学习时，从他的启蒙教师顾清廉那里形成了"赴日留学，研究军事，献身民族事业"的民族思想雏形。日后他曾公开袒露过他少年时的那种富国强兵梦想，他说："我在本县龙津中学肄业的当时，因为痛愤乡里土豪的横行，目击我们国家受帝国主义者的压迫，尤其在那时看到日本以一个弱小的国家，能够发愤图强，战胜帝俄，予我精神上以最大的刺激。所以我在龙津中学肄业不到半年，请求家母准许我到日本去学军事，来尽到我国民一分子的义务，促成我们国家的雪耻自强。"随着时间的流逝，他的这种思想急剧膨胀着，撞击着他的灵魂。几年后，久已压抑在心中的这种思想终于不可遏制地爆发出来。

延展阅读

《抗日战争正面战场》

全书分上、中、下三册。1987 年，为纪念七七全面抗战爆发五十周年，由中国第二历史档案馆史料编辑部、研究室和《民国档案》杂志编辑部合作编辑了《抗日战争正面战场》专题档案资料。但因当时时间紧迫，只辑录了正面战场中中国陆军抗战的有关史料，对中国海军和空军参加抗战的作战史料，未予收录。有鉴于此，在纪念抗战全面胜利 60 周年之际，补充了中国军队海军抗战史料，其主要内容有海军抗战部分，包括封锁江阴要塞、粤海军抗战纪实、长江布雷作战、中国海军抗战纪实等；空军抗战部分，包括空军抗战概要，中苏、中美空军联合抗日经过，空军常德、中原、长沙、衡阳、桂柳、湘西等会战经过……本书对研究中国军队对日作战史和中苏、中美军队联合抗日战史，有较高的参考价值。

《1944：松山战役笔记》

余戈 著

日本人认为，在第二次世界大战亚洲战场上，只有三次是他们所说的“玉碎战”，其中就有松山战役。

关于作者

余戈，1968 年 7 月出生，在陕西、甘肃、云南等地乡村和军营度过童年和少年时代。1985 年考入军校入伍，曾在部队任雷达技师、宣传干事。1994 年调入解放军出版社，现为《军营文化天地》杂志副主编，发表散文随笔、文化评论、报告文学类作品百余篇。2000 年起，业余时间收藏抗战文物，研究抗战史。偏爱从技术、战术、军人生存方式等军事文化视角，进行“微观战史”的写作。

余戈的代表作即《1944：松山战役笔记》。该书避开传统史学的宏大叙事，而以“微观战史”的方式，展现了松山战役中日双方真实攻防一百天的全过程。

新书面市几天后，他的邮箱里意外地收到了素不相识的钱文忠教授发来的邮件，称此书“非仅还历史公正而已，实乃民族历史认识心理健全之标志，可愧杀某些历史学家也”。

荐读理由

日本人认为，在第二次世界大战亚洲战场上，只有三次是他们所说的“玉碎战”，也就是日本人被全部消灭的战役，它们分别发生在滇西的松山、腾冲和缅北的密支那。其中，松山战役虽然以中国军队的胜利告终，但却是抗日战争中最为惨烈的战役之一，战争的历程给双方参战的士兵造成了很大的影响。现在，中国大陆自官方至民间越来越重视对国民党抗战的肯定性研究，很多人将“松山战役”作为一个标志性的范本而加以宣扬，甚至还在松山战场为那些战死沙场的国民党老兵树立雕像，供人凭吊。而那些在战争中幸存下来的国民党老兵，虽在“文化大革命”中遭受不公平待遇，但至死都为参加了松山战役而自豪。

松山战役是滇西缅北战役中的一部分。在抗日战争后期中国为了打通滇缅公路，远征军于1944年6月4日进攻位于龙陵县腊勐乡的松山，同年9月7日占领松山。中国军队攻占松山后打开了滇西缅北会战的僵局，滇缅公路畅通无阻，大批后备部队和装备、物资及重炮兵通过这个“东方直布罗陀”，向龙陵战场开去，形势立即逆转。

战争结束后，日本人始终关注着这里。对他们来说，松山是悲惨之地、血泪之地、伤心之地、耻辱之地。同时，也是战争幸存老兵永远都忘却不了的地方。日军第56师团的随军记者品野实回到日本后在《每日新闻》社工作，后来担任执行主编。他写了一本书《中日拉孟决战揭秘：异国的鬼》，详细描述了松山战役的过程，松山战役中幸存的日本兵只有七八个，曾多次来松山慰灵。

是什么让这些日本人如此魂牵梦萦，孜孜以求地来到这里？中国军队在这里，又是经历了怎样惨烈的战斗？这一切，都可以在《1944：松山战役笔记》中寻找到答案。

《1944：松山战役笔记》开创了中国微观战史创作的先河。当战事年代越久远，在人们记忆中就越模糊，越容易流于“演义”。记录一个足够翔实的真实的战争，是当代军事学者的义务，而精确严密的创作手法，对于作品的意义重大。余戈的创作得到业界广泛肯定。

部队作家殷实著文评价此书说：

“在阅读余戈所著《1944：松山战役笔记》（三联书店2009年8月出版）之前，我从未听说过‘微观战史’这样的说法。印象中，一般的战史类著述都是宏观的、总体的，也是偏重于技战术方法和数字统计的，比较枯燥乏味，原因是它们一般都要略去战事的参与者，最多也只是提及个别指挥员或者是发挥了极显著作用的战斗员的名字。一场战争、战役或者是战斗结束，硝烟散尽，时空远逝，比‘战例’、‘史料’消失更早的，是那些曾经浴血奋战的一个个具体的军人们的名字。这就为传奇故事和文学虚构留下了太大的余地，也造成了我国‘演义’文类非同一般的发达。”

“《1944：松山战役笔记》首创‘微观战史’的概念，这是把战史研究方法往前推进了一大步——用这样的方法逼近近代历史、革命史上所有那些可歌可泣的战争，无疑将是更加诱人的工作，同时，这本书也提出了问题：军史、战史研究如何摆脱功利主义书写而重获其学术的尊严？方法只是一面，终极的目标应该是历史认知中最为必要的客观、公正与翔实，而这是历史教育的基础。”

本书作者除了将战役的十个阶段详尽地展现在我们面前之外，还实地考察，亲阅文献，列出了大量的表格、图片资料。本书一共做了24个超链接，将与这场战役有关的各方面的一些资料信息原原本本地列进来，同时，做了22个专门的图标，用以阐释双方军力、技术、素养、编制、伤亡等方面的对比。这些可以帮助我们脱离对战争的感性认识，上升到理性的程度，从而对战争有更为深刻的了解。

余戈自己在《后记》中写道：“研究者若想挖掘到历史的微观层面，与其征引数量甚少、线条过粗的‘高端’文献，莫如下大力气搜寻散落民间的‘低端’文献，做类似史料‘拓荒’的工作。”正是怀着这样的态度，作者广泛地征集材料，将这场战役的方方面面呈现在我们面前，为一场战役著就了一部45万字的作品。

朱增泉中将、乔良少将在读过此书之后，均对作者赞赏有加。朱增泉中将评价余戈说："余戈的写作风格是一种细心考证的风格。他拒绝任何戏说、想象、推理的成分。对于松山战役，他查遍了凡是能查到的文献资料，走访了所能寻访到的亲历者，踏访了松山战役旧战场的每个角落，显示出军事记者不凡的调查采访、资料鉴别和叙事把握能力，写出了令人颇具'信任感'的文字。"乔良少将则说："我感叹于作者如史学家般的谨严和克制。为了达成史学意义上的客观性，你能时时感到作者强压下对侵略者的义愤和敌意，去对历史事实进行一种冷静准确的陈述。这正是任何一支史笔所必需的态度。"

先睹为快

在竹子坡5600高地，一直在望远镜里看着两军残酷厮杀的美军顾问组长斯培德中校，端着望远镜的手微微颤抖起来。他喃喃地说："这不是战争，这是两个东方民族间的血亲仇杀！"译员小声将这句话翻译给站在一旁的第11集团军总司令宋希濂，宋满脸凝重，久久沉默无语……

据战后活下来的日军一等兵石田富夫回忆：这天深夜，在金光惠次郎发出战况报告后，第113联队联队长松井秀治发了一封回电。石田从一个通信兵那里知道了电报的内容，大致是："心早已飞向拉孟，可身不由己，你们只有等待神仙来保护你们了……"据说，松井联队长平时非常相信神的力量。当时，那个通信兵幽幽地对石田说："我们可能要全部战死在这里了。"

傍晚时分，在大垭口军指挥所，参谋向李弥报告：副军长，我们胜利了！李弥坐在指挥部外一块石头上一动也不动，像个木头人，眼泪扑簌簌地滚下脸颊……

延展阅读

《1942—1945 血战滇缅印》

作者方知今。在这部近40万字的作品中，作者以自己黄埔后裔的独特身份和便利，多次面聆远征军高级将领的回忆，采访有关人士和远征军将士的亲属子女，以真挚的情感、流畅的笔墨，生动再现了抗日战火中中国军人在滇缅印战场上对日作战的感人场面，并在讴歌远征军官兵英勇事迹的同时，真实反映了国民党高级将领间无情的派系倾轧，中、美、英三国巨头基于不同利益的高层角斗，生动再现了60年前太平洋战场中南半岛那段悲怆而激昂的历史。

《中国远征军》

作者罗学蓬。长篇历史小说，记叙中国青年学生在二战期间跨国征战，抗击日军，以血肉之躯保卫战时中国国际运输线的重大历史事件。故事展现了中国远征军从出征、失败到大反攻的艰苦卓绝的全过程，其中穿插了中、美、英青年军人的战斗友谊和爱情生活，显现了二战中史迪威、孙立人、戴安澜等一大批中外将领的个性和风采。书中宏大的战争场面及中西方文化的冲突细节，还有对缅甸、印度等东南亚国家的历史、文化、风土人情的生动描绘，集历史性、思想性、文学性于一炉，引人入胜。

《大国之魂》

邓贤　著

该书1993年获中国国家新闻出版总署“全国优秀图书编辑一等奖”，1994年获“人民文学奖”。

关于作者

邓贤，中国当代作家，以创作纪实小说闻名。生于1953年，四川成都人。曾在云南边疆当知青七年，云南大学中文系毕业，现在四川某学院中文系任教。1982年开始文学创作，主要作品有长篇纪实文学《大国之魂》《中国知青梦》、长篇小说《天堂之门》《邓贤文集》等。多次获全国文学大奖。

《大国之魂》，描写二战期间发生在中、印、缅战区有关中国远征军浴血抗战的长篇纪实文学。该书被选入《世界反法西斯文学书系》第46卷。

荐读理由

中国远征军是抗日战争期间中华民国政府为支援英国军队在缅甸殖民地对抗日本帝国陆军以及保卫中国西南大后方补给线安全而组建的出国作战部队，是中国与盟国直接进行军事合作的典型代表。在中华民族生死存亡的关头，为保家卫国，中国远征军誓师出征，入缅抗战。数载浴血奋战，十万将士埋骨异国荒山。他们是甲午战争以来中国军队首次派出的出国作战部队，并在战争中立下了赫赫战功。

然而，岁月流逝，这群国之骄子非但没有名垂青史，甚至累及万千后代子孙。当我们现在回过头来重新看待这段历史，我们应该向这群为国浴血奋战的男儿致敬。

中国远征军从成立到出征，再到浴血沙场，每步都并不顺利。美国、英国、中国三国协同与日军作战，但却各有各的想法；日军为切断美、英对中国的援助路线而拼尽全力；而国军一方面抗战热情不高，却又深知滇缅供给线的利害，情绪复杂。从未出国作战的国民党军队，能否一战成功？种种困难在考验着这支军队。

本书将带你直击中国王牌远征军的抗日现场，揭开中国远征军真实的历史。作者为探寻历史真相，以父亲留下的战地日记为线索，查阅了上千万字的资料，采访了许多当年远征军将士，并数次考察旧战场，甚至越境深入异邦。作者以如椽之笔、大瀑飞泻的气势，描述了20世纪40年代中国远征军入缅抗日、浴血奋战，由失败直至胜利的整个历程；揭示了中、美、英、日等国围绕滇缅战役展开的错综复杂的政治外交斗争，成功地刻画了史迪威、蒋介石、宋美龄、孙立人、杜聿明等众多人物，披露了美国曾计划暗杀蒋介石等诸多历史内幕；对日本军妓的描写，更令人触目惊心。作品史料丰富，气势宏大，笔力遒劲，情节引人入胜。

全书约312000字，1990年12月由北京《当代》杂志发表，1991年11月由人民文学出版社出版，1992年由香港天地图书有限公司、台湾风云时代出版有限公司分别在海外出版发行。该书1993年获中国国家新闻出版总署“全国优秀图书编辑一等奖”。1994年12月获“人民文学奖”，同月再获成都市人民政府“第三届金芙蓉文学奖一等奖”。1995年2月获中国文化部、广播电视部、共青团中央、国家新闻出版总署颁发的“首届中国青年优秀图书奖”。

全书分五个部分，分别记述“缅甸之战”“兵败野人山”“无字碑”“太阳浴血”“魂归何处”。这几个部分，将中国远征军的作战历程，生动地展现在我们面前，让我们这些不了解这段历史的人们，能够从中看到生动的史实。文章的笔触饱含深情，作者用极富文学意味的文笔，将那段岁月中的老兵们的复杂心情描述得丝丝入扣，读来感人至深。

先睹为快

与缅甸盟军混乱不堪与勾心斗角的状况相反，头戴钢盔的日本大军好像一股股强大的钢铁洪流，沿着缅甸的公路和铁路快速推进。在将军们的作战地图上，粗大的黑色箭头已经指向敌人纵深和后方，将敌人分割包围，碾得粉碎。帝国大帝的意志无坚不摧，不可阻挡。天皇士兵怀着必胜的信念宣誓，他们要让日本帝国的太阳升起在缅甸，升起在中国，升起在亚洲的每一个地方。

六月，当地人谈虎色变的雨季降临了。在印度洋高空积聚了整整一冬的暖湿气流被强劲的西南季风搅动着，像一万艘军舰组成的浩浩荡荡的无敌舰队，气势汹汹地闯入南亚次大陆的万里晴空。缅甸的太阳顷刻消失了，翻滚的浓云犹如一座座沉重的大山低低地挤压着城市和乡村的屋顶。凶猛的暴雨像呼啸的长鞭不停地抽打大地和河流，道路被冲断，桥梁被卷走，低洼地变成一片汪洋……

布帕布尔的土著山寨，一幢简陋的竹楼里，杜聿明半卧在火塘边，昏昏欲睡。不到一个月，威风凛凛的杜长官判若两人：形容枯槁，精神萎靡……他患了可怕的回归热。

纵观一九四四年春天的中国战场，日本强盗到处都在发动进攻。太阳旗伴随浓烈的硝烟和侵略者的胜利欢呼在中国的废墟上冉冉升起。强盗们烧杀奸淫，无恶不作。中国国土继续沦丧，人民大众陷入水深火热之中。

如果仅从中国战场的局部来看，我们完全有理由为眼前这个前景暗淡的战争图画感到悲观失望。但是如果我们把目光投得更远一些，投向中国西部，投向东南亚，太平洋，以及整个欧洲，我们便没有理由不感到极大的振奋和鼓舞。因为在全世界，盟军到处都在反攻。而在怒江东岸地形险恶的大峡谷里，在缅甸北部重崖叠嶂的丛林地带，中国士兵正以前所未有的勇气向日本侵略者发起一场规模巨大的战略大反攻。

延展阅读

作者还有下列精品：

《中国知青梦》

这是作者继《大国之魂》后又一部惊心动魄、反思警世的力作。作品以丰富翔实的资料和强有力的艺术表现，首次披露了知青大返城的内幕和全过程，以及边疆兵团战士的血泪档案。百人卧轨，千人绝食，万人下跪，惊天地泣鬼神！这是一支昨日英雄梦破灭的安魂曲，一首中国知青运动悲壮、雄奇而又痛苦、困惑、低回的挽歌。

《流浪金三角》

作品将金三角的50年春秋作了全景式的实录；探寻金三角何以成为世界上最大毒品生产地的根源；探寻在特殊历史环境中人的生存、命运，其历程惊心动魄又令人心酸落泪。

《驼峰航线》

刘小童　著

不仅完整地记录下这个伟大航线的历史，而且让读者亲临其境般感受到它的悲壮、它的鼓舞人心，感受到其背后英雄们的伟大和人性的光辉。

关于作者

刘小童，1964年生于中国长春。现任四川《华西都市报》特稿部记者，航空研究学者。

根据作者自己介绍，他从小喜欢飞机，热爱飞行，梦想有那么一天，能自由地在蓝天中翱翔。少年时代偶然知道，在抗战期间，有一群了不起的英雄驾驶老式螺旋桨飞机终年穿行在冰山雪峰间，之后就一直努力搜集他们的资料，追逐着那段逝去的历史，再也没有放弃。

刘小童为了搜集关于驼峰航线的相关资料，离家来到当年与驼峰航线有密切关系的西南重镇成都，一边担任记者，一边倾尽所有，几乎用所有金钱和业余时间自费搜集驼峰航线资料。采访了几乎所有中国方面的历史亲历者。他的采访也并非一帆风顺。一方面是因为当时的工作者还在世的已经不是很多；另一方面，由于他们都是国民党老兵，在历次的政治运动中饱受磨难，他们已经不再轻易地信任别人。而刘小童付出巨大的耐心和毅力，坚持完成了自己的资料搜集工作，跟时间赛跑，抢在这些白发苍苍的老人们还健在的时候，将这段历史铭刻下来。

荐读理由

在长达800余公里的深山峡谷、雪峰冰川间，一路上都散落着这些飞机碎片，在天气晴好的日子里，这些铝片会在阳光照射下烁烁发光，这就是著名的“铝谷”——驼峰航线！

——美国《时代周刊》

抗战中期，日本已经占领了中国东部大部分地区，盟国物资无法通过东部沿海到达，只能经过中缅公路输送到大西南。而1942年夏，日军切断了中缅公路这条盟军和中国联系的最后后方物资通道。美国总统罗斯福下令：不惜任何代价，开通到中国的路线——驼峰航线。

“驼峰”位于喜马拉雅山脉南麓的一个形似骆驼背脊凹处的一个山口。“驼峰航线”西起印度阿萨姆邦，向东横跨喜马拉雅山脉、高黎贡山、横断山、萨尔温江、怒江、澜沧江、金沙江，进入中国的云南高原和四川省。航线全长500英里，地势海拔均在4500～5500米上下，最高海拔达7000米。通过这条运输航线，中国向印度运送派往境外对日作战的远征军士兵，再从印度运回汽油、器械等战争物资。

“驼峰航线”是世界战争空运史上持续时间最长、条件最艰苦、付出代价最大的一次悲壮的空运。在长达3年的艰苦飞行中，中国航空公司共飞行了8万架次，美军先后投入飞机2100架，双方参加人数总共有84000多人，共运送了85万吨的战略物资、战斗人员33477人。单是美军一个拥有629架运输机的第10航空联队，就损失了563架飞机。在这条航线上，美军共损失飞机1500架以上，牺牲优秀飞行员近3000人，损失率超过80%！而前前后后总共拥有100架运输机的中国航空公司，竟然先后损失飞机48架，牺牲飞行员168人，损失率超过50%！

本书的作者刘小童，堪称内地掌握驼峰航线资料最多的人。他为了搜集资料，深入追溯驼峰航线的历史，大量采访“飞越驼峰”的承担者——当时的中国航空公司的现存中国员工。他采访了所有现在能够找到的中国方面的亲历者，其中年龄最小的也已经82岁，从而留下了珍贵的历史记录。

该书从中国人的角度记录这一悲壮航线，同时也追踪记录下中国参与者的历史命运，搜集了来自中国内地、台湾以及美国的可靠史料和大量珍贵的历史亲历者的口述实录；不仅完整地记录下了这个伟大航线的历史，而且让读者亲临其境般感受到它的悲壮，它的鼓舞人心，感受到其背后英雄们的伟大和人性的光辉。该书成为国内第一本对该段历史全面、真实、详细的记录。

全书分22个章节，非常详细地记述了驼峰航线从被迫开辟到筹备、运作，一直到最终完成任务的过程。中间夹叙当时中美的一些政治、军事情况，同时记述了大量的可歌可泣的英雄事迹。这些英雄事迹是这本书的精华所在，也是我们向英雄们致敬的篇章。

这些史实记述的是国民党政府与美国政府合作的故事，多数不为常人所了解，所熟知。当时间迈入21世纪，当代中国人越来越意识到，客观公正地来审视抗日战争，客观地、不分党派地来评价当时中国人为赢得抗战所付出的努力是多么的重要。现在，类似于滇西抗战、驼峰传奇等故事重新为人们所重视，正是社会发展、人们思想获得解放的必然结果。

先睹为快

大地、山河，除了星星点点，上下左右，一片漆黑。空中，雪山冰峰间，一架C－47小心翼翼地穿行在其间。关闭了照明灯的机舱内，无人讲话，只有机翼两旁的两个螺旋桨发出轻快的“嗡嗡”声。照射仪表的荧光灯在暗夜中透出柔和的光亮，这光亮，从仪表盘上折射出来，又依稀地反射到正副驾驶的面庞上，这是一张多么稚嫩而又年轻的面孔啊，和平时期，这副面孔，可以和母亲撒娇，可以和女友呢喃细语，可以尽情欢乐。是战争，让还很年轻的孩子们早熟懂事；是战争，让这些健康、阳光的孩子们把性命置之度外，用血肉之躯在狂风、骤雨、暴雪之夜抗击冰峰雪川和万丈深渊；还是战争，让他们过早地承担起保家卫国的重担！

老人说，你们文人就是能想象，这样“安详”的情景，飞十次、二十次能遇到一次就是烧高香！你想，白天要么是如履薄冰般、小心翼翼地过，要么是咬着牙、硬着头皮闯，夜间的危险，还用多说吗！

陈应明老人说，其实“识别器”的原理也是挺简单的，就是两架飞机上同时发射和接收一个频率的短波信号，没想到，这么简单的东西却把日本人难得不行——“中航”和印中联队换装“敌我识别器”后，有一阵子，出动拦截的日本人也很奇怪，平时挺容易拦截的飞机，怎么今天就看不到了？

老人说，后来日本人知道有个“敌我识别器”后，气急败坏，千方百计地想弄回去一台“研究研究”，但哪有那么容易啊！有一天，日本人驾驶一架飞机混到巫家坝机场，冒充我方，大摇大摆降落，直接滑行到一架 C－46 前，飞机上跳出一个日本人，上去就拆，被咱们发现了，又是打枪又是喊的，把他吓跑了。

我们每次飞行，调度室里都有一个铜牌挂在黑板上，铜牌上面写着出任务的飞行员名字、飞抵目的地和机号，要是有谁回不来，调度就把那块牌子摘下来，扔到一个竹编筐里。

老人说啊，我就走到那个筐边，先是自我解嘲地还强带着笑，往外挑那片标志着我已经死亡的牌子，可我怎么觉得都不是滋味。那一刻，我特别想已经几年都没见到的妈妈。我就挑那牌子，挑啊，不知不觉的，眼睛就模糊一片，泪水噼里啪啦地往下落。

那个筐里啊，牌子都装满了，用手在里面轻轻一拨，“哗哗”地响啊！

老人说到这里，眼睛又红了。

延展阅读

《飞越驼峰》

作者美国作家威廉·凯宁。本书不仅详细讲述了驼峰航线的来龙去脉和运输情况，而且还围绕着驼峰航线的问题在中美之间以及美国各个部门之间发生的历史背景作了交代，对中美日政治、外交等情况也有比较详细的介绍。不仅对于研究二战军事的学者有价值，而且对于研究二战政治、外交的学者也有很高的价值。

《拉贝日记》

〔德〕约翰·拉贝　著

拉贝是一百多年中德关系史中最重要的人物之一。

关于作者

“由我出任（南京安全区）主席，我不应再有丝毫的犹豫。我一生中最美好的青年时代都在这个国家愉快度过，我的儿孙都出生在这里，我的事业在这里获得了成功，我始终得到中国人的厚待。”

——约翰·拉贝

约翰·拉贝（1882—1950），出生于德国汉堡。拉贝是100多年中德关系史当中最重要的人物之一。中国人民不能忘记拉贝，缘于他在那段特殊的日子里，为国人所做的一切。

1909年，拉贝来到中国，他的未婚妻也随后来到北京，他们在北京结婚。1931年11月，拉贝出任西门子公司南京分公司经理。1937年8月，日军开始进攻南京。1937年11月，拉贝和一些西方人士设立了一个安全区，为难民提供躲避的场所。他被推为安全区的主席。

拉贝其实还有另一个身份——南京地区纳粹党领袖。他利用自己的纳粹身份，与日军斗智斗勇，阻止日军的恣意侵犯和屠杀；他把他租住的院子，设为“西门子”难民收容所，收留了600多个附近的居民；他在这里写下了著名的《拉贝日记》，记录了日军暴行的500多个惨案；他带领他的委员们寻求国际援助，募集资金，购买粮食和药品。安全区内设有25个难民收容所，拯救了近30万难民。

1938年2月，拉贝返回德国。拉贝回到德国后，他在柏林马不停蹄作了五场报告，义愤填膺地揭露日军在南京的暴行。他播放了南京红十字会主席约翰·马吉牧师拍摄的日军暴行影片。他还给阿道夫·希特勒本人和赫尔曼·戈林寄了一份暴行报告，期望德国赶快出面阻止盟友日本仍在继续的非人道暴行。为此，他受到盖世太保的迫害。

第二次世界大战结束后，拉贝因曾是纳粹党员而先后被苏联和英国逮捕。在面见了朱可夫元帅并证实他没有犯错之后，于1946年6月被同盟国释放。宋美龄很快就找到了拉贝一家的下落，希望拉贝能在东京审判中作为南京大屠杀的证人出席，但被拉贝婉言拒绝。鉴于在南京时的功绩，他得到了南京市民的捐助及国民政府每月的金钱和粮食接济，全家得以度过战后物质匮乏的难关。这种接济一直持续到国民政府撤离南京为止。1950年1月5日拉贝于西柏林中风逝世，日记资料由他的家人保存。1996年年底拉贝日记重见天日后，拉贝才重新为世人所知。1997年他的墓碑由柏林搬到南京大屠杀遇难同胞纪念馆保存。

荐读理由

“这不是一本消遣性读物，虽然开头部分可能会给人以这样的印象。它是一本日记，是一个真实情况的报告。我写这本日记并且把它整理出来，不是为公众，只是为我的妻子和我的家人。假如有朝一日它适宜出版的话，必须事先取得德国政府的同意，但今天由于不言而喻的原因是绝对不可能的。”

——约翰·拉贝

约翰·拉贝这位被称为“中国的辛德勒”的德国人，如果不是他的日记的发表，很有可能会被历史遗忘。但是当人们知道他曾经在南京大屠杀的日子里，竭尽所能，保护了接近 30 万人的生命安全的时候，哪一个中国人不会对他肃然起敬！

德国前驻华大使埃尔文·维克特曾经这样说："约翰·拉贝在中国生活了近30年，他的家乡与其说是德国，不如说是中国。"诚然，当南京人民将拉贝的墓地迁到南京的时候，中国人，已经把他作为自己的一份子。

战后德国战败，拉贝生活境遇堪忧。虽然当时南京国民政府仍然记得这位友人，对他照顾有加，但是南京国民政府也迅速垮台，之后，他便失去了与南京的联系。而拉贝也在 1950 年溘然长逝。但历史并没有埋没这本日记，中国人也并没有真的忘记这位友人。

1996 年，《拉贝日记》在美籍华人张纯如女士及邵子平博士等人的寻访下得以重见天日，12 月 13 日在美国纽约的南京大屠杀纪念大会上，拉贝外孙赖因哈特女士将 2000 多页的日记副本首次向外界公开，立即引起轰动，成为南京大屠杀最重要、最翔实的史料之一。日记中记述了城区内的 600 多例个案，很多可与其他资料互为佐证。

《拉贝日记》公之于世，算得上是拉贝先生的夙愿，只是由于政治原因而长期不能如愿，拉贝先生也含恨离世。现在，《拉贝日记》面世，立即得到了应有的重视。江苏人民出版社立刻申请到了中文版权，并组织骨干力量，以忠实于原稿、对原文不做任何删改为基本原则，进行了翻译、校订工作。1997 年 8 月，在整整 60 年之后，时隔南京大屠杀一个甲子轮回，《拉贝日记》中文版在南京得以公开出版，著名史学家胡绳撰写了序言；当年底，在前驻华大使埃尔文·维克特先生的努力下，德意志出版社（DVA）出版了《拉贝日记》的德文版。（无论是德文版还是英文版、日文版，都是日记原文的部分节选，章节选择略有不同，而中文版出版的则是日记全本。）

《拉贝日记》在大量揭露侵华日军南京大屠杀罪行的同时，一些内容只是记录了自己的见闻，很多残酷的场面并未见到。我们在阅读的时候，自然不能把这本书当作严谨的历史书或学术研究性质的书籍。

我们只是希望通过拉贝先生的见闻，来身临其境地感受当时南京大屠杀的恐怖与残忍，从而对日本侵华战争有一个感性的认识。

先睹为快

1937年12月10日电报：

致最高统帅蒋介石：

国际委员会在此诚挚地请求将此消息转达给蒋介石将军：卫戍司令唐生智将军出于人道主义的考虑欢迎停火建议。但由于唐将军必须奉命保卫城市，因此关于中国军队撤退的问题须由最高统帅决定。南京成千上万的百姓已经因为军事行动流离失所，还有20万人的生命正处于危险之中。在此紧要关头，国际委员会冒昧地再次重申自己的建议，望迅速接纳该建议。

签名：拉贝主席

16日开车去下关，经过海军部时，汽车简直像是碾着尸体过去的，这里也有一批人被捆绑着双手遭到了枪杀。城市的清理工作一直持续到了12月29日。在这之前，人们不得不成天从这些尸体旁边经过。我甚至连做梦都会梦见这些尸体。前面已经提到过，我们的房子前面就有3具尸体和一匹死马。日本人严格禁止殓尸。那匹死马一直到了1月9日我才找人埋掉。

日本军队暴行的另一个悲惨的篇章是虐待和强奸成千上万的姑娘和妇女。毫无疑问，这种暴行在各个军队都会发生，远东地区的军队尤其如此，但是虐待、致人残疾以及肆无忌惮的、甚至连幼小的孩子都不放过的施暴则是毫无意义的。指导日本军队犯下这种种罪行的就是日本古老的武士道精神。

我在这本日记里多次写到一名被枪杀的中国士兵的尸体，这具尸体被捆绑在一张竹床上，自12月13日起一直横躺在我的房子附近，没有掩埋。我对日本大使馆提出抗议，请求他们派人或是准许我进行掩埋，至今仍没有结果。尸体依然在原来的地点，只是绳索已经被剪断，那张竹床扔在两米远处。我无法理解日本人对这件事的做法。他们一方面要别人承认它是和欧洲强国平起平坐的大国并受到同样对待；另一方面其行为却时时表现出残暴、野蛮和兽性，以致别人可以把他们同成吉思汗的部落相比。既然我为安葬这具可怜尸体所付出的种种努力没有任何结果，我只好作罢，但是随着时间的推移，我越来越意识到，这个人虽然死了，但他的尸体将永远留在这个人间。

延展阅读

《南京浩劫：被遗忘的大屠杀》

作者美籍华人张纯如女士。作者在长期调查南京大屠杀事件，接触了大量的材料之后，不堪精神上的痛苦，2004 年自杀身亡。《南京浩劫：被遗忘的大屠杀》的作者实地采访多位大屠杀幸存者，并佐以大量历史档案、第三方当事人的日记和书信，多视角回溯了南京大屠杀这一被遗忘的历史事件。本书并非单纯地对屠杀暴行进行罗列，而是在历史的基础上对人性进行探讨。书中讲述屠杀发生时“中国人个体的故事：失败、绝望、背叛和幸存的经历”以及那些冒着生命危险帮助中国平民的西方人士的故事。并在书的最后部分探讨了某些势力意图将南京大屠杀从公共意识中抹去的行为。

正如张女士所言，本书旨在“了解该事件的真相，以便汲取教训，警示后人”。这本书在中国社会引起了广泛关注，读者好评如潮，大家从中学习到很多东西。现在，新一代的中国人继续为南京大屠杀事件与日本方面强硬交涉，中国人对待这个问题也表现出前所未有的关注，这正可以告慰张女士在天之灵。

《延安使命：1944—1947 美军观察组延安963天》

〔美〕卡萝尔·卡特 著

卡萝尔·卡特女士摒弃以往的种种偏见和陈词滥调，向我们展示了真实的历史。

关于作者

卡萝尔·卡特，美国加州蒙洛学院名誉教授，圣何塞州立大学讲师。她长期从事二战史的研究。尤其是对二战时期美国政府与中国共产党的关系的研究非常深入。

大多数中国人对二战时期美国所派遣到延安的美军观察团“迪克西使团”没什么了解。即使对这段历史多少有所了解的人，也对这个使团的性质多少存在着一些偏见。卡萝尔历时20年，陆续采访了“迪克西使团”的团员，同时查阅了大量的资料，对这段历史进行了深入的调查研究，同时得出了更为客观的结论。

亚利桑那大学迈克尔·沙勒教授对卡萝尔的这项工作给予了高度的评价：“卡萝尔·卡特对此所作的贡献，将为关心第二次世界大战期间中美关系史的人们所赞赏。”

荐读理由

今天绝大多数美国人，包括很多中国人，都不知道第二次世界大战期间美国曾经向中国陕西省的延安派遣了一支军事小分队，以加强与中国共产党的联络。这一名为美军观察组的小分队，建立于1944年，被称为“迪克西使团”。

在二战进行过程中，除了新闻记者，如埃德加·斯诺，对延安有相当的了解之外，大多数美国人对延安采取排斥的态度，同时对延安也没什么深入的了解。随着战争的进行，到1944年1月前，一些美国外交官和军人开始向美军高层建议与中国共产党建立可能的联系。这是因为他们看到了中国共产党一直在抗日，同时他们甚至预见到，共产党人比国民党人拥有更强大的战斗力，中国的未来很可能会在共产党人手中。后来，美国高层接受了这个建议，开始向延安派出美军观察团。但是，“在罗斯福看来，观察员们的目标是像控制国民党一样控制共产党”（《引言》）。

从1944年7月22日到1947年3月，这个使团在延安驻留了963天。使团中的成员是选自各个不同部门的专家。该使团第一个指挥官，就是大家所熟悉的戴维·D. 包瑞德。“迪克西使团”在其存在时期内进行了有价值的工作。一开始，使团奉命寻求与中国共产党人更进一步合作的途径。当后来与中国共产党合作缺乏政治前景时，这一目标就改为搜集中共的情报了。

在此期间，“迪克西使团”的住处也成为很多新闻记者和造访延安的人的客栈。如罗斯福的私人代表帕特里克·J. 赫尔利、美军参谋长乔治·C. 马歇尔将军等，造访延安时都以此为基地。

二战结束后，尽管这些曾经近距离接触过延安的军官中的一些人热心地建议与中共建立更加深入的联系。但是战后的国际环境已经不同，冷战的阴影袭来，这些人被传唤至国会，被指控对共产主义太软弱。“迪克西使团”宣告结束，这些人的政治前途也受到了极大的冲击，成为不受重用的人。

卡萝尔自己在谈及这段历史时感慨颇深，为美国错失了一个与未来的中国高层领导尽早建立一种更紧密关系的时机而扼腕叹息。她说：

“美国没有意识到，处理与中国共产党人关系最有效的方式可能是派遣一些高素质的人去延安，而不是整个小组。美国所犯下的下一个最大的失误在于，在最大限度地利用使团时，却没有派遣真正有影响力的人去延安，看看中国共产党人在做什么，并评估共产党人与使团的关系。”这同样可以引发我们读者的深入思考。

卡萝尔为写作此书，进行了长达20年的调查工作。她采访了“迪克西使团”的直接参与者及与使团打过交道的文职或军职人员，同时遍访了该团的指挥官。同时，卡萝尔在浩如烟海的历史资料中尽可能地搜集梳理了这段历史的详细情况，从而对这段历史进行了客观的评价。

这本书中所提到的很多内容，是原来我们所不了解的，这一点具有十分重大的意义。如美军观察组在延安的工作生活内容；中国共产党人当时不惜一切努力争取美国及国际支持，同时与苏联保持密切联系；毛泽东1945年向罗斯福提出访美要求的内幕；国共的合作与分裂，以及美国在这中间所起的作用；美军的情报机构在延安的活动等。

迈克尔·沙勒教授在为本书所作的序言中提道：“卡特女士摒弃以往的种种偏见和陈词滥调，向我们展示了真实的历史，赴延安的美国观察员既非右翼分子所说的幼稚上当者，亦非被人们遗忘的开启中美合作黄金时代的先驱。事实上，他们来自各方、效忠于自己的国家，为打赢一场战争，深入世界上第一人口大国腹地了解当时那里发生的轰轰烈烈的变化。他们是忠诚的战士、外交官和技术人员。此书为他们树碑立传，他们理应名垂青史。”这个评价是相对公允的。

先睹为快

中缅印战区美军总部 1944 年 7 月 21 日

戴维·D. 包瑞德上校备忘录

关于派遣观察组到中国共产党控制地区，以下为需要收集的情报：

敌军的战斗序列；敌空军的战斗序列；伪军的战斗序列。

共产党军队的实力、组成、部署、装备、训练和战斗效率。

敌军及敌占区的共产党情报机构的行动及范围扩展。

共产党官员的完整名单。

中国北方的敌军机场及空防。

对手情报、轰炸损失、天气、经济情报、共产党军队的运作、敌军行动、共产党目前的抗战贡献评估、共产党控制下的地区范围、共产党加大抗战力度所采取的最有效的措施、海军情报、共产党的战斗序列、共产党为抗战所能作出的贡献的潜力评估。

1945 年 9 月，在阿诺德·达迪安离开延安之前，他通过翻译黄华与毛泽东进行了交谈。毛泽东问达迪安对延安的印象怎么样，又表示了他很关心中国共产党和美国未来的关系……达迪安对此解释说，美国长期有反共产主义的传统，并且认为中国的共产主义与苏联没有什么区别。毛泽东又问道，那为什么美国又总坚持认为我们是土地改革者呢？我们是信仰马克思主义基本原则的。

当然，后来秘密出访华盛顿始终没有实现。但赫尔利认为，就是这种对他权威的破坏，造成了共产党的不肯让步，也是美国人的背叛使毛泽东和周恩来宁愿去寻求与华盛顿的直接接触也不接受他努力争取共产党和国民党之间的妥协。

赤利组观察到共产党人把史迪威和“迪克西使团”作为朋友，他们不喜欢赫尔利和魏德迈。他们尤其憎恨赫尔利 1945 年 4 月的讲话，在这次讲话中他称共产党人是在同一个政府中拥有军队的政党。在 1945 年 10 月 5 日的报告中，赤利组这样记载：“当埃德加·斯诺这样的记者已经公开热情地报道了共产党人所带来的这些变化时，共产党人似乎真正地想与重庆合作以避免内战。”与“迪克西使团”一样，美国战略情报局的工作组认为这个结论是客观和精确的，因为它反映了亲身的观察。

延展阅读

《革命中的中国：延安道路》

作者美国学者马克·赛尔登，原作写于20世纪60年代，1995年出版修订本。它重申了最初研究的核心命题和观点，特别是它把革命和抗战放在反对殖民主义的民族解放运动的背景中来考虑。它发现了“延安道路”对中国革命和社会进步的理论和实践中所作出的贡献。它确定了1941—1942年具有分水岭般的重要性，战争和革命事业都在此找到了新的切入点，它还重申了“延安道路”在抗日敌后根据地的重要作用。

《延安日记》

作者苏联作家彼得·弗拉基米洛夫，1942年至1945年，以共产国际驻延安联络员兼塔斯社记者身份在延安工作。作者以日记形式，记述了我解放区政治、经济和文化等各方面的问题。全书以抗日战争时期我党同苏共的关系为背景，记述了我党的整风运动、第七次全国代表大会；对我党与当时驻延安的美国军事观察组的接触以及我党和国民党的关系等问题均有评述。

《新四军抗战秘档全公开：中国抗日战争敌后战场备忘录》

王苏红、王玉彬 著

此书，就是要给新四军做一个“备忘”。

关于作者

王苏红，河南郑州人。1986 年毕业于解放军艺术学院文学系。1968 年应征入伍，历任南京空军司令部通讯总站载波员、排长，南京空军政治部文工团创作室专业作家。

王玉彬，1950 年出生，天津人。1986 年毕业于南京师范大学历史系。1968 年应征入伍，历任南京空军航空兵师教练机中队仪表员、特种设备工程师，南京空军政治部文工团创作室主任，专业作家。著有长篇小说《天吻》《跟踪父亲的秘密》《满江红》等。中长篇报告文学《中国大空战》获昆仑优秀作品奖、全国第三届图书金钥匙奖。

荐读理由

提起新四军，相信读者都不会陌生。抗战数载而一朝全军覆没，实乃民族抗战内讧之奇耻。但很多读者对新四军的了解基本到此为止了，事变前因后果，个中事由，都已不再了解。此书，就是要给新四军做一个“备忘”。

新四军全称“中国国民革命军陆军新编第四军”，是中国共产党领导的坚持华中抗日斗争的人民军队。在国共两党合作抗日的形势下，经国民党当局同意，由江西、福建、广东、湖南、湖北、河南、浙江、安徽8省14个地区的红军游击队改编而成。军长叶挺，副军长项英。1941年1月7日，国民党当局发动皖南事变。国民党当局宣布取消新四军番号。1月20日，中共中央军委发布命令，重建新四军军部，任命陈毅为代理军长，刘少奇为政治委员。陇海路以南的新四军和八路军部队分别改编为新四军第1至第7师和独立旅。全军共9万余人。

在抗日战争中，新四军抗击和牵制了16万日军，23万伪军。建立了地跨苏、浙、皖、豫、鄂、湘、赣7省的苏南、苏中、苏北、淮南、淮北、鄂豫皖湘赣、皖江和浙东等8个抗日根据地，面积达25.3万平方公里，人口3420余万，为抗日战争的胜利作出了重要贡献。1947年1月下旬至2月3日，新四军兼山东军区以及所属华中军区、华中野战军、山东野战军合编为华东军区和华东野战军，新四军番号至此撤销。

时值抗日战争胜利60周年，军事科学出版社组织力量，编写了一套全面展现抗日战争历史的丛书“中国抗日战争敌后战场备忘录”，《新四军抗战秘档全公开》即为其中之一册。这本书由著名军旅作家王苏红和王玉彬执笔完成，全面系统地向我们展示了新四军在抗日战争中的经历，将那一段血与火的历史展现在我们面前。

本书分11个章节。从新四军成立之初的处子之战写起，中间经历了轰轰烈烈的战斗，将士九死一生而越战越勇，为国争光的信念永记于心。但明枪易躲，暗箭难防。国民党政府一纸命令，就将这只为国浴血沙场的战斗雄狮在皖南屠戮。11个章节按照时间顺序，将这中间的过程细细地向我们展开，读来如同听一位长者向你娓娓诉说，让人在感觉到历史依然鲜活的同时，也能够感受到它的厚重。

虽然是严肃的历史题材，但是作者并不是呆板地向我们叙述那些战争史实或者是战争数据。每一个章节，作者都选取有代表性的几个片段，用极富感染力的语言，将当时的场景很好地展现在我们面前。譬如，“樊笼”一章，作者分别选取了陈毅与日本人香河正男的对话、夺取雨花台和麒麟门的战斗、陈毅与算命先生管半仙的逸事，日本军人畑俊六与岩松的对话等片段来叙述，既有层次感，又有代表性，能够把握住当时的战争大势，同时使得文章妙趣横生，富有感染力。

另外，书中配有大量的插图，有很多是我们不常见到的照片，向我们很好地展示了战时军队以及相关人员的面貌，有助于读者加深对文章内容的理解。

这本书主要面向大众读者。作者并非要对这段史实进行详细的研究，而是将这段历史生动地诉诸笔端，供人们阅读、感悟。可能同样的史实，不同的历史学家会得出不同的结论，但作为一般性的读物，这本书对整个新四军历史的介绍，已经相当完备了，非常值得一读。

先睹为快

一别四载，这次皖南相见，别有一番滋味。周恩来查看了陈毅的伤口，陈毅查看了周恩来受伤的右手。两人由往事谈到抗日，谈到江南。

对项英，陈毅谈得很客观。这位大革命时期的党员，著名的工人领袖，在三年游击战中与陈毅有着生死与共的友情。陈毅性情直率，爱憎分明；项英内向深沉，心胸不那么宽展，两人争执起来可以从这个山头，一直吵到那个山头。然后，两个人坐下来用一个铁皮桶煮草根填充肚皮。新四军组建后，项英过分强调统一战线，对三战区的种种干扰、掣肘，甚至险恶的用心抵制不力，致使转战在江南的陈毅大有雪上加霜之苦。但陈毅深知项英处境之难，同时，王明的长江局对项英的工作影响也是因素之一。所以，陈毅每次回军部，都是在项英的住室里搭块木板，两个人头对头，同室而居。在那长夜深谈时，常常是说着说着就吵起来：“你个老项！”“你个陈仲弘！”一声比一声高，吵够了，再接着说。

“危险正在这里！当初朱、毛红军在江西不过草寇一群，我们却整整打了十年。如今抗战才三年，他们的军队一下子扩大到近百万，单是一个小小的陈毅就把苏北闹得天翻地覆，再把半壁江山丢给共产党，那个局面就无法收拾了……”蒋介石的身子微微痉挛，颓然叹息一声，坐在沙发上，“我早就说过，日本人不足虑，真正的心腹之患是共产党，这个问题已经越来越清楚了。目前的国际形势你们也是知道的，日美冲突不能免，开战只是时间早晚问题，一旦开战，日本必败无疑。而共党的问题不解决，则后患无穷，即便抗战胜利了，我们也永无宁日！”

得到这个情报，西尾寿造的心一下子晴朗起来。蒋介石将八路军、新四军赶往黄河以北，无疑是借刀杀人，把遍布大江南北的共产党集中起来，送到日本人嘴边。在以后的日子里，重庆的电台像广播天气预报一样，不停地播送皖南新四军北移的消息和动向。蒋介石的种种苦心，西尾寿造自然心领神会，立即派出军舰沿江巡弋，下令烧毁铜陵至芜湖江岸所有的渡船，部署第15师团斋藤、野田、松尾、中村、细谷等十余个联队在江北张开大网，并要求将这一切做得大张旗鼓，有声有色，公开造成新四军一旦渡江便会落网的态势。

延展阅读

《皖南事变》

作者黎汝清。皖南事变是中国军事史上的一大悲剧。国民党在抗战的关键时刻，竟然可以做出煮豆燃豆萁的举动，遭到了所有有良知的中国人的强烈反对。这本书对这一段历史有非常精彩的描述。对皖南事变这一历史悲剧的全貌，对事变的前因后果，都作了历史的、客观的、真实而又艺术的反映。

《红星照耀中国》

〔美〕埃德加·斯诺　著

一代美国人对中国共产党人的知识都是从斯诺那里得来的。

关于作者

埃德加·斯诺（1905—1972），美国著名记者和作家，出生于美国密苏里州堪萨斯城，1926年进入密苏里大学新闻学院学习，1928年来到中国。九一八事变后，他亲赴前线采访，写下了一批颇有影响的有关中日战争的报道。特别是他撰写了轰动世界的《红星照耀中国》，不带任何政治偏见和党派色彩，通过亲自采访所得的第一手资料，得到了中国人民和世界人民的信任。抗战期间，斯诺作为中国人民的朋友，把中国的事业当作自己的事业，组织、发起、宣传工业合作社运动，支持中国的战时经济；如实报道中国抗战实况；开展大量的国际宣传，极大地支持了中国的反侵略战争。他把一生最宝贵的年华献给了中国人民的解放事业，他以自己的行动，在中美两国人民之间架起了一座友谊的桥梁。

1941年，斯诺回到美国后，继续向美国人民和世界人民宣传中国的抗日战争。中华人民共和国成立后，斯诺对中国进行了三次长期访问。1960年，斯诺访问北京，他意识到中国领导人希望他的到来，可能有助于建立起一座中美两国的友谊桥梁，他表示："前途是艰险的，但桥梁能够架起，而且最后必将架起。"1971年，美国乒乓球队出乎意料地被邀请访问北京，中美关系解冻，美国《生活》杂志抓住时机发表了斯诺的一篇文章。在这篇文章中斯诺透露了中国领导人毛泽东曾告诉他的话：如果理查德·尼克松访问中国，无论是以旅游者的身份还是以总统的身份都会受到欢迎。这篇文章是斯诺的最后一篇"独家内幕新闻"。

斯诺生前写道："我爱中国，我愿在我死后把我的一半留在那里，就像我活着时那样。美国抚养和培育了我，我愿把我的一部分安葬在哈德逊河畔，日后我的骨灰将渗入大西洋，同欧洲和人类的一切海岸相连，我觉得自己是人类的一部分，因为几乎在每一块土地上，都有着同我相识的善良的人们。"遵照斯诺的遗愿，他的妻子将他的一半骨灰带到中国，安葬在北京大学校园的未名湖畔，另一半骨灰安葬在美国哈德逊河畔。

斯诺的主要著作有《远东前线》、《活的中国》、《红星照耀中国》(即《西行漫记》)、《为亚洲而战》、《苏联力量的格局》、《斯大林需要和平》、《复始之旅》、《今日红色中国》、《大河彼岸》等。

荐读理由

1937年10月，英国伦敦维克多·戈兰茨公司出版了斯诺的英文初版"*Red Star Over China*"——《红星照耀中国》。这本书是斯诺写的关于红色中国的新闻报道集，也可以说是报告文学集。在伦敦出版的头几个星期就连续再版7次，销售10万册以上。以后，此书以近20种文字翻译出版，几十年间几乎传遍了世界，成为著名的畅销书。

美国历史学家哈罗德·伊萨克斯的调查说明，作为美国人对中国人印象的主要来源，《红星照耀中国》仅次于赛珍珠的《大地》。《大地》使美国人第一次真正了解中国老百姓，而《红星照耀中国》则使西方人了解了中国共产党人的真实生活。从某种意义上说，一代美国人对中国共产党人的知识都是从斯诺那里得来的。

在《红星照耀中国》中，斯诺探求了中国革命发生的背景、发展的原因。他对长征表达了由衷的钦佩之情，断言长征实际是一场战略撤退，称赞长征是一部英雄史诗，是现代史上无与伦比的一次远征。斯诺用毋庸置疑的事实向世界宣告：中国共产党及其领导的革命事业犹如一颗闪亮的红星不仅照耀着中国的西北，而且必将照耀全中国，照耀全世界。

《红星照耀中国》的另一魅力，在于描绘了中国共产党人和红军战士坚韧不拔、英勇卓绝的伟大斗争，以及他们的领袖人物的伟大而昂扬的精神风貌。他面对面采访了毛泽东、周恩来、彭德怀、贺龙等中国共产党的领导人和红军将领。

1938 年 2 月 10 日，由胡愈之策划，林淡秋、梅益等 12 人集体承译，以复社名义出版的“*Red Star Over China*”第一个中文全译本在孤岛上海问世。考虑到在敌占区和国民党政府统治区发行的缘故，译本改名为《西行漫记》。此书在短短的 10 个月内就印行了 4 版，轰动了国内及海外华侨聚集地，在香港及海外华人集中地还出现了难以计数的重印本和翻印本。国民党政府不止一次下令查禁这些著作，先后查禁的这类著作达十几种。

1949 年后，中国政治斗争愈演愈烈。斯诺的书继续照耀世界各地，而在中国反倒被打入冷宫。《西行漫记》只是在 1960 年 2 月由三联书店根据复社版印了一小部分，作为内部读物，限于内部发行，这还是因为新中国成立后斯诺第一次访华而特批的。到了“文化大革命”期间，《西行漫记》被加盖严控之类印记，密封于图书馆和资料室书库中，禁止借阅。1979 年 12 月，北京三联书店出版了由董乐山根据伦敦维克多·戈兰茨公司 1937 年版“*Red Star Over China*”翻译的中文本《西行漫记》，胡愈之为该译本作了序，该译本还收入了 1938 年斯诺为复社的中译本作的序。

全书分 12 个章节。前两章，斯诺讲述了自己要去红色中国的动机和自己心怀的疑问。同时讲述了自己在前往苏维埃政权地区时所经受的重重考验。第三章到第十一章，是本书的主体部分。斯诺对红色中国的方方面面做了精彩的描述。尤其是对共产党人，无论是领导人还是普通的红军士兵，都有深入的刻画。从字里行间流露出对这些乐观向上，肩负着民族使命的军人崇高的敬意。第十二章，斯诺叙述了西安事变的前前后后，同时对当时的中国问题提出了自己的见解。

读斯诺的这本书，我们可以通过一位美国记者的眼睛，来更加客观地看待那段时期的历史，在一定程度上还原历史的原貌。这是此书的价值所在。《红星照耀中国》不仅忠实地记录下了当时陕北苏区的真实历史，而且因其巨大的国际影响力而参与到历史构建之中，成为历史的一部分，值得所有军事、历史爱好者认真阅读。

先睹为快

我到后不久，就见到了毛泽东，他是个面容瘦削、看上去很像林肯的人物，个子高出一般的中国人，背有些驼，一头浓密的黑发留得很长，双眼炯炯有神，鼻梁很高，颧骨突出。我在一刹那所得的印象，是一个非常精明的知识分子的面孔，可是在好几天里面，我总没有证实这一点的机会。我第二次看到他是傍晚的时候，毛泽东光着头在街上走，一边和两个年轻的农民谈着话，一边认真地在做着手势。我起先认不出是他，后来等到别人指出才知道。南京虽然悬赏 25 万要他的首级，可是他却毫不介意地和别的行人一起在走。

朱德爱护他的部下是天下闻名的。自从担任全军统帅后，他的生活和穿着都跟普通士兵一样，同甘共苦，早期常常赤脚走路，整整一个冬天以南瓜充饥，另外一个冬天则以牦牛肉当饭，从来不叫苦，很少生病。他们说，他喜欢在营地里转，同弟兄们坐在一起，讲故事，同他们一起打球。他乒乓球打得很好，篮球打个不厌。军队里任何一个战士都可以直接向总司令告状——而且也常常这样做。朱德向弟兄们讲话往往脱下他的帽子。在长征途中，他把马让给走累了的同志骑，自己却步行，似乎不知疲惫。

现在最后一幕开始演出，对于初次见到东方的装模作样的艺术的人来说，甚至对于一些老资格的观察家来说，这都是最最令人惊叹和莫名其妙的一刻。在以后的三个月里，西安事变所引起的政治上的错综复杂的关系大部分都一一展现在观众面前，到了最后，局面就完全倒了过来。有人得到了大进展、大胜利，有人遭遇了大挫折、大失败。但是所进行的决斗就像中国旧戏舞台上两个古代武将所进行的决斗一样，他们口中连声呐喊，手中猛舞刀剑，令人心惊胆战，但是实际上却一点也没有碰到对方。最后，战败者颓然倒地，表示阵亡，过了一会儿却又大摇大摆地爬起来，大摇大摆地走下舞台，威风凛凛，极其庄严。

延展阅读

《延安的阴影》

作者台北中央研究院陈永发。作为台湾的历史学家，作者是站在国民党方面的立场来反观延安，从题目中我们就可以略窥一二。但是，这反而可以给我们提供一个审视历史的角度，可以作为我们普通读者拓宽历史视野、加深历史思考的读本。

《东北抗日联军抗战纪实》

王晓辉　著

《东北抗日联军抗战纪实》体现了我军对东北抗日联军抗战研究的最高成果。

关于作者

王晓辉，先后毕业于解放军理工大学、军事科学院，获得军事学硕士学位。现在任职于解放军国防大学战略教研部，从事军事思想教学与研究工作。

荐读理由

东北抗日联军是在东北抗日义勇军的余部、反日游击队和东北人民革命军的基础上产生和建立的，是在九一八事变后，东北人民掀起的轰轰烈烈的抗日救国斗争的高潮中产生和发展起来的。

1931 年 9 月 18 日，日本侵略者发动了蓄谋已久的侵占中国东三省的战争。东北爱国官兵和普通民众揭竿而起，纷纷组织“义勇军”“救国军”“自卫军”等各种名称的抗日队伍，杀向抗日疆场。义勇军的兴起，极大地鼓舞了全国人民的抗日决心和抗日意志。但由于义勇军没有统一的领导，他们中的领导人物大多是一些旧军队的军官，政治上比较落后，相互间派别繁多，互相猜疑，甚至彼此间经常火并，所率部队纪律松弛，往往抗敌不足，扰民有余，仅持续年余就被敌军各个击破了。但它在中华民族解放斗争史上仍有重要意义，它是一次大规模的民众自发的抵抗运动，揭开了东北抗日游击战争的序幕，给日本侵略者以沉重打击。

为更好地组织东北抗日斗争，中国共产党派出杨靖宇等将领到东北领导抗日斗争，组织反日游击队。从1933年9月到1936年2月，反日游击队相继改编成东北人民革命军、东北抗日同盟军和东北反日联合军等六个军，进行了艰苦卓绝的斗争，争取并团结了各种抗日武装队伍共同抗日。人民革命军的英勇善战和对抗日救国事业的忠诚，感召了各种抗日队伍纷纷向人民革命军靠拢。东北抗日队伍逐步走向联合。从1936年2月开始至1937年12月，东北抗日联军组建完毕。东北抗日联军在东北进行了艰苦卓绝的军事斗争，给日军以极大的打击。因此，日军对东北抗日联军进行了全力围剿。1939年10月至1941年底，东北抗日联军陷入了敌人重重包围的极端困苦时期。杨靖宇同志不幸于1940年2月23日在蒙江县境内保安村三道崴子被日伪军层层包围，最后壮烈牺牲。

1945年5月8日，德国法西斯投降，日本帝国主义更加孤立。1945年8月8日，苏联正式对日宣战，并派出远东军进入东北战场。在东北各地坚持游击战的部队，以及执行侦察任务的部队和抗联地下工作者领导的部队，积极配合苏军作战，打击日本侵略军。1945年8月15日，日本宣布无条件投降，东北抗日联军利用与苏军配合作战的有利条件，迅速占领了长春、哈尔滨、沈阳、吉林等70余座大中城市和县镇，并在苏军的配合下，发动群众，摧毁敌伪势力，扩建部队，维护社会秩序，保卫抗战胜利成果。东北抗日联军还接应八路军、新四军部队，挺进东北，建立并巩固东北根据地，为解放战争的胜利打下了坚实的基础。

1945年11月3日，中共中央决定，将东北抗联与挺进东北的八路军、新四军合并，改编为东北人民自治军，1946 年 1 月，又改称为东北民主联军。至此，东北抗日联军圆满完成了它的历史使命，进入新的历史时期。

对于东北抗日联军 14 年艰苦卓绝的英勇斗争，党和人民给予了高度评价。东北抗日联军的历史，是一部英勇的艰苦卓绝的斗争史，是中国共产党领导的人民民主革命不可分割的组成部分，是东北人民抗击日本侵略者、拯救中华民族的一部鲜血铸就的历史。东北抗日联军仅用近 4 万人的军队牵制了近 40 万的日伪正规军，有力地支援了全国的抗日斗争，在中国革命史上创造了不可磨灭的伟大功绩！

《东北抗日联军抗战纪实》是由解放军国防大学主持编写的《抗日战争历史纪实丛书》的重要组成部分，是我军对东北抗日联军抗战研究的最高成果。作者“以严谨的学术风格和生动活泼的纪实文笔，既为读者提供了中国人民抗日战争这一重大历史事件的全景式图画，又突出展现了抗战将士的个人风采和动人事迹；既描绘了引人入胜的战斗过程，又力求使读者领略其中高妙的战争指挥艺术；既展现了广大抗日军民艰苦卓绝的战斗历程，又讴歌了中华民族不屈的民族精神”。在所有关于东北抗日联军的历史书籍中，《东北抗日联军抗战纪实》一书最值得仔细品评。

先睹为快

被日军占领的奉天城内，充满了混乱与恐怖。大街小巷遍布日军，飞机在空中侦察、扫射，装甲车在街市上横冲直撞。附属地与商埠交界处设有鹿砦、电网，鼓楼旧址成为日军炮台。日军封锁各交通道口，持械盘查行人。一伙伙气势汹汹的日本兵，到处搜捕军警和未逃走的文职人员。对捕获的中国军官，日军迫令其签字承认是中国军队破坏铁路，先行攻击，并把他们反绑双手，看押在街头。

对稍有不满或反抗的，则任意枪杀，致使许多无辜百姓遭到残害。上午9时，日军在沈阳全城张贴出以本庄繁名义发布的石印大布告，编造谎言，把挑起战争的责任推给了中国，并进行威吓，宣称："倘有对我军行动欲加妨害者，本军毫无所看过，必出断乎处置。"19日中午12时许，本庄繁偕其参谋、幕僚及步兵第30联队，从旅顺匆匆抵达沈阳，司令部设在被日军占领的兴业银行内。

地方抗日救国会备棺收尸时，只埋葬了42位烈士。所以，他们以后就传为莲花泡防御战之四十二烈士。

抗联的同志们为了纪念这些壮烈牺牲的烈士，写了一首歌词《镜泊湖战役歌》，悲壮地纪念他们：

江水映斜晖，黑山云雾飞。
镜泊湖上，涛光苍茫，
白昼起寒微。
山麓列青冢，湖畔碧野共蒿蓬，
英雄去不回。
天涯芳草系忠魂，旌旗伟，
义气轻生死，英风永世垂。
壮志未酬啼遍野，
午夜惊闻雁泣西风悲。
二月二十八，追恨志无涯。
血溅青石，尸陈遍野，白骨沉黄沙。
慷慨奋捐生，同志四十又二名。
浩气贯长虹，壮烈长瞑行，永震敌胆惊。
回首江山易，强奴肆纵横。
深仇积恨何时了？
墟芜千里遍地起悲声。

延展阅读

《八路军抗战纪实》

作者张文杰。本书为读者提供了中国人民抗日战争这一重大历史的全景图画，突出展现了抗战将士的个人风采和动人事迹；既描绘了引人入胜的战斗过程，又力求使读者领略其中高妙的军事指挥艺术。该书为《抗日战争历史纪实》丛书之一，对八路军的光辉历程做了精彩的描述，非常值得阅读。

《杨靖宇将军》

中共吉林省委党史研究室编著。杨靖宇，原名马尚德，字骥生，河南确山人。中国无产阶级革命家，著名抗日民族英雄，鄂豫皖苏区及其红军的创始人之一，东北抗日联军的主要领导人之一，在抗日战争中壮烈牺牲，被评为100位为新中国成立作出突出贡献的英雄模范之一。本书对杨靖宇将军的一生做了全面的回顾和总结，语言生动，叙述全面，很好地表现了将军不平凡的一生。

《长征》

王树增　著

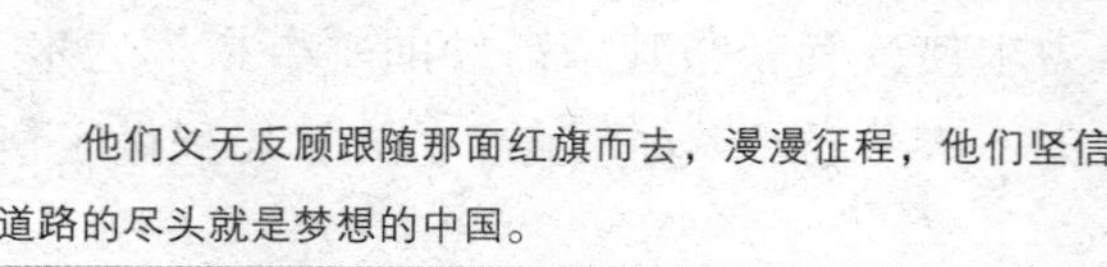

他们义无反顾跟随那面红旗而去，漫漫征程，他们坚信道路的尽头就是梦想的中国。

关于作者

王树增1952年2月出生于北京市。1991年毕业于北师大研究生院作家研究生班，硕士。1970年应征入伍，历任空降兵某部战士、班长，武汉军区空军政治部创作室专业作家，鲁迅文学院教师，广州军区战士话剧团编剧。少将军衔，国家一级作家。王树增20多岁开始写作，发表过一系列小说，他创作的话剧曾获中国话剧最高奖——曹禺戏剧奖。近年他专注于非虚构类文学的创作，先后出版了《1901年》《远东朝鲜战争》等作品，受到评论界关注，被认为是开创了当代中国历史纪实文学中以细节还原历史面貌的写作范式。

王树增说：“当代青年对中国民族历史的解读还远远不够。一个民族应把自己经历的悲伤的或者欢乐的往事当作珍宝一样捧在手里，把它作为照耀未来民族前进的一盏灯。我们的青年在这样一个物欲横流的环境之中，无论如何不能丢失信念和信仰。中国人一直是生存信念最坚定、生命力最强的一个民族。”他打算用自己的笔来帮助当代青年加深对历史的了解。

王树增的作品主要包括两个系列：一是中国革命史系列，包括《远东朝鲜战争》《长征》和《解放战争》；还有一个是中国近代史系列，包括《1901 年》《1911 年》和《1921 年》。他说，这些书都是写给当代中国青年人看的，他希望年轻人通过自己的作品读懂历史。

荐读理由

美国时代生活出版公司出版过一本《人类一千年》的书籍，选取了从公元1000 年到公元2000 年人类历史上所发生的重大历史事件。中国入围的一共有三件：火药的发明、成吉思汗帝国和中国红军长征。该书对长征如是评价："从此，中华人民共和国带领着世界上 1/5 的人口进入了社会主义。毛泽东震撼了亚洲和拉丁美洲，他使数以百万计的人们看到农民推翻了几百年来的帝国主义统治。"

西方的学者将长征作为近千年来发生在中国的最伟大的历史事件之一，显然并不是因为认同中国共产党的意识形态，也不是从中国共产党党史和中国红色武装的军史来看待这个事件，而是确确实实地肯定了中国工农红军长征在人类历史上所留下的光辉灿烂的一笔财富。

意大利诗人 B. 瓜格里尼曾经写过这样一首诗：

黑夜沉沉，朦胧的黎明前时分，
遥望辽阔而古老的亚细亚莽原上，
一条觉醒的金光四射的巨龙在跃动、跃动，
这就是那条威力与希望化身的神龙！
他们是些善良的、志气高、理想远大的人，
交不起租税走投无路的农家子弟，
逃自死亡线上的学徒、铁路工、烧瓷工，
飞出牢笼的鸟儿——丫环、童养媳，
有教养的将军，带枪的学者、诗人……

就这样汇成一支浩荡的中国铁流，

就这样一双草鞋一杆土枪，踏上梦想的征程！

曾经担任过美国国家安全事务助理的布热津斯基，在 1981 年带领他的全家重走长征路。当他到达大渡河的时候，他被震惊了！他难以想象当年几万人的工农红军，如何在国民党军的炮火之中，勇敢地渡过这道天堑。他说道："对崭露头角的新中国而言，长征的意义绝不只是一部无可匹敌的英雄主义史诗，它的意义要深刻得多。它是国家统一精神的提示，它也是克服落后的东西的必要因素。"

中国工农红军长征的胜利，是人类历史上的奇迹。在一年中，红军长征转战 14 个省，历经曲折，战胜了重重艰难险阻，保存和锻炼了革命的骨干力量，将中国革命的大本营转移到了西北，为开展抗日战争和发展中国革命事业创造了条件。长征唤醒了中国的千百万民众，给予了他们世代从未有过的向往和希望。自从西方殖民者的坚船利炮打开了中国紧闭的国门，生活在中国社会最底层的农民、手工业者、失业的产业工人从共产党人的宣传中懂得了人可以掌握自己的命运，世间可以没有剥削和压迫。于是，当那面镰刀斧头旗出现在他们面前的时候，他们笃信共产党人可以改变自己的命运。他们义无反顾地跟随那面红旗而去，漫漫征程，他们坚信道路的尽头就是梦想的中国。

"精神的力量可以改变个人与世界的命运。"本书作者王树增在谈到创作《长征》的动机的时候说，"一个没有精神的人，是心灵荒凉的人；一个没有精神的民族，是前程黯淡的民族。"

王树增自己为写《长征》，翻阅了数千万字的资料，仅笔记就做了 200 多万字，写作时参阅的长征地图几乎都被"时间"磨破了。《长征》一书中记录了很多鲜为人知的事实，深入挖掘了历史中的细节。最终，王树增的这部作品成为我们所见的关于长征历史的典范著作，成为读者了解这段历史的不二之选。

先睹为快

蒋介石的春节是和宋美龄一起在庐山度过的。在那里的一幢西式别墅里，他们夫妇和张学良夫妇度过了一个愉快的除夕之夜。刚上庐山的时候，蒋介石发表了一个讲话，讲话里没有提到“赤匪”，因为他认为这个话题已经不值得一提了，那些特意赶上山的记者们也没多问。几天前，蒋介石看到了一个材料，材料里有这样的话：“共军内部在遵义井冈山派与苏俄派斗争非常厉害，井冈山派只谈主动硬干，坚决反击国民党军，苏俄派则空谈理论避重就轻，斗争结果毛泽东的井冈山派胜利。”对于蒋介石来讲，这没有什么意外，因为他一直只把毛泽东当作真正的对手，而现在这个对手已经跑进山里去了。

在中国革命漫长的征战岁月里，毛泽东与林彪之间有着令人难以置信的信任关系。林彪是中国工农红军中最年轻的军团将领，他所带领的第一军团是最能打仗的红军部队之一，与彭德怀率领的第三军团往往是中央红军的前锋部队。林彪给中央写信提出自己的不同意见已经不止一次了。早在井冈山时期，他就给毛泽东写信对红军的前途表示担忧，毛泽东用了整整五天时间给林彪写了一封长达6000多字的回信，这就是后来被收入《毛泽东选集》中的那篇名为《星星之火，可以燎原》的文章。

秋天到了，蒋介石心情郁闷地下了峨眉山。

几十万国民党军追击了大半个中国，终于把红军逼近了必死无疑的蛮荒之地；但是，毛泽东走出了那片绝境，红军眼看离陕北苏区越来越近了。

在峨眉山下，蒋介石抬头看了看被云雾缠绕的山巅，对身边的侍从室主任晏道刚说：“六年含辛茹苦，未竟全功。”

延展阅读

《长征：前所未闻的故事》

作者美国作家哈里森·索尔兹伯里。长征是一篇史诗，这不仅是因为纯朴的战士及其指挥员们所体现的英雄主义精神，还因为长征实际上成了中国革命的熔炉。它锻造了在毛泽东的领导下打垮蒋介石、夺取全中国的整整一代的人和他们兄弟般的革命情谊。

这本关于长征的书自1985年10月在美国出版以来，在很短的时间里就拥有为数众多的读者，该书还在欧洲和亚洲的主要国家以及许多小国翻印出版。那些从未阅读过红军壮丽史诗的人们，现在可以从某种意义上开始了解那些为了中国革命事业而不惜牺牲的革命者的品质。

《枪杆子 1949》

张正隆　著

令人惊叹的丰富史料，上百名军队人员和普通百姓的切实感受，保证了本书写作的客观真实与充沛丰盈。

关于作者

张正隆，1947 年出生于铁道工人家庭，辽宁本溪县草河口镇人。1966 年高中毕业，1968 年赴本溪县小市公社插队务农，1969 年应征入伍参加解放军，历任战士、排长、新闻干事、宣传干事，沈阳军区文化部创作室专业作家。

1972 年开始发表作品，著有长篇报告文学《雪白血红》《解放》《西部神话》《枪杆子 1949》、中篇报告文学《大寨在人间》等。

用张正隆自己的话来说，他的作品都是用“脚”写成的。这在知识爆炸、学术浮躁的现代社会难能可贵。这也保证了其作品的质量，都可以经得起时间的检验。

荐读理由

我军历史上曾诞生了不少野战部队，第四野战军可以说是其中战功显赫、将才最多的部队。第四野战军前身为东北野战军，由东北抗日联军和进军东北的一部分八路军、新四军改编而成，是解放战争的先头部队，参加了自辽沈战役直到渡海战役等一系列重大战役，并培育了林彪、罗荣桓、刘亚楼、萧劲光等一批猛将，为共和国作出了重大贡献。

抗战胜利之后，中共中央依据“向北发展，向南防御”的战略方针，决定从关内各解放区抽调一批部队和干部挺进东北，会同东北原有部队执行发展东北的战略任务。10 月 31 日，组成东北人民自治军，林彪任总司令，彭真任第一政治委员。后改成东北民主联军。

1946 年 6 月下旬，国民党发动全面内战。东北民主联军在东北与国民党部队作战。1948 年 1 月 1 日，东北民主联军改称东北人民解放军，区分为东北军区和东北野战军，取得了辽沈战役的巨大胜利。1948 年 11 月下旬，东北野战军奉命入关，与华北军区发起平津战役，歼灭和改编国民党军 52 万余人，解放了除绥远一隅和太原、新乡等少数孤立据点以外的华北全境。

东北野战军于 1949 年 3 月 11 日改称中国人民解放军第四野战军。1949 年 3 月下旬，第四野战军组成先遣兵团开始自华北地区南下，4 月 20 日，配合第二、第三野战军发起渡江战役，5 月中旬解放武汉。1950 年 3 月 5 日至 5 月 1 日，第四野战军以第 15 兵团指挥两个军，实施渡海作战，5 月 1 日解放海南岛。至此，除西沙群岛、南沙群岛等岛屿外，华南全境获得解放。可以说，东北野战军的历史，就是半部解放战争史。

《枪杆子 1949》真实记述了东北野战军从东北入关南下一直解放海南岛的征战历程。这部作品共 50 万字，还原了众多尚未披露的战争史实，在作品内容和写作手法方面具有突破意义。作品史诗般的笔触配以大量历史细节和真实故事，还原当年激烈残酷的战斗场面和峥嵘岁月，精彩刻画了毛泽东、林彪、蒋介石、傅作义、白崇禧等历史风云人物，再现了解放战争时期国共高层决策和对决的全过程，对指挥者的战略思想、战术、个性都有深入细致的客观描述。

本书从黑土地写起，东北野战军从黑土地打到黄土地，最后又打到红土地，一路披荆斩棘，历尽艰险。该书主要记述了1948年11月辽沈战役结束后，东北野战军入关，参加同国民党之间进行的历次激战，一直打到海南岛的传奇经历。就这段峥嵘岁月，作者通过战争亲历者的眼睛，详细生动地叙述了国共双方斗智斗勇的全过程，读来分外惊心动魄。

其中东北野战军南下遭遇水土不服、解放海南以“土炮艇”掩护主力渡海等内容属首次披露。有关专家认为，这部作品在文学方面有独特的震撼人心的艺术魅力，在军事上有重要研究价值。

张正隆用了近15年时间遍访大半个中国，记录当年鲜为人知的战争细节以及那场战争亲历者用枪杆子打江山的刻骨记忆。令人惊叹的丰富史料，上百名军队人员和普通百姓的切实感受，保证了本书写作的客观真实与充沛丰盈。作者还十分擅长运用时空交错穿插的艺术手法，回顾过往或者前瞻未来，不仅极大地拓展了作品的表现空间，而且便于对事件和人物作出客观的评价，可谓匠心独运。加之本书叙述客观真实，可以说是一本有血有肉的战争史书。

先睹为快

黑土地上的最后一面“青天白日”旗，是1948年11月8日在锦西葫芦岛消逝的。

3年前，也是这个季节，国民党最先闯关东的几个军，就是从秦皇岛和葫芦岛登陆的。衬着蔚蓝色的大海，美械、半美械的军人，黄潮般蜂拥上岸，蝗虫样扑向黑土地。几个回合后，东北民主联军就被赶过松花江，在南满则被挤压在近临朝鲜的临江、濛江（今靖宇）、抚松、长白等4个巴掌大的小县。穷追不舍的国民党军队大喊大叫：共军兄弟们，你们没路走了，快投降吧！不投降就把你们赶进长白山啃树皮，轰进鸭绿江喝凉水！

那时候，要说 3 年后的黑土地会变成这等模样，别说国民党，连共产党自己都不会相信。

5 人都是上党同乡，多年要好朋友，所以不必像陈长捷与两位军长、一位市长那样，都盼着别人说出自己想说的话。可陈长捷那句“一切为傅负责”，道出的不也是同样的“傅家军”主题吗？

9 月中旬，李宗仁和孙科竞选副总统。蒋介石为拉选票，密令全国国民党员重新登记，限期上报，重发党证，逾期不报，取消党籍。蒋介石任命军官，必须是国民党党员，这是个硬指标，察绥军的军官都是国民党党员。这回傅作义却根本没把这党票当回事儿，故意拖延时间，结果察绥军中的国民党党员均自行脱党。“党国”、“党国”，“党”没有了，可那“国”呢？

……

八年抗战，他们都曾为国家、为民族冲锋陷阵。忻口战役，陈长捷还身负重伤。毫无疑问，那时候他们是爱国者，可现在他们爱的是什么呢？

枪打炮轰的战场上，没有绿茵场上的“造越位”和“反越位”战术。但是，当林彪下令中路军“现地停止待命”，未能接到命令的 135 师继续孤军深入时，一种类似“反越位”成功的、令对弈双方都始料不及的意外，也就是机会，并非一边倒的难得的机会，就突然出现了。

拿破仑说：“灵感是黑夜里的幽灵。”

而对于林彪来说，自白崇禧撤退武汉后，4 个多月来就一直在苦苦地寻觅对手的闪失、破绽，那不就像在漫漫长夜中寻求一丝光亮吗？

智者的灵感，就在这黑夜中爆发出灼眼的光芒。

延展阅读

《林彪画传》

作者舒云。在中共高层人物中，林彪极富传奇性，恐怕再没有谁像他那样大起大落的了。林彪从报考黄埔军校开始了军旅生涯，毕业后被分配到国民革命军第四军叶挺独立团，参加了北伐战争、八一南昌起义。解放战争中，他指挥百万大军，从东北打到海南岛，先后歼灭国民党军 180 余万人。1955 年被授予元帅军衔。中共党史专家王年一说："我们对林彪了解得太少。"本书试图凭借丰富的史料，把神坛和鬼坛上的林彪还原成一个人，一个普通又不普通的人。

《将军决战岂止在战场》

黄济人　著

《将军决战岂止在战场》出版之后，因其内容真实可信，说服力极强，迅速在海内外引起巨大轰动。

关于作者

20世纪70年代末，大学生黄济人家里来了一位身份特殊的客人，那就是他的舅舅——邱行湘。邱行湘身份特殊，他是一位被俘的前国民党高级将领，曾被蒋介石称为“黄埔的模范生”。他在解放战争期间被俘，和许多国民党高级战犯一样被关押于国家公安部管辖的北京战犯管理所接受改造，直到20世纪50年代末获特赦。

在和舅舅相处的时间里，酷爱文学的黄济人听到了许许多多发生在战犯管理所里不为外人所知的真实故事。由此，他萌发出一个愿望：写一部反映共产党如何改造国民党高级战犯的书。他的想法得到舅舅的大力支持。就在这年暑假，黄济人带着舅舅的亲笔信，背着干粮，克服重重困难，上首都、下南京、奔上海，采访了杜聿明、黄维、沈醉、宋希濂等一大批特赦人员，获得大量宝贵的第一手资料，突破长期以来一直无人涉及的文学题材“禁区”，在极其艰苦的环境下完成了改变自己命运的作品——长篇报告文学《将军决战岂止在战场》。

黄济人因此书一举成名，很快走上了专业创作之路，此后他又创作了《重庆谈判》《哀兵——国民党正面战场大纪实》《三峡议案是怎样通过的》《重庆直辖市成立的前前后后》《人格的力量》《警魂》等一系列脍炙人口的作品，现为重庆市作协主席。

荐读理由

长篇纪实文学《将军决战岂止在战场》是作家黄济人的最重要的作品。本书以原国民党战犯邱行湘的被俘和改造为线索，具体而生动地描述了杜聿明、宋希濂、黄维、康泽、文强等一大批国民党高级将领，在这个比军事战场上更为复杂和漫长的决战中改造从新的内幕。

该书的出版，有着其特定的时代背景。1979 年春，黄济人写完该书初稿后，考虑到自己写的是有关国民党战犯改造的故事，但自己从来没有从公安部这边去查找资料，为了避免出现政治问题，黄济人写了一封信，介绍了自己的身份（黄济人的父亲黄剑夫曾任国民党副军长，后任解放军南京军事学院教官）以及写这个题材的原因，夹在厚厚的稿子中，一同挂号寄往公安部。令他想不到的是，仅仅半个月的时间，公安部就有了回音，一纸调令就把正在等待分配的黄济人安排到北京工作，并受到公安部副部长凌云、副部长席国光、副部长李广祥、十三局局长姚伦等领导的接见。会上，黄济人也知道了公安部对自己的稿子如此重视的原因。

原来，1975 年 3 月，我国特赦了全部在押战犯，其中一个国民党战犯被释放后去了美国，并于 1978 年出了一本叫《战犯自述》的书，书中提到中共在狱中通过种种酷刑虐待战俘，影响很大。公安部得到这本书后，非常愤怒，认为此人只字不提“文化大革命”之前的和平改造，是污蔑。他们于是准备组织有关人员就《战犯自述》进行逐条批驳。正在这个节骨眼上，黄济人的书稿寄到了公安部。“用凌部长的话说，天上掉下你这么一个稿子，正是我们所需要的。”黄济人回忆凌云当时说："你不是在批驳，而是把事实写出来；你的身份又很好，不是中共的人，而是国民党军官的后代；不是在讲理论，而是用文学的手法来表现，很好看。"为了让黄济人安心改稿，公安部还特意给他分了一套新房，"这个举动让许多老公安都感到莫名其妙"。

关于该书的改稿问题，据黄济人介绍，原稿的基本架构并没有变，也没有人干涉他应该怎么改，修改主要是充实资料，修正不准确的日期和人名等。此后，该书经过最严格的审查程序，由解放军文艺出版社公开出版发行。

《将军决战岂止在战场》出版之后，因其内容真实可信，说服力极强，迅速在海内外引起巨大轰动，先后连载此文的有美国《美洲华侨日报》、香港《新晚报》、上海《青年报》、广州《羊城晚报》《黄金时代》、北京《时代的报告》等媒体，并被译为日、英、法三种文字。该书1983年获全国军事文学奖，1984年获全国优秀畅销书奖，1988年获郭沫若文学奖，后又被改编为《决战之后》，搬上银幕。该书手稿已被中国现代文学档案馆收藏。

多年后，黄济人谈到此书时，认为这本书之所以成功，有两方面的原因。一是题材上突破了禁区，全部以国民党人为主角，这是以前没有过的；二是写了国民党人对这个民族的贡献。对后者，不是他故意玩这个主题，而是中共在"文化大革命"之前的战犯改造中，确实体现出了一种水准，即高度的历史唯物主义。这句话大家平时都在讲，标榜成一个法宝，但往往做不到。而恰恰是在极"左"思潮如此泛滥的情况下，中共在对国民党战犯改造这么一件事里，彻底地做到了。比如杜聿明写他的自传，没有写他在抗战时的胜绩，主管人员就让他加进去，说昆仑关战役加淮海战役才叫杜聿明，所以杜聿明感慨地说："我是今天被俘虏了的。"

国共内战是本不该发生的历史悲剧。杜聿明、宋希濂、黄维等前国民党高级将领在抗日战争中为国尽力，鞠躬尽瘁，只是在内战中因个人信仰问题而走上人民的对立面。被俘之后，离开了历史舞台中心，但他们后来所经历的，是深藏于历史幕后的有代表性的章节，对于我们更全面地理解这些历史人物具有十分重要的意义。从这个意义上说，《将军决战岂止在战场》为我们照亮了历史的暗角，为我们点亮了另一盏明灯。

先睹为快

在早晨集合会上，训练班教唱《蒋介石，你这个坏东西》。各组人员整整齐齐站在村头的操场上，用各种神情、各种音调，但基本整齐地唱着：

蒋介石，你这个坏东西……

囤积居奇、抬高物价、

扰乱金融、破坏抗战都是你。

你的罪名和汉奸一样的……

你这个坏东西，

真是该枪毙！唉，

你这个坏东西，唉，

真是该枪毙！

邱行湘没有唱。他站在前排中间，低着头，面红耳赤。感情这东西，真是不通自融。蒋介石受骂，邱行湘害臊……

还是在山东解放军官教导团的时候。文强被俘后第一次与王耀武见面，王耀武正在井边打水。眼见别无旁人，王耀武问文强："你与国防部的人很接近，我被俘后，共产党叫我在电台上讲了几句，不知南京方面有没有什么反应？"文强说："有反应。蒋介石听见你的广播，当场把收音机砸了，骂你是软骨头！"王耀武一听这话，顿时呆若木鸡，面如土色，已经提到手的水桶"叭"的一声落到井底。

在人民解放战争的战报上，曾经有这么一个表格，上面填写着一个个国民党战犯被俘的日期；在社会主义革命的篇章里，曾经有这么一个页码，上面记载着一个个国民党战犯获赦的时日。中国的历史就是这样演变着、前进着，以它无可阻挡的脚步，挺进在世界上一块九百六十万平方公里的土地上，而曾经驾着战车阻挡过历史车轮的国民党战犯，也就这样变化着、进步着，在他们归回人民的地方，以他们并不迟疑的步伐，迸发出时代的回响。

杜聿明走进人民大会堂。

那是他在红星人民公社当社员的时候。英国元帅蒙哥马利来到北京。周恩来和陈毅在人民大会堂宴请蒙哥马利，特邀杜聿明作陪。作为第二次世界大战相互知名的非洲战区地中海战场指挥官和中国战区中缅战场指挥官，他们交谈的内容依旧是军队。蒙哥马利扭头问杜聿明："你的百万军队到哪里去了？"杜聿明指了指坐在对面的陈毅，答曰："都送给他了。"蒙哥马利又问："一个也不剩吗？"杜聿明指了指自己，答道："就剩下我一个。"周总理接过话题，对杜聿明说："你也进入了社会主义。"此时，全场一阵开怀大笑。

延展阅读

《国民党去台高官大结局》

作者杨帆。如果说《将军决战岂止在战场》把国民党被俘将领的战后经历勾勒得淋漓尽致，那么这本书则将国民党去台高官的战后经历呈现在我们面前。两书对照，使得我们对这一时期的历史有更深切的体会。

《远东朝鲜战争》

王树增　著

“采访和阅读的笔记超过了120万字，战场上的每一天都已烂熟于胸。但是，我仍未敢动笔。”

关于作者

见《长征》之“关于作者”。

荐读理由

朝鲜战争是一场第二次世界大战结束后参战国最多、死伤人数最多的战争。不同国家的军队漂洋过海，来到远东一个面积仅为22万平方公里的半岛上，在这块“世界上最不适宜大兵团作战的地区”，构筑起世界战争史上最漫长而复杂的前线工事，实施了要把土地变成“世界上最没用的地方”的轰炸，并且用生命进行了50年后想来依然惊心动魄的特殊战斗。三年后，战争停止在了它原来爆发的地方。

《远东朝鲜战争》真实地再现了这场战争的宏大过程。

这部作品不仅仅关注整个战争的总体进程，不满足于整个事件的宏大叙事。作者首先确认的是，“士兵，战争中最普通、最重要、最大数量的人，他们成为我写作《远东朝鲜战争》的唯一动因”。

作者力图让今天的读者，在《远东朝鲜战争》中通过祖国、民族、理想、精神、信念、意志等因素，与他们的前辈相识相知，体会到一个人、一支军队、一个民族无论什么时候都需要的不屈的精神。

本书分七个章节。

“打败美帝野心狼”：讲述中国参战之前的各方博弈，以及做出参战决定背后的故事。

“云山：中美士兵的首次肉搏”：讲述中国参战给美国率领的联合国军带来的巨大震撼与打击。

“三十八军万岁”：讲述中国第三十八军的英勇事迹。

“圣诞快乐”：讲述麦克阿瑟“让孩子们圣诞之前回家”美梦的破灭。

“李奇微：向中国军队总司令官致敬”：这是非常有意思的一个情节。美军的统帅向中国总司令致敬，这其中包含着多少复杂的心理，英雄惜英雄，彭德怀赢得了对手的尊敬。

“血洒汉江”：讲述战争的困难时刻，志愿军陷入苦战背后的故事。

“谁能在战争中取胜”：战争最后形成了僵持，这是双方都不愿再继续的战斗。这背后有多少令人悲伤的故事？

朝鲜战争是一个传奇，铭刻在所有中国人的记忆里。作者王树增为写作这部作品可谓呕心沥血。在其修订版后记中，作者自己写道：

“那时我在广州工作，家门外是这座南方大都市中最繁华的商业街，令人眼花缭乱的生活景象穿梭往来，而我点灯熬油般地日日夜夜梳理着几十年前的这场战争，梳理着战争复杂多变的史实……整整两年后，采访和阅读的笔记超过了120万字，战场上的每一天都已烂熟于胸。但是，我仍未敢动笔。”

《远东朝鲜战争》的出版牵动了无数人的心，得到了社会的广泛赞誉。王树增自己回忆说：

“从第一次出版的1999年，到2009年10年间，我在北京的公共汽车上看见过读这本书的年轻人，在飞往烟台的飞机上看见过阅读这本书的中年人，也遇到过向我要这本书的野战军政委和军兵种司令员。沈阳的一位下岗职工买不起书，把报纸上的连载剪下来贴成厚厚的一本，托人辗转带给我，想换一本留给他保存；黑龙江一位在战争中失明的老兵，让他的弟弟把这本书给他读了三遍；江西的一位交警看完这本书后，写信指出了长达60万字的书中哪个地方错了一个字。《沈阳日报》将这本书连载了整整半年，报纸的编辑打电话说，大年三十的晚上还有人站在报栏前看连载，而那一天沈阳大雪纷飞……”

如果想切身了解那段峥嵘岁月，此书，不得不读。

先睹为快

1950年9月16日，仁川登陆作战的第二天，麦克阿瑟登上了仁川海岸。这位将军在记者们的照相机前得意洋洋。在布满烧毁的坦克和士兵尸体的阵地上，他自己又导演了一出小小的戏剧。麦克阿瑟的第一句台词是：“我想寻找一个叫刘易斯·普勒的上校，他是陆战队的一名团长，我想亲自为这位团长授一枚勋章。”正在进攻一个山头的刘易斯接到通知后，这位麦克阿瑟的崇拜者对前来请他去接受勋章的军官说：“我没工夫！如果他打算授勋，就让他来这里好了！”麦克阿瑟不但没有因为这个团长的傲慢而发怒，相反对他如此配合自己的表演十分欣赏。麦克阿瑟立即乘吉普车向枪声不断的方向前进，不管部下如何劝阻他都不听。直到在一个四周炮声呼啸的草棚子里，麦克阿瑟见到了满身硝烟的刘易斯，“他们愉快地互相敬礼”。记者们高兴得发疯了，因为世上没有比这更能激起读者兴趣的英雄故事了。

5日，在朝鲜半岛的两个重要的城市——平壤和汉城，各有240门大炮同时鸣放24响礼炮，以庆祝对汉城的占领。

对中国士兵来讲，这是一个非常的时刻。

在这之前的漫长的中国战争史上，从没有任何一名中国士兵武装进入到任何一个异国的首都之中。

在这之后，一直到今天，也没有。

李奇微撤退汉城的时候，并不是很匆忙。直到担任后卫的美军第27团撤退后，他才离开他的指挥部。他收拾起桌上的那张全家福照片，把他平时穿的那件睡衣钉在了墙上，然后在旁边写下了一句话：

“第8集团军司令官谨向中国军队总司令官致意！”

中国军队在朝鲜战争中的伤亡人数至今没有公开的记录。

彭德怀走上了还冒着硝烟的前沿阵地。几个小时前，这里还在战斗。一队担架抬着中国士兵的遗体走下来，彭德怀掀开每一个担架上覆盖着的白布，渐渐地，他的眼里充满了泪花。他哽咽地说：“就差几个小时，他们这么年轻……把他们的名字记下来，掩埋好，立上个牌子……”走下阵地的时候，彭德怀突然命令吉普车停下来。他下车之后，在路边的泥土中，捡到一只满是弹洞的白色搪瓷水杯，水杯上红色的字是：献给最可爱的人。

彭德怀捧着这只水杯久久地不说话。

他不知道这只水杯的主人叫什么名字，但他一定是一名志愿军战士。很久以后，彭德怀喃喃地仿佛在问自己：“这个兵，牺牲了？还是负伤了？”

延展阅读

《1901年：一个帝国的背影》

这是作者的另一部精品。

1901 年，世界迈入 20 世纪，而中国最后一个封建王朝清王朝在风雨飘摇之中摇摇欲坠。这是一个乱世之秋。据王树增自己说，《1901 年》是在一种惆怅的心情中完成的。彻察丝缕而又探求大势，作者想用激情内敛的叙述方式描绘出我们这个民族的面孔和表情。历史事件在《1901 年》中并非叙述的主体，而是所有历史人物的心灵。“出卖”的背影，连贯的不是频发的历史事件，而是中国人纷乱的心绪历程。之所以选择了一百多年前的历史，是因为中国人千年不变的面孔在那段日子里突然表情急剧丰富起来。

《漫长的战斗——美国人眼中的朝鲜战争》

〔美〕约翰·托兰　著

虽然朝鲜战争的故事已经被人们讲过多次，但是托兰先生向我们展示了全景，扣人心弦，而其洞察力之卓有创见则达到了非凡的程度。

关于作者

约翰·托兰（1912—2004），美国著名作家、历史学家。

在大学时代，托兰学的是英法文学，后来又读过一年的戏剧研究生。他那时的梦想是成为百老汇的剧作家，从未想过有朝一日成为历史学家。1954年，有人约托兰写一部有关大飞艇的书。他走访了众多飞艇时代的亲历者，掌握了大量第一手材料。该书即《天空中的船只》，发表之后，托兰一举成名。正是此书的写作，使他找到了真正适合自己的职业。用托兰自己的话说，从这一年起，他开始了“在历史中的生活”。

托兰写书标榜“客观主义”，始终站在一个“世界公民”的角度，力图使作品不带意识形态色彩。在他的书中，他会把他所知道的一切告诉读者。

例如，为了写作《希特勒》，他亲访德国，采访了德国海军上将卡尔·邓尼兹，希特勒的私人医生、秘书和司机，希特勒的堂兄汉斯等等，甚至还找到了战时美国情报部门为希特勒所作的精神病学分析报告。正是这些第一手材料使得这本书引人入胜，极富质感。

托兰有一位贤惠的日本妻子，而托兰的很多著作，也都是围绕着二战时期亚洲地区的纷争展开。有关亚洲的几部著作正是托兰作品的精华所在。早在1961年，他就创作过叙述太平洋战争的著作《问心无愧》。后来，又先后创作过《升起的太阳：日本帝国的兴起与衰落》(中译本译为《日本帝国的衰亡》)、《战争之神》《丑闻：珍珠港事件及其后果》《占领日本》和《漫长的战斗：美国人眼中的朝鲜战争》等。其中，《升起的太阳》使他获得了1971年美国出版业最高奖项——普利策新闻奖。

荐读理由

从技术层面讲，朝鲜战争至今仍未结束。《漫长的战斗——美国人眼中的朝鲜战争》是约翰·托兰先生的最后一部史学著作。托兰在这部书上投入了非常大的精力，做了大量的工作。有些资料，出于军事原因，中美双方互相保密，可能彼此都没有见到。托兰为了尽可能地占有这些资料，甚至请求中国人民解放军予以协助。

托兰的书既重传统史料，更注重对当事人的采访。在美国出版的《当代作家传略》这样评价托兰和他的著作："在他的每一本书中，托兰都要采访那个历史事实的实际参与者，有时是采访好几百个。以便从这些最了解这件事的人中得到这一事件的不同方面。他尽可能地对这些被采访者持一种客观态度。'我相信这是我的责任，'他说，'把一切都告诉你，让你自己得出结论。我把自己的意见控制在最小限度。'"这正是对托兰最恰当的评价。

《漫长的战斗》是迄今为止最为全面地叙述那场残酷战争的历史著作。

作者从朝鲜战争揭幕战——"三八线"冲突写起，以准确、生动而幽默的笔调，对美军增援朝鲜、汉城失守、大田兵败、釜山外围战、仁川登陆、越过“三八线”、坠入毛泽东的陷阱、长津湖溃败、血腥大撤退以及中国人的第三次战役、“三八线”附近的防守与进攻等战争具体过程，进行了刻画和描述。同时，对围绕着战争展开的和平谈判、战俘营里的战斗、麦克阿瑟被革职、李奇微的对策及李承晚造反等内幕活动也作了大量披露与分析。

托兰比较客观地列举中美两国的史实，基本上做到了客观公正。既没有很强的政治说教，又能够对双方的得失作一个比较全面的描述。虽然中美是战场上的敌人，但是作为一个美国人，托兰能够做到对中国当时的很多行为表示理解，比如在中国高层讨论出兵与否的时候，描述彭德怀内心复杂的心理斗争：

“‘邻人危急，我们站在旁边看，怎么说，心里也难过。’彭把毛在会上讲的这句炽热的话一直记在心里。其他言语谨慎的同志是民族主义者而不是国际主义者。‘我想到这里，认为出兵援朝是正确的，是必要的，是英明的决策，而且是迫不及待的。我想通了，拥护主席的这一英明决策。’”

而且，作者的目光不仅仅局限在战争本身。他还试图揭示战争背后各个国家的政治博弈，揭示复杂的利害关系。如中国出兵朝鲜之后斯大林的表现：

“毛做出干涉的决定和苏联没有关系。虽然斯大林在冲突爆发后最初几天曾盲目乐观，但联合国军重新占领汉城使他相信已丢掉这场战争。他曾电告北京：‘金日成同志只好来中国东北组建流亡政府。’但当斯大林听说中国已经决定出兵之后，据说他潸然泪下，夸中国人好。然而，对于《纽约时报》的哈里森·索尔兹伯里来说，这是鳄鱼的眼泪。他认为斯大林用一把钢钳把毛给死死地夹住了。”（《中国谜团》）

文章语言非常的优美。在该书中文版华庆昭先生做的序中提道：“看他写的书，就若置身于当时当地的氛围之中，一个个人物跃然纸上。”早年英法文学专业的学习，给托兰打下了良好的文学功底，也使他的作品不同于一般的史学著作，写得骨肉饱满。

作者对自己这部作品非常满意。他在该书的中文版自序中写道："《漫长的战斗》一书，是活的历史的一个好例子。我并非以一个美国人而是以一个世界公民的身份来写它的。"

《纽约时报》评论道："虽然朝鲜战争的故事已经被人们讲过多次，但是托兰先生向我们展示了全景，扣人心弦，而其洞察力之卓有创见则达到了非凡的程度。"

先睹为快

汉城，6月25日星期天，时近中午。偶尔飞来的雅克式战斗机低飞掠过城市上空，其中还有一群轰炸了铁路车站。敌机和防空炮火令人恐惧。政府官员们的电话响个不停。匆匆聚集的高级官员们焦急地在他们的办公室等待着内阁会议……这座建筑叫做青瓦台……总统为一架雅克飞机扫射了他的住所而愤怒，似乎越发只有等待坏消息接踵而至了。

到5月26日上午，中国军队的形势极其危急，投降的人数规模空前。美国人估计这是由于营养不良及疾病造成的。但是，投降的人中，大部分是原国民党老兵……还有很多人为了他们的国家战斗到底。17岁的张达被编入志愿军539团……5月24日夜晚，该团首长集合残部命令他们突围。大家都饥肠辘辘，有人提议先把剩的最后一匹马杀了，饱餐一顿再说，此时，马的饲养员的眼泪夺眶而出。"这可是一匹革命的战马啊！"他恳求说，"它追随我南征北战已好多年了，你们不能杀它。"于是大伙同意放生这匹英雄的战马。

在写了七部有关20世纪的战争历史著作之后，我得出了许多结论。历史不会重演，不断重演的却正是人类的本性。我们经常是从现在更多地了解过去，而不是相反。我还发现，一个卑鄙小人偶尔也能讲实话，而一个达官贵人偶尔也会撒谎；历史经常创造人，而人并非经常创造历史；历史的进程无法预言。最后，战争史永远不会是确定的。

延展阅读

《希特勒》

这是作者的另一部精品。

托兰为此书的写作，亲赴德国，做了大量的调查。在本书中，你可以看到希特勒在政治上的欺骗力、对部下的控制力、对群众的煽动力、对敌手的迷惑力、对女人的吸引力，以及他个性中的乖戾、残忍、暴虐、狂躁、偏执、变态等等隐秘的侧面，是迄今为止关于希特勒的军政生涯和个人生活的最全面、最完整、最生动的记述。

《朝鲜战争》

〔美〕马修·邦克·李奇微 著

站在一个美军统帅的立场来看待这场战争，会对这段历史有突破性的新认识。

关于作者

马修·邦克·李奇微（1895—1993），美国陆军上将。生于弗吉尼亚州门罗堡。1917 年毕业于西点军校，被授予陆军少尉军衔。毕业后的第二年，他回到西点军校，担任西班牙语教员。在佐治亚州本宁堡步兵学校完成军官课程后，李奇微曾在驻中国的第 15 步兵团任职。之后，他又被派往尼加拉瓜，负责监督 1927 年举行的自由选举。

之后李奇微在中国、尼加拉瓜、巴拿马、玻利维亚、菲律宾、巴西和美国各地服役，并先后进指挥与参谋学校和陆军军事学院深造。1944 年 6 月率部参加诺曼底登陆战役，8 月升任美第 18 空降军军长。战后，任地中海战区总司令和盟军最高统帅艾森豪威尔驻联合国安理会军事参谋委员会代表。

1949—1950 年任陆军副参谋长。李奇微军事生涯中最重要的一次任命是在 1950 年：沃尔顿·沃克中将因车祸丧生后，李奇微接过了从 1950 年 6 月战争爆发就在朝鲜参战的第八集团军的指挥权，并在 1951 年率军发动反攻。杜鲁门总统解除麦克阿瑟的兵权后，李奇微又成为

“联合国军”总司令。军事史学家大多认为，是李奇微把第 8 集团军从失败、濒临崩溃的困境中解救出来，并最终阻止了中国人民志愿军的攻势。他在此期间表现出的身体力行的领导艺术以及对军事作战基本原则的深刻领悟，在美国陆军历史上树立了令旁人难以企及的领导榜样。李奇微没有受麦克阿瑟那种桀骜不驯做派的影响，麦克阿瑟也给了李奇微前任所未有的行动自由。

李奇微 1955 年 6 月退役。退役后的第二年，李奇微出版了他的自传:《马修 · B. 李奇微回忆录》（即《军人》和《朝鲜战争》)，对军事学者的研究具有很大的意义。1993 年 7 月，李奇微在匹兹堡郊区的家中去世，享年 98 岁。

荐读理由

“朝鲜战争可能是只使用常规武器作战的最后一场战争，不用担心热核灾难威胁的最后一场战争。

然而，还有许多问题在整个战争过程中以及战后很长时期内使我国人民困惑不解。为什么竟在没有任何预警的情况下就突然爆发了如此重大的冲突？是我们的决策人物无能，还是我们的情报力量不足?我们是不是中了蒋介石企图进犯中国大陆，或者李承晚企图以武力统一朝鲜的圈套？为什么战争爆发时我们的战备状况如此之差?”

——《朝鲜战争 · 序》

这是李奇微将军在《朝鲜战争》一书的序言中对朝鲜战争这段历史的冷静思考。而要追寻这个问题的答案，我们就需要从李奇微将军自己的书中来把握。

本书分十章。

第一章讲述“暴风雨到来的前夕”。对朝鲜战争爆发给当时美国社会带来的影响做了很好的描述，对决策背后的故事也有很好的介绍说明，可以帮我们了解美国在决策参战过程中的想法。

第二、三章描写了联合国军队的成立与快速反应。讲述仁川登陆等战役，对战争初期的进程做了很好的说明分析。

第四章讲述中国参战给战争带来的巨大影响。

第五、六章则讲述自己从接管第八军到接管联合国军的过程。介绍自己如何对中国军队发动反击，稳定了战局。

第七章讲述上甘岭战役以及战争的谈判进程。

第八章讲述停战协定的签署。

第九、十章则对战争进行了全面的回顾与总结。

本书也附录了不少战争地图以及一些战争文件。对于我们了解那段历史非常有帮助。

李奇微将军一生最辉煌的时刻便是接过朝鲜战争指挥权的一刻。在朝鲜战场的巨大成功，足以使其一生都倍感骄傲。而李奇微的成功，却伴随着我抗美援朝志愿军的步步退守。在铭记我军给了骄狂的麦克阿瑟以羞辱的同时，也应记取是李奇微将军这位可敬的对手扭转了战局。从他的书中，我们必定获益良多。

李奇微在书中提道："在本书中，我不想对任何观点妄加评论。我所希望的只是尽己所能使人们更好地理解一场在很大程度上被曲解了的冲突。这场冲突标志着我国历史的重大转折。""我亦无意自诩本书是评述朝鲜战争中联合国空军和海军作战行动的权威之作。""如前所述，本书唯一的宗旨是想在一定程度上说明我们在朝鲜企图干些什么，并强调一下我们从中吸取的教训。"

毫无疑问，李奇微将军是怀着谦卑的心和严谨的态度来写作此书的，这在很大程度上保证了此书的客观性。相信读者在阅读的时候，可以转换位置，站在一个美军统帅的立场来看待这场战争，会对这段历史有突破性的新认识。这也是我们推荐此书的重要原因。

先睹为快

现在，彻底胜利似乎就在眼前。它像一只金色的苹果，将代表着麦克阿瑟那光辉军事生涯中的鼎盛功业，已经成功在望，麦克阿瑟是不会迟误或者接受别人的劝告的。他不顾朦朦胧胧预示着一场灾难的坏兆头，向北猛插过去，追击正在消失的敌人。为了加快进攻速度，他一周又一周地改变着自己的计划。

我们后来体会到，中国人是坚强而凶狠的斗士，他们常常不顾伤亡地发起攻击。但是，我们发现，较之朝鲜人，他们是更加文明的敌人。有很多次，他们同俘虏分享仅有的一点食物，对俘虏采取友善的态度。这样做，很可能是想让俘虏深深感到，生活在共产主义制度下要比生活在资本主义制度下好得多。我们在夺回汉城时发觉，中国人并未恣意毁坏我们运到汉城备以修复这座遭到轰炸的城市的建筑材料。但是，他们由永登浦向水原推进的时候，有计划地点燃了沿途村庄的房屋。

我给第八集团军及其当时的司令范弗里特将军发出了下面这封信：

“我认为，历史有一天很可能会这样记录：……这支军队向最邪恶的势力进行了挑战，抗击并击退了这股势力。它一直威胁着人类争取个人尊严和自由的长期斗争。我相信：很可能，共产主义洪流的浪头已经被你们有力的双臂和坚强的意志所粉碎，这股危险的潮水……已开始消退。”

我希望这就是历史做出的评价。

延展阅读

《毛泽东、斯大林与朝鲜战争》

作者沈志华。本书依据确凿的史料，严肃地探讨了中苏同盟和朝鲜战争之间的广泛联系。作者是国际学术界冷战史研究领域最受人们关注的学者之一。他以中俄两国的大量第一手资料为基础，对朝鲜战争起源及中国参战问题做了缜密的思考和探讨，不仅颠覆了曾为人们所熟知的种种叙述与结论，也在一个更为深入的层次揭示了中苏同盟及中国入朝参战这两大历史事件之间的内在逻辑。

《日本人眼里的朝鲜战争》

日本陆战史研究普及会编写。总的来看，此书资料比较翔实，使用的资料主要是美国和韩国公开出版的史料，也使用了朝鲜出版的部分历史史料。对战场的介绍及评述也比较客观，既介绍了双方作战思想、战术运用及作战保障的优长，也指出了各自的缺陷。它是日本人研究朝鲜战争的集大成之作。

《彭德怀全传》

彭德怀传记组　著

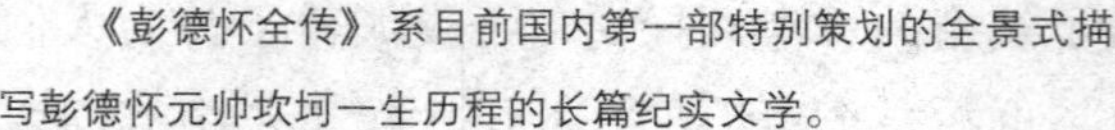

《彭德怀全传》系目前国内第一部特别策划的全景式描写彭德怀元帅坎坷一生历程的长篇纪实文学。

关于作者

1974 年 11 月 29 日，彭德怀元帅在囚禁中含冤逝世。1978 年 12 月 24 日，中共中央为彭德怀补办了追悼会，为彭德怀恢复了名誉。会后，经杨尚昆、黄克诚等老革命家的提议，由中央军委办公厅和北京师范大学主持，成立了基于自愿参加的彭德怀传记编写组。

编写组面对连篇累牍的批判彭德怀的材料，从 1978 年春开始，沿着彭德怀生活和战斗的足迹，踏访了湖南、江西、贵州、云南、四川、陕西、甘肃、山西等省的几十处旧战场，访问了无数的老将军、老红军、老民兵、老乡亲，开始还原一个真实的彭德怀。

从 1898 年到 1974 年，彭德怀经历了如此波澜壮阔的人生。他的人生跌宕起伏，在朝鲜战争中达到了人生的顶点，最后却在怨恨中愤愤辞世，让人为之扼腕叹息。他的生命历程，也反映出中华民族在那个时代的苦难、追求与奋斗，反映出中国现代史上一场翻天覆地的人民革命的必然性及其辉煌胜利，也反映出历史进程中曾经发生过的错误和应当吸取的教训。彭德怀传记组希望通过对彭老总一生的总结、探寻，还老人一身清白，留世间浩然正气。他们为之付出了辛苦的努力，也最终取得了优异的成果。现在我们能够看到一个真实的彭德怀，一个为了民族战斗不息的将军，彭德怀传记编写组有其一份功劳。

荐读理由

“一曲传唱千古的正气歌，一部革命英雄、民族英雄的传奇，一出人民利益坚守者的时代悲剧。彭大将军将永远闪烁在中华民族历史的天幕中。当人们仰望星空的时候，会发现他，而赞叹、沉思。”

——《彭德怀全传·前言》

彭德怀一生充满着传奇色彩。15 岁参加饥民闹粜，被官府通缉，逃到洞庭湖当堤工。1916 年入湘军唐生智部队当兵，后因杀死一恶霸被捕，在押解途中逃脱。1922 年改名彭德怀，考入湖南陆军军官讲武堂，毕业后回湘军任营长。

1928 年 4 月在大革命失败的革命低潮时期加入中国共产党。抗日战争时期，任中共中央军委委员、八路军副总指挥（第 18 集团军副总司令）。1950 年 10 月，出任中国人民志愿军司令员兼政治委员，指挥中国人民志愿军，同朝鲜人民军一起，在七个月内连续进行五次战役，把以美国为首的“联合国军”赶回到“三八线”，迫使其转入战略防御，接受停战谈判。朝鲜民主主义人民共和国最高人民会议常务委员会授予他“朝鲜民主主义人民共和国英雄”称号。

1954 年 9 月起任国务院副总理兼国防部部长和国防委员会副主席。1955 年被授予中华人民共和国元帅军衔和一级八一勋章、一级独立自由勋章、一级解放勋章。

1959 年 7 月在庐山会议期间，他勇于直言，写信给毛泽东主席，对“大跃进”和人民公社化运动中的错误提出批评，却遭到错误的批判，并被错定为“右倾机会主义反党集团”的首领，免去国防部长职务。1962 年 6 月，他给中共中央和毛泽东写信，反驳庐山会议强加给他的不实之词，坚持真理，再次受到错误的批判和审查。

“文化大革命”中，彭德怀遭“四人帮”严重迫害。无休止的批斗、审查与铁窗生活的无情折磨，使他不幸患上了绝症。在生命的最后一刻，他心里想的还是洗清自己的冤案，出来为人民工作，建设好国家。1974 年 11 月 29 日 14 时他因患直肠癌在北京含冤逝世，终生没有子女。

十一届三中全会之后，彭德怀元帅终于得以平反昭雪，历史最终作出了公正的评价。

《彭德怀全传》系目前国内第一部特别策划的全景式的描写彭德怀元帅坎坷一生历程的长篇纪实传记。公正、客观、全面、有血有肉地再现了一个满怀忧患意识、对党忠心耿耿，具有卓越军事指挥才能的共和国元帅形象。

全书分八篇，分别记述了彭德怀从小闹革命，一直到做开国首位国防部长，最终在黑暗的岁月中含冤谢世的整个过程。此书是向彭老总致敬之作。编写组承受了人民的重托，承受着所有中国人对这位老将军的敬爱与同情，甚至也是向老将军赎罪之作。但是，身处“文化大革命”非常时期，很多事情身不由己。人们在无意中做了冷漠的旁观者，甚至是无知的帮凶。当我们回顾这段历史，回顾彭老总坎坷的一生，我们也会加深对人性的理解。

正如编写组所说：“历史是一面明镜，总包含引人去穷究的幽秘。正是由于在留下的 70 万字中，还有许多彭老总生动感人的逸事，还有对彭总经历的若干重大历史事件和涉及的是非功过的进一步探究，还有许多弥足珍贵的史料，我们不应该把它们禁锢在箱中。这样，我们为这位智勇冠三军、功德炳千秋又长期横遭谴罪的元帅洗冤立传的心愿庶几可了；而我们对深堪追慕和同情的彭大将军也可庶几无憾了。”

先睹为快

1968年9月25日彭德怀在被监禁时回忆当时的情景，写道："我与金日成会谈时，问了当前敌情，金答：还在德川附近，离此地约有200公里。其实敌军异常骄横，如入无人之境。当时敌先头部队由德川经熙川窜到我与金日成会谈的大洞东北方向的桧木洞，已绕到我们住的大洞后面去了。我志愿军刚过江不远，即与该敌人相遇，我与金幸免被俘。"

赫鲁晓夫又要费德林将他准备在南斯拉夫首都机场的讲话内容告诉彭德怀，并问彭觉得怎么样。彭德怀说，没有意见，机场讲话总是要冠冕堂皇些，讲团结，旧账放在双方会谈时再讲比较好。然后赫鲁晓夫又问彭德怀想在苏联参观什么。彭德怀说希望参观海军。赫鲁晓夫说，参观什么都可以，对中国同志是没有任何秘密的，可以去看看核动力潜艇。24日，彭德怀一行离开莫斯科，先后到列宁格勒、斯大林格勒和塞瓦斯托波尔军港参观。而此次受到赫鲁晓夫邀见，后来被认定是"彭赫密谋"的"铁证"，使彭德怀在受审讯中饱受折磨。

多年来聚集起来的疑心、不信任，如同溢出的天然气，已经充满了整个房间，在这种情况下，一颗小小的火星就会引起巨大的爆炸。

毛泽东越来越怀疑彭德怀"有野心"，而且正在暗中组织力量反对他；彭德怀越来越不满意毛泽东的独断专行，感到他的错误将给全民族带来灾难，因此想"刺一刺"他，这就是庐山会议期间毛泽东和彭德怀双方的心理状态。

延展阅读

《彭德怀自述》

这是彭德怀在囹圄之中为自身的清白而战斗的结晶。彭德怀在狱中始终坚持为洗刷自身冤屈而战斗。那么，是什么在支持着他，历史又留下了哪些假象？从此书中，我们或许可以寻得答案。彭总一生戎马生涯，为国家出生入死，曾有过毛诗“山高路险沟深，大军纵横驰奔，谁敢横刀立马，唯我彭大将军”。看过这本书，可以了解一个真实的彭德怀。

《彭德怀大传》

作者郭晨。该书在中国大地上树立起一座彭德怀的人格丰碑。此书不仅记叙刻画彭德怀的光辉人格，还昭示历史和人生。为国为民的“忠臣良将”，坚持本色的耿介之士，虽然往往不为当时社会所容，下场多半不好，但我们的历史还是不会缺少这样的脊梁。每到一定历史阶段，也肯定会有这样的人物应运而生，应运而凋。但是他们的价值和精神是永恒不灭的，值得党内人士和青年一代学习。

《最长的一天》

〔美〕科尼利厄斯·瑞恩 著

50 多年来该书畅销不衰，并被改编为同名电影，轰动世界。

关于作者

科尼利厄斯·瑞恩（1920—1974），出生于爱尔兰，晚年加入美国国籍。1943 年在《每日电讯报》服务期间出任欧洲战地记者，随军报道直至攻克柏林，然后又赴太平洋战区，曾因工作出色在美国数次获奖。

1947 年，瑞恩担任《时代》周刊的撰稿编辑，同时移民美国。1949 年他离开《时代》周刊，在《新闻周刊》短期工作了一段时间，1950 年担任《柯里尔》双周刊的副主编，同年与凯瑟琳·摩根结婚，并取得美国国籍。在《柯里尔》工作期间，瑞恩报道了美国的太空计划，并向美国公众介绍了原德国火箭专家沃纳·冯·布劳恩，从而获得了巨大声誉。

1956 年，瑞恩开始《最长的一天》的研究和写作。《最长的一天》于 1959 年出版，立即大获成功，并为他赢得国际声誉。1959 年，他获得克里斯托弗奖，1962 年获得意大利的班加雷拉文学奖。《最长的一天》出版后，他加入《读者文摘》，继续新闻事业，同时又开始他的第二本关于二战的作品《最后一役》的研究与写作。《最后一役》于1965 年出版。

1970 年，他被诊断患有癌症，开始化疗。与此同时，他又开始了第三本二战作品《遥远的桥》的研究与写作。1973 年，为了表彰他在新闻和历史写作领域所作出的贡献，他被授予法国荣誉勋位勋章。1974 年，《遥远的桥》出版，俄亥俄大学授予他荣誉博士学位。1974 年 11 月 23 日，瑞恩因病去世。

荐读理由

诺曼底登陆是迄今为止世界上最大规模的一次海上登陆作战，自 1944 年 6 月 6 日开始，接近三百万盟军士兵渡过英吉利海峡，登陆欧洲大陆，随后在西线战场给予德军以沉重打击，为二战胜利做出了极其重要的贡献。《最长的一天》的书前献词是“为所有参加 D 日战斗的人而作”，书的副标题是“D 日，1944 年 6 月 6 日”。它完整地记述了人类历史上最伟大的登陆作战——诺曼底登陆那天所发生的事情。

看过这部作品的人都曾被它深深震撼，作为非虚构文学的创作典范和世界战争纪实的巅峰之作，它真实记录了诺曼底登陆的策划内幕和激战过程，生动描述了血腥海水和钢铁火焰构成的战场奇观，还细致入微地写下了双方的将帅和士兵作为个人所遭遇的传奇般的命运以及在每个生死瞬间所经历的痛苦、迷狂和心惊胆战。其中有激战以及平民百姓在血与火、生与死之间的传奇故事。由于其中的任务和时间过于奇特和富有传奇色彩，许多读者误把它当作小说。

为了写作此书，瑞恩做了 10 年的准备工作。他查阅了浩如烟海的美、英、德三国报刊，研究了大量已公开与尚未公开的文件档案，其中，包括德军将领冯 · 伦德施泰特与隆美尔的作战日志。更令人钦佩的是，作者挖掘、收集第一手资料的精神和毅力。他根据官方资料，也通过别的线索，寻找诺曼底登陆战的亲历者和幸存者。他与3000个幸存者取得联系，并亲自采访了其中的700人。

本书由“等待”“夜晚”“进攻日”三个部分组成。其中文版编译者又附录了很多图片，可以作为参考。

“等待”讲述登陆战发生之前，双方的决策与战备。同时讲述了大量的士兵在等待的过程中发生的事情。

“夜晚”讲述美国空降师趁着夜色空投到德军阵地的过程，以及军舰准备抢滩登陆的筹备。

“进攻日”则讲述了那恢弘的进攻场面，细致地刻画在这个过程之中很多人的遭遇，以及整体的战争状况。

这本20万字的作品在1959年出版，立即在世界各国引起轰动，印行1000万册。瑞恩本人也因此而荣获克里斯托弗奖、班加雷拉文学奖等一系列国际大奖。作品出版之后的第二年，美国福克斯公司投资拍摄同名电影。瑞恩也是电影脚本的改编者之一。这部宏大的战争史诗电影巨作耗资1000万美金，历时两年，启用了三位著名导演以及百位好莱坞巨星，投资和演员阵容都刷新了当时的世界电影纪录。影片公映之后，轰动世界，并获得多项奥斯卡奖。

50多年来该书畅销不衰，已在世界上用26种文字出版，累计售出1600万册。

先睹为快

从此处，在第二次世界大战关键性的第五个年头，全神贯注、意志坚定的隆美尔，准备为他一生中最最凶狠的一次战役而战斗。

这个巨大的武器等待着单独的一个人——艾森豪威尔来作出决定。艾森豪威尔似乎“被忧虑压弯了腰……仿佛双肩上的四星每颗都有一吨重”。

艾森豪威尔和第一零一师师长泰勒少将道了别。飞机一架接一架地消失在黑暗里，他双手深深地插在兜里，凝视着夜空。

月光被挡住了，第八十二空降师的二等兵墨菲“嗵”的一声着陆了并且连滚带爬地翻进了花园。利弗拉尔特夫人惊呆了。这个伞兵看上去像个鬼怪，可怕至极。

一些伞兵飘向爱格里斯广场的炼狱——由于命运的摆布，德国卫兵正好持枪站在那里。七八个德国兵对着他把手提机关枪的子弹都打光了。小伙子瞪着眼睛倒挂在树枝上，好像在看自己身上的子弹洞。

他们先是听见，后来又看见有一队人向他们走来。“当两队人接近的时候……他们是德国兵。”接着出现了战争中绝无仅有的场面。双方静悄悄地交叉而过，大家都吓得魂不附体，大家都没开枪。

战争在一瞬间变成对个人的攻击。一艘驶在最前面的指挥艇突然船头竖起，越出水面爆炸。坦克“冲向100英尺外的空中，慢慢地翻着筋斗，再投进水中消失”。

机枪像喷雾器一样把子弹密集地射向下船的突击队员。从小艇到滩头的这段距离是鲜血染成的，只有不到三分之一的士兵幸存下来。“一具无头尸体在空中飞了50码，最后‘砰’的一声落在我们身边。”

米林毫不介意纷飞的炮火，用风笛为上岸的突击队员们吹奏着《归途》，子弹的嗖嗖声和炮弹的呼啸声应和着风笛尖锐哀婉的声音。

延展阅读

作者还有下列精品：

《最后一役》

柏林战役是第二次世界大战在欧洲战区的最后一役，它毁灭了欧洲一个有历史意义的首都，并导致了纳粹的垮台。它也是二战中最血腥、最关键性的时刻之一，其后果将在未来几十年复杂的国际政治中起到决定性作用。《最后一役》是有关战争中普通人的故事，是有关军人和平民的故事，他们都陷于绝望、挫折和对失败的恐惧之中。它是登峰造极的历史，是对战争以及战争深渊中个人生活与命运的匠心独运的阐释。

《遥远的桥》

本书记载的是有史以来规模最大的空降作战。为了在1944年年底前结束战争，因连续的胜利而意得志满的盟军将帅，轻率地将大批伞兵空投在德军营地背后，去攻占阿纳姆的那座横跨莱茵河的大桥，并因此遭到了惨痛的失败。盟军为此付出了巨大代价：伤亡人数几乎是诺曼底登陆的两倍。在书中，瑞恩集中描写了士兵、平民、著名将帅等数量众多的人物，并以精湛的记事栩栩如生地叙述了二战中这个最大胆而又最倒霉的作战行动，技巧高超地再现了这场史诗般的战斗中所具有的恐怖、悬念、悲痛以及所表现出的伟大的英雄主义。

《罗斯福：炉边谈话》

〔美〕富兰克林·罗斯福　著

罗斯福的这些谈话，就是当时美国社会方方面面问题的一个总结。

关于作者

“炉边谈话”铭刻于美国人的记忆中，因为这是美国历史上最伟大的总统之一罗斯福带领美国人民克服一个个困难的最有力武器之一。罗斯福都说了些什么？我们也来静心听一下吧。

富兰克林·罗斯福（1882—1945），出生于纽约。其父詹姆斯·罗斯福是外交界和商业界的活跃人物。1900 年进入哈佛大学，攻读政治学、历史学和新闻学。1904 年，罗斯福进入哥伦比亚大学法学院。1905 年 3 月，与埃莉诺（西奥多·罗斯福总统的侄女）结婚。

1910 年，罗斯福以民主党人的身份开始涉足政界。1913 年，威尔逊总统任命他为海军助理部长，他在任七年，表现杰出。1928 年，罗斯福参加州长竞选而险胜，于 1929 年出任纽约州州长（1930 年再次当选州长）。1932 年总统竞选是在严重经济危机的背景下进行的。罗斯福主张实行“新政”，在 1933 年以绝对优势击败胡佛，成为美国第 32 届总统。在罗斯福首次履任总统的 1933 年初，正值经济大萧条的风暴席卷美国，罗斯福表现出压倒一切的自信。他采取了一系列新政策刺激经济发展，史称“罗斯福新政”。1940 年，美国国民收入基本恢复到经济危机爆发前的水平。

在任满两届总统之后，1940 年罗斯福参加第三次总统选举。当时由于世界战争频繁，为保证美国对外政策的一致性，55% 的美国选民还是选择了罗斯福。因此罗斯福终于打破了美国“国父”乔治·华盛顿总统确立的传统，第三次当选为美国总统。

1941 年 12 月 7 日，日本偷袭珍珠港，太平洋战争爆发。为了赢得战争，罗斯福下令实施战争动员和改组军队指挥机构。同时他决定在二战后建立一个维持世界和平的组织——联合国。1942 年元旦，在罗斯福的倡导下，美、英、苏、中等 26 个国家的代表在华盛顿签署《联合国家宣言》，国际反法西斯同盟正式形成。这就是联合国的前身。

1944 年 11 月 17 日，罗斯福第四次当选为美国总统。他是第一位任期超过两届、打破华盛顿先例的总统。由于 1951 年通过的宪法修正案第二十二条规定美国总统任职不得超过两届，他将是美国历史上唯一任期达四届的总统。

繁重的政治与战争事务，损害了罗斯福的健康。1945 年 4 月 12 日，罗斯福在乔治亚州的温泉因突发脑出血去世，享年 63 岁。罗斯福著有《向前看》《论我们的道路》等著作。他的遗体安葬在其出生地海德公园。

荐读理由

在美国华盛顿的罗斯福广场，我们可以看到这样一个塑像：一个穿着平常服装的平民，坐在房间一角，侧着脑袋，正全神贯注地听着什么。每一个了解这段历史的人都会知道，他是在听罗斯福的“炉边谈话”。

毫无疑问，罗斯福是美国历史上最伟大的总统之一。在他任内的

12 年间，两次挽救美国于危亡之中，其功绩无可匹敌。正是罗斯福，一手把美国锻造成当今的世界第一强国。

“炉边谈话”是罗斯福当选总统后一种联系群众的广播方式。1933 年 3 月 12 日即罗斯福就职总统后的第八天，他在总统府楼下外宾接待室的壁炉前接受美国广播公司、哥伦比亚广播公司和共同广播公司的录音采访。总统说，希望这次讲话亲切些，免去官场那一套排场，就像坐在自己的家里，双方随意交谈。哥伦比亚广播公司华盛顿办事处经理哈里·布彻说，既然如此，那就叫“炉边谈话”吧，于是就此定名。罗斯福在其 12 年总统任期内，共做了 30 次“炉边谈话”，每当美国面临重大事件之时，总统都用这种方式与美国人民沟通。

“炉边谈话”断断续续持续了 11 年多，几乎与罗斯福 12 年的任期相伴始终。从第一次谈论银行问题，到第五次谈论战争筹款运动，长长短短共 30 次。其中既涵盖了 20 世纪 30 年代美国史无前例的经济大危机，又包括了第二次世界大战的问题。

第二次世界大战在欧洲爆发的时候，大部分美国人认为事不关己，信奉中立政策。但是身为总统的罗斯福并不这样认为。他主张积极备战，以防哪一天法西斯的铁蹄踏上美国本土。为此，他多次发表“炉边谈话”，唤醒美国人的危机意识。谈话取得了很好的效果，它调动了美国人的战争意识，使美国进行了充分的战争准备，在战争降临的时候能够从容应对。

30 次谈话中，有 17 次是关于第二次世界大战的。从 1939 年 9 月 3 日的《谈欧洲战争》，到 1941 年 5 月 27 日的《宣布全国进入无限期紧急状态》，再到 1941 年 12 月 9 日的《关于对日宣战》，一直到最后一次 1944 年 6 月 12 日所做的《发起第五次战争筹款运动》。17 次谈话，几乎涵盖了整个战争的进程。每一次谈话，罗斯福都用亲切、质朴的语言，向我们很好地传达美国最高领导者对这次战争的看法，以及美国的对策。

“炉边谈话”在美国已经成为美谈。罗斯福的这些谈话，就是当时美国社会方方面面问题的一个总结。其中经济部分的内容，让我们对第二次世界大战之前的美国经济和社会有一个透彻的了解；而其中关于美国战争筹备的内容，则为我们研究第二次世界大战中美国的观点，提供了极好的解读范本。虽然我们并不是美国公民，但是，静下心来读“炉边谈话”，设身处地地理解其中的内容，倾听一位伟人如何细心地对自己的国民诉说自己的主张，可以更好地理解美国当时社会的基本状态，理解美国参战的缘由。从这个意义上来讲，读《罗斯福：炉边谈话》，可能比读其他的关于二战的军事战争书籍更加轻松，也更加具有真实感。这也是我们认为这本书非常值得推荐的最主要理由。

先睹为快

我们不会接受由希特勒主宰的世界。我们也不会接受这样一个世界，就像20年代战后那样的世界，希特勒的纳粹主义死灰复燃并四处蔓延。我们只会接受这样一个世界：人们畅所欲言——每个人都能以自己的方式自由地崇仰上帝——没有贫困，也没有恐惧。

……

我们美洲人会作出自己的判断，美洲的利益及安全是否会受到威胁，何时何地受到威胁。我们将毫不犹豫地使我们的武装力量处于战备状态。我们将毫不犹豫地用武力驱逐外敌的入侵。

……

在这里，我引用《独立宣言》签署者们的话：为数不多的爱国者，很久以前与强敌交战，力量对比悬殊。但正如今天我们可以确定的：我们是最终的胜利者。我们彼此用生命、财富以及我们的人格发誓，坚决捍卫神圣上帝。

在与蒋介石总司令的会晤当中，我看出他是一位富有远见卓识和英勇无畏精神的人，他对眼前及将来的诸多问题见解独到。我们就从各个方向对日本发起攻击的诸多军事问题展开了讨论。我可以这样说，他是带着我们要战胜共同敌人的坚定信念返回重庆的。今天，我们与中华民国之间比以往任何时候都紧密团结，情深义厚，目标一致。

……

英国、苏联、中国、美国以及其他盟国的人口占了世界总人口的四分之三还要多。只要这四个军事力量强大的国家团结一心，坚定地维护世界和平，就不会有哪个国家能够再次挑起世界大战。

但是，这四个大国必须与欧洲、亚洲、非洲和美洲所有其他热爱自由的人民联合并合作。国家无论大小，其主权都要受到尊重和保护，就如同我们每一个共和国的主权一样。

延展阅读

《罗斯福》

作者美国历史学家詹姆斯·麦格雷戈·伯恩斯。他早年毕业于威廉斯学院，后到哈佛深造，获哲学博士学位。由他撰写的《罗斯福》一书，被公认为是关于罗斯福的大量传记作品中最重要的单卷本著作。1971 年获美国普利策历史奖、历史和传记书籍全国奖，以及美国历史学家协会颁发的弗朗西斯·帕克曼奖。

《罗斯福与丘吉尔》

富兰克林·罗斯福和温斯顿·丘吉尔在第二次世界大战期间结下了深厚的友谊。这份重要的友谊是历史上独一无二的：一位总统和一位首相在战争中共度 113 天，互通的信件达 2000 封之多。面对暴政和恐怖，他们两人携手建立起一个通向胜利的联盟，引导第二次世界大战的全面胜利。

本书作者美国作家米查姆在书中引用了大量鲜为人知的素材，包括罗斯福的秘密情人露西·拉瑟弗德未曾公开的信件、帕梅拉·丘吉尔·哈里曼的个人档案，以及对于仅有的几个与两位领袖都有交往的古稀老人的采访实录等，对那段历史，以及那段历史中的两位伟人有非常精彩的描述。

《我时刻准备着：艾森豪威尔传》

〔美〕卡罗·德斯特　著

本书被《纽约时报》誉为“研究最为深入、写得最好的传记作品”。

关于作者

卡罗·德斯特是当代著名军事史学家和传记作家，美国陆军退役中校。卡罗·德斯特对艾森豪威尔和巴顿有精深的研究。其大手笔的叙事技巧、精辟透彻的研究和悲天悯人的情怀，为他赢得广泛的赞誉和无数读者的青睐。

荐读理由

德怀特·戴维·艾森豪威尔（1890—1969），第二次世界大战盟国远征军最高司令官，1953 至 1961 年任美国总统。担任盟军远征军最高司令，亲自指挥诺曼底登陆战已经使其达到了一个军人所能达到的最高高度；战后担任两届美国总统则令其完成了超越战争难度的任务，为其非凡的人生谱写了别样的乐章。他，注定是个传奇。

艾森豪威尔 1890 年 10 月 14 日出生于美国德克萨斯州的丹尼森。他家境贫寒，靠打工赚钱积攒学费。他的六个兄弟都没有受高等教育，艾森豪威尔进入西点军校学习，也是因为西点军校是免费的。

第一次世界大战期间，许多西点军校学生都去法国参战，他却被留在国内从事训练工作。他创办了美国陆军的第一所战车训练营。巴拿马地区司令康纳少将看中了这位年轻人的军事才华，便邀请他到巴拿马服役。后来，康纳又保送他进入陆军指挥参谋学院受训。随后又到陆军军事学院学习两年。

1941 年 12 月 7 日，日本偷袭珍珠港美军基地。8 日，美国对日本宣战。在珍珠港事件发生后第五天，马歇尔对艾森豪威尔委以重任，几星期后便提拔其为少将，奔赴前线。艾森豪威尔指挥了一系列战役，奠定了自己的军事地位，并于 1943 年担任盟国远征军最高司令官。从欧洲战场美军总司令到盟军总司令，艾森豪威尔 10 个月内连升三级，从少将升至五星上将，其升迁之快可谓空前绝后！其杰出的指挥艺术和外交才华，把代表各方利益、甚至相互冲突的力量凝聚在一起的能力，使盟军焕发出强大的战斗力。1944 年 6 月 6 日，他成功指挥了扭转战局的诺曼底登陆，创造了其一生中最辉煌的胜利。

第二次世界大战结束后，艾森豪威尔于 1953 年当选美国总统，并成功连任。艾森豪威尔是个戎马半生、战功卓著的美国总统。艾森豪威尔在具体战役指挥上可能不如巴顿、蒙哥马利，但在协调各方面关系上极具才能。他以坚定、镇静而又平等待人的态度赢得了广泛的信赖和支持。

本书被《纽约时报》誉为“研究最为深入、写得最好的传记作品”。作者的研究精辟、透彻，立场鲜明，有着悲天悯人的情怀和大手笔叙事的技巧。

全书分八个章节，按照时间顺序，将艾森豪威尔一生最为辉煌灿烂的篇章展现在读者面前。第一章讲述艾森豪威尔家族。虽然没有显赫的身世背景，但是通过对其成长环境的了解，我们可以理解这位平民总统所走过的坚实的道路。第二章写了 1910—1916 年，艾森豪威尔偶然从军以及在西点军校的经历。这段经历是艾森豪威尔最为重大的转折点之一。从军，并且在西点军校就读，在受到先辈传统的熏陶的同时，艾森豪威尔自己也成为一个西点军校传奇历史的一部分。第三章叙述了在第一次世界大战中艾森豪威尔的生活。虽然不能亲赴前线，但是艾森豪威尔这段时间的成长是十分迅速的。第四章则叙述了艾森豪威尔在二战之前的成长经历。

其余的四个章节则详细地记载了艾森豪威尔在第二次世界大战中的卓越表现。这是艾森豪威尔生命中最为光辉灿烂的时期，也是本书最为精华的篇章。

这本书在介绍艾森豪威尔生平的同时，对与之相关的很多历史人物的个性及其与艾森豪威尔的关系都有十分精彩的分析。如麦克阿瑟、蒙哥马利、丘吉尔等等。这些二战枭雄彼此间的碰撞，构成了一篇华美的乐章。通过二战盟军总司令的经历来反观二战，尤其是反观美国在二战中的表现，对于我们更深刻地把握历史至关重要。

先睹为快

在 1940 年，艾森豪威尔的野心也就是当一名团长，很少有证据表明他希望在未来的战争中当上将军，他本来以为，在巴顿手下当一名团长，就是他军旅生涯的顶点了。艾森豪威尔明白，按照自己的年龄，在和平时期是不可能被提升为将军的，这使得巴顿的邀请更有吸引力了。只要美国还保持中立，他就很可能永远不会被提升为上校，更别说将军了。因此他的未来和 1935 年时一样布满了阴云。在沉闷的陆军晋升体制之下，直到 1950 年他 60 岁了，面临强制退休时，艾森豪威尔晋升上校的机会才到来。

艾森豪威尔成为新任盟军最高统帅的消息一经宣布，就引发了一阵慌乱。乔治·马歇尔的参谋部正准备搬到伦敦，他对艾森豪威尔另有计划。参谋长命令艾森豪威尔回家，名义上是为了开会，实际上是为了让他在迎接最大的挑战之前能够短暂地休息一会儿。艾森豪威尔忍受压力的能力令人印象深刻，但是正如不久后马歇尔提醒他的那样，即使他精力充沛，也需要偶尔休息一下。这是一封只有马歇尔能写的电报。

艾森豪威尔不是一个感情用事的人，他也从不在公众面前表现他的情绪。然而在 D 日的 20 周年纪念日，在俯瞰奥马哈海滩的陡岸上，他坐在美国军人公墓的墙边，说了一番发自肺腑的话语，激起了 1944 年 6 月那难以忘怀的痛苦回忆：

这些人来到这里——英国人，我们的盟友，还有美国人——来到这个海滩只有一个目的，不是为了自己得到什么，不是为了完成美国人征服的野心，而是为了维护自由……许多人为了这个理想献出了生命……而这些年轻的孩子们在青春花季就死去……我衷心希望我们永远不必再看到这样的情景。

延展阅读

《艾森豪威尔》

作者罗伯特·丹沃。艾森豪威尔在 50 岁之前的大部分经历都比较平淡，即使他是同年西点军校毕业生中第一个获得中校军衔的人。但是，他在 51 岁时开始飞黄腾达，其职位由欧洲战区美军总司令至北非盟军总司令、欧洲盟军最高统帅，其军衔也在短短的 10 个月中连升三级，由少将晋升为中将，再至上将，最终成为五星上将，可谓一帆风顺。其升迁之快，在美国历史上也是空前绝后、独一无二的。

作为一名二战英雄，在战后短短的几年间，他就完成了由军事家至学者、政治家的转变，速度之快、领域跨越之大也令人咋舌，被后人认为是20世纪政绩最辉煌的美国总统之一。

《麦克阿瑟回忆录》

作者道格拉斯·麦克阿瑟（1880—1964）是美国著名军事将领，美国陆军历史上最年轻的陆军参谋长。军衔高至五星上将，一般均尊称他为“麦帅”。获得美国荣誉勋章。麦克阿瑟与中国颇有渊源，朝鲜战争前期，正是在麦克阿瑟的指挥下，美军大举北上，遭遇到了中国人民志愿军的迎头痛击。这些在麦克阿瑟回忆录中都可以找到相关的记录。

《狗娘养的战争：巴顿将军自述》

〔美〕乔治·史密斯·巴顿　著

每一个渴望成功和伟大的人都应该读读这本书，它告诉你一个人怎样不断战胜自我和环境走向辉煌的人生之巅。

关于作者

乔治·史密斯·巴顿（1885—1945），出生于加利福尼亚州南部的圣加布里埃尔，生活富裕。巴顿一生战功赫赫，不仅仅美国军方授予其无上光荣的荣誉，由于美军解放了大片的西欧领土，法国、比利时、捷克、卢森堡等国家纷纷授予其崇高的荣誉。他获得包括美国陆军勋章、紫心勋章、二次大战胜利勋章、法国十字勋章等在内的荣誉无数。

巴顿1885年11月出生于加利福尼亚州，18岁进入军校，次年保送到西点军校。二战前夕，巴顿得到马歇尔赏识，受命组建装甲旅，自此开始了其最为辉煌的生涯。巴顿先后在北非、意大利取得不俗战绩，后又参加诺曼底登陆，指挥装甲兵团横扫欧洲。巴顿一路升至四星上将。

德国投降后，巴顿被任命为巴伐利亚军事长官。1945年12月在外出打猎时遭遇车祸，12月21日逝世，享年60岁。

荐读理由

乔治·史密斯·巴顿不仅仅是一个人的名字，自巴顿将军的祖父启用这个名字以来，这个名字就成为家族荣誉的象征而代代相传。但只有这位纵横在二战疆场上的盟军虎将，将这个名字铸成经典。

有人说，巴顿是一个粗暴怪僻、张扬自吹、急性子的将军。但这在一个军人身上，可能反而是一种优秀的品质。巴顿自已曾说："战争是人类最壮观的竞赛！战斗中，强者胜、弱者亡。"正是基于对战争的理解，巴顿将军愿意尽自己所能去争取战斗的胜利，这是其取得辉煌的军事胜利的一个重要原因。

巴顿一生经历了两次世界大战。1945 年二战结束，巴顿因车祸结束一生。巴顿将军的最大特点就是以他自己的尚武精神去激励部下，用他的个性去影响部下在战场上奋勇向前。

艾森豪威尔给巴顿下结论说，他有一种"非凡而又残酷的推动力"。如果他的纵队因遇到敌人的布雷区而不能前进时，巴顿则像在北非的隆美尔一样，亲自穿过停止前进了的运输车队和坦克车队，不慌不忙地走过敌人的布雷区，以此来鼓舞他的部队。他坚信，命运之神是不会让他倒下的。

英国亚历山大元帅评论说："巴顿是一个推进器，随时准备去冒险，他应该生活在拿破仑战争年代——他会成为拿破仑手下一位杰出的元帅。"

马歇尔将军在评论诺曼底指挥情况时曾坦率地说："布雷德利将领导这次登陆，但他是个只着眼于有限目标的将领。我们一旦行动起来，巴顿才是那种有魄力、有创造性、迅速果断、敢于迎着危险上的人。"

《狗娘养的战争》，书名缘于巴顿将军的口头禅，他习惯于用"狗娘养的"来衷赞和呵斥。对于战争，他在热爱至极的同时又不忍面对它的惨烈，如此矛盾的用调方式和迥异的情感组合到一起，对视觉和心理的冲击力是不小的。而巴顿将军的手下士兵，在背后里甚至喜欢用巴顿的这句口头禅来直接称呼巴顿将军。对巴顿将军的这种又爱又恨的感情溢于言表。

巴顿在这本书中对自己童年的经历、青年的成长，以及自己在第一次世界大战中的经历、二战时远征北非、荡平西西里、横扫欧洲的战斗生涯进行了系统的回顾，并同时表达了自己对战争的一些看法，使得本书成为研究巴顿将军的战争观和军事思想的重要依据。

同时，这本书也写出了巴顿将军果敢、张扬的个性，巴顿将军在这里无所不谈，把自己心里想的都呈现在读者面前，让我们能够走进巴顿将军的内心。巴顿是一个什么样的人，他有着什么样的思想和信仰，这些都在他的记录中淋漓尽致地展现了出来。

本书中译本的总编苗萱在本书最后介绍道："每一个渴望成功和伟大的人都应该读读这本书，它告诉你一个人怎样不断战胜自我和环境走向辉煌的人生之巅。巴顿将军无疑是一个你渴望并值得你与之交流的人。他不仅仅是将军，也是一个文人；是一个具有政治、军事、哲学头脑的人；更是一个具有个性和人性的人。这一切都使之成为第二次世界大战中一个耀眼的军事明星。"

让我们用巴顿将军的名言来结束对此书的介绍，同时也表达我们对巴顿将军由衷的敬仰：

"我一生中最大的悲剧就是从最后一场战争中幸存了下来，在那次战争中战死沙场一直是我计划中的事，我真是应该在快结束的时候死掉，但是一个人总不能跑去自杀吧！"

欧洲战争在 1945 年 5 月落下了大幕，而巴顿将军在 1945 年 12 月 21 日因车祸去世。没能死在战争中成为将军最大的憾事，但伴随着战争的结束而离去，却在冥冥中成就了将军的夙愿。没有人比巴顿更像一名猛将，一名职业军人。

先睹为快

1944 年 7 月，巴顿写的一首诗：

《真正的战争》

假如认为我们的战争已陷入困境，
我们将永远不能取胜。
既然是真刀真枪的战争，
我们的身体会流血，这是否是一种罪行？
就是为了避免这样的灾难，
我们需小心谨慎地应战。
人类的生活应安定繁荣，
让死亡率下降让税率上升！
但我们恐惧地发现，
我们的敌人还在虎视眈眈。
可别忘了那些未被消灭的混蛋。
抚恤金对战士只是一种可怜。
打仗如同追逐恋情需不停地进攻。
如果你拖拖拉拉，
噢，上帝！就没有荣耀，也没有爱情。
你的征程将是无数的陷阱。
让我们战斗吧，
让我们去冲锋。
抓住时机我们就要设宴庆功。
敌人将会被打得落花流水。
让我们开火，去赢得战争！

延展阅读

《巴顿将军》

作者美国作家赫什森。一个为战争而生、视和平为地狱的男人，他有幸经历了两次世界大战。一个士兵的天才领袖，在战斗中勇猛而残酷无情；用他那极富特性的粗俗语言激发士兵的斗志，屡建奇功。一个“美军中的匪徒”，对他的妻子却有着另一种深情。巴顿将军这个在战场上纵横驰骋，却因一场车祸结束了一生的悲剧式英雄，究竟有着怎样传奇的人生？赫什森在占有大量从未在美国和英国公开的秘密资料的基础上，解密巴顿，同以往对巴顿将军的描述不同，读者在本书中看到的不是一个纯粹的饱含英雄主义色彩的将军。他的性格是鲜明而立体的，有脆弱、有固执，也有无情。同时，巴顿也有着高明的社交技巧，并且热衷于此。他在政治上的无知和在军事上的狂热，在书中也有淋漓尽致的描绘。

《基辛格越战回忆录》

〔美〕亨利·基辛格　著

我们通过基辛格的叙述，可以清晰地把握美国高层决策者在战争中考虑问题的方式。

关于作者

亨利·基辛格，1923 年生于德国费尔特市的一个犹太家庭，1938 年因逃避纳粹对犹太人的迫害，随父母迁居纽约。1943 年他加入美国籍，不久应征入伍，在美国陆军服役。

1947 年 9 月，基辛格获得奖学金并进入哈佛大学政治系学习。由于本科学习成绩优异，基辛格被免试推荐进入研究生阶段的学习。1952 年，他获得硕士学位，1954 年获得哲学博士学位。1955 年，基辛格担任美国对外关系协会研究小组的研究主任。1957 年，基辛格出版了《核武器与对外政策》一书，该书首次提出了有限战争的理论，从而使基辛格在学术界和对外政策研究领域一炮而红。1957—1969 年，基辛格历任哈佛大学讲师、副教授、教授。与此同时，他还在校外担任洛克菲勒兄弟基金会特别研究计划主任、国际问题中心成员、国家安全委员会和兰德公司顾问等兼职。

1969—1973 年，基辛格任尼克松政府国家安全事务助理，并兼任国家安全委员会主任到 1975 年。1973—1977 年，他兼任美国国务卿，获得了一个外来移民所能得到的最高政治职务。在任期间，基辛格信奉均势外交，积极推动尼克松政府与中国改善关系，对苏联推行“缓和”战略，从而构筑一个以均势为基础的稳定的世界和平结构。1973年1月，基辛格在巴黎完成了结束越南战争的谈判，并因此获得诺贝尔和平奖。同时，他对阿拉伯国家与以色列关系的缓和也起了重要作用。1977年1月，福特总统授予基辛格总统自由勋章，并称赞他为“美国历史上最伟大的国务卿”。

基辛格一直积极推动中美友好合作，因此，他在中国人民心目中拥有很好的形象，成为中美友好的标志性人物。2006年10月北京大学授予基辛格名誉博士学位。

荐读理由

一提到基辛格，一位为中美友好而奔波的和蔼老人的形象就会出现在我们的脑海里。基辛格促进中美友好合作，是他从政期间最为重要的工作之一，也得到了所有人的肯定。但基辛格并非只从事此项工作。他是美国尼克松政府时期的国务卿，长期左右美国的政府决策，尤其是在越战期间，基辛格成为左右战局的重要人物之一。

越战是冷战时代的一次历史性的战争，也是二战结束后美国对外军事行动中最有争议的战争。由于越战的巨大争议性，它被基辛格称为“美国历史上的黑洞”。因为美国人既无法忘记这场战争造就的“仇恨”，也无法忘记这场战争所遭受的巨大失败。美国在那段时间深陷战争泥潭，浪费了太多的资源和生命，也遭受了太多的批评和质疑。

基辛格和越南的渊源可以追溯到尼克松上任之前。在大选期间，他是尼克松阵营的秘密线人，曾给尼克松竞选团提供了詹森政府在巴黎和谈中的机密内容。1968年尼克松凭借尽快结束越南战争的口号当选了总统，并在就任伊始就开始执行所谓的越南化计划——逐渐撤走美军的同时，扶持当地的越南共和军以继续独立抵抗（北越）越南人民军和越共游击队。与此同时，基辛格在尼克松的支持下，主持了轰炸柬埔寨（当时是主权独立国家）境内的越南人民军和越共游击队目标的行动。虽然行动计划一开始是秘密进行的，然而在美国国内，消息一经流出还是激起了一片片的反战浪潮。不仅如此，轰炸行动还间接引发了柬埔寨内战。基辛格和越南的黎德寿同获 1973 年的诺贝尔和平奖，以表扬他们为巴黎和平协约所作的努力。1975 年北越军攻占南越，并建立越南社会主义共和国。

在《基辛格越战回忆录》中，基辛格首次披露越南战争期间国际国内政坛内幕。他亲身经历了和北越代表团旷日持久的艰难而令人感到挫败的谈判，参与了谈判中的每一次重大决策的制定。其间，国际风云迭起，国内矛盾重重，基辛格纵横捭阖，运筹帷幄，写下他外交生涯中最重要的一笔。基辛格不仅是本书所述事件的中心人物，也是一个一流的学者和天才散文大师，其渊博的学识和严谨缜密的文风在本书中发挥得淋漓尽致。书中精彩的细节描写再现了许多曾经在国际舞台上扮演了重要角色的政坛人物——约翰逊、尼克松、戴高乐、胡志明和勃列日涅夫等的个性特征。

此书的出版，对于研究越南战争的学者来说，是一件非常重要的事情。当事决策者对战争的理解，是战争史的重要组成部分。我们普通的读者从基辛格深入浅出的语言中，可以清晰地把握美国高层决策者在战争中考虑问题的方式，可以帮助我们更好地理解这场在 20 世纪极其重要的局部战争。

下面以北京大学国际关系学院的朱峰教授在《从越南战争看伊拉克战争——评〈基辛格越战回忆录〉》一文中对此书的评价作为结语：

“出版此书，继续总结这场战争，对基辛格来说，已经远远比为他这位‘终结’越战的‘有功之臣’锦上添花重要得多，今天让美国的公众和决策者能够继续‘以史为鉴’，让美国‘找出折中的办法’，‘有能力从自己酿成的悲剧中吸取教训’。对于有兴趣了解美国的外交战略发展里程，以及有兴趣了解美国战争行为国内与国际背景的读者来说，《基辛格越战回忆录》是一本我们不得不读的书。”

先睹为快

北京和莫斯科都变得不安起来，他们都不想被看作对其盟国不忠，以免在共产党世界的内部斗争中失去支持。他们也害怕难以驾驭的河内会破坏他们同我们酝酿了多年的主要计划，而且他们还担心美国采取军事行动将会使他们更加进退两难。如果河内向我们挑战，将遭到最严厉的报复，我们竭尽所能使莫斯科和北京都紧张起来。

北京的答复——从秘密渠道传来，每当中国（或莫斯科）想避免公开表明态度时，就采用这种方法——声称不了解越南谈判的情况。它没有提及国家利益或是意识形态上的利益。中国从未要求美国就越南问题作任何承诺，回复也显得意味深长——中国没有这样做，这的确是事实。中国拒绝任何把它“卷入”印度支那的做法，事实上北京在整件事情上不想插手，河内只能靠自己。

在总统府发生的激烈争吵很快就昭示了这一切。大约在晚上9点——也就是我们原来约定时间的七个小时之后——阮文绍给邦克打来电话。他几乎就是歇斯底里地刻薄地抱怨说，三周前黑格的任务是要组织一次推翻他的政变，而由我率领的代表团成员们正在继续这个企图的努力，他要求我们停止这样做。邦克和我是多年来阮文绍的主要支持者，我们顶住了来自河内和来自反战的批评者们要我们搞掉西贡政府的要求，可以说为了保全他继续掌权，我们吃了不少苦头，现在却被指责为企图推翻他，这种感觉就像是咀嚼苦口的药一样。

任何熟悉周恩来的人都能肯定他不会如此的小心翼翼，除非这其中有某种信号，而且他也不会当中间调解人，除非他期望获得成功。小心谨慎的中国人从来不会拿它在东南亚举足轻重的地位去冒险影响某些事情，他们也从来不会递送什么他们认为会被拒绝的电报。北京让西哈努克作为我们的对话者，这个建议也是很有意义的，没有任何意思表明有“内部反对”，这里指的是红色高棉。我们仍难以相信中国人在没有和红色高棉协商的情况下就表明自己的看法。如果柬埔寨共产党准备这样做，红色高棉在 3 月 9 日决定过在 7 月份之前军事僵局要通过谈判解决，而这已经指日可待了。

延展阅读

《回顾：越战的悲剧与教训》

作者麦克纳马拉，曾任肯尼迪和约翰逊总统的国防部长，福特汽车公司总裁和世界银行总裁。离开世界银行以后，他一直活跃在全球经济发展、军备控制和防止核扩散运动等领域。

麦克纳马拉在越战问题上有相当大的发言权，被誉为“越战设计师”。麦氏 1995 年出版《回顾：越战的悲剧与教训》一书。他在书中承认，1967 年起，他不再相信美军可以在越南丛林打赢游击战。不过，他继续在公众面前伪装自信，称足够兵力可帮助美军获胜。数据显示，驻越美军 1967 年伤亡和失踪人数超过 10 万，而前一年，这一数字仅为 7466 人。麦氏在书中还承认，美国发动越战时，未自问几个关键问题。例如，南越政权垮台是否真会威胁西方安全、越战究竟应主打常规战还是游击战等。

《美军战地记者伊拉克战争亲历记》

〔美〕埃文·赖特　著

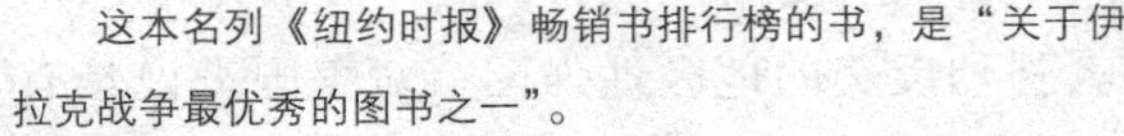

这本名列《纽约时报》畅销书排行榜的书，是“关于伊拉克战争最优秀的图书之一”。

关于作者

埃文·赖特是《滚石》杂志的特约编辑。《美军战地记者伊拉克战争亲历记》的雏形是他2003年夏发表在该杂志上的三篇连载的报道。这三篇报道获得国家杂志奖的提名，并被HBO电视台拍摄成系列短片。而《美军战地记者伊拉克战争亲历记》则被选入2004年度美国最佳杂志文集，并被评委称为战地纪实文学的一座里程碑。

荐读理由

2003年3月20日，美国以伊拉克隐藏有大规模杀伤性武器并暗中支持恐怖主义为借口，绕开联合国安理会，公然单方面决定对伊拉克实施大规模军事打击。美国之所以发动这场战争，有深刻的背景。

很长一段时间以来，美国利用冷战后旧格局已被打破，新格局尚未确立这一“空前绝后”的“战略机遇期”，加紧全球战略扩张，企图按照自己的意愿建立单极世界。

在世界所有地区中，中东地区占有最重要的位置。这不仅是因为该地区油气资源丰富，而且是伊斯兰教主导区，与美国在全球推行普世价值观有强烈抵触情绪，是反美的重灾区。而伊拉克石油资源丰富，探明储量仅次于沙特阿拉伯，居世界第二位，约占世界已探明总储量的10%。通过控制伊拉克和中东地区石油的出海口，可以钳制欧洲、中国和日本的石油来源，从而扼住其他大国的咽喉。伊拉克则是该地区的地区性大国，同时一直站在反美的最前线。在这个极具地缘政治经济意义的区域，铲除一大强烈反美的地区性强国，对美国来说具有长远的战略利益。

美国一直将中东国家视若心头大患，时刻都想按照自己的模式在中东培养亲美政府。国防部副部长沃尔福威茨曾露骨地说："伊拉克战争是为了实现政权改变，一个民主、自由的伊拉克将为中东国家的人民树立一种典型，伊朗、叙利亚人民将从中得到启示，沙特等国也会为政权形式而不安，从而实行改革。"

伊拉克战争是一场具有划时代意义的战争。美军似乎达到了其目的，但却在全球范围内遭到强烈的反对。世界的政治格局也有所变化，中东失去了一个地区性的大国，陷入美国的掌控之中。而在军事方面，各个国家可以从伊拉克战争中看到与美国的军事差距，从而为下一步的军事发展指明了方向。

《美军战地记者伊拉克战争亲历记》是一部发人深省的作品，它跟踪记叙了对伊拉克发动闪击战时的美国海军陆战队第一侦察营尖刀排23名陆战队员的战斗行动。本书作者埃文·赖特与这个群体共同生活了两个月，目睹了频繁的战斗，从来没有离开这个冲锋陷阵的群体半步。在连续30天时间里，他们几乎每天都参加激烈的战斗。他以较高的视角叙述了一个令人不安的故事：这些年轻人被自己的国家训练成了无情的杀手。他以纪实的手法叙述了这些陆战队员在肉体上、道德上、情感上和精神上所经受的胜利喜悦和恐惧。赖特的这本书与迈克尔·赫尔的《派遣》和斯蒂芬·安布罗斯的《兄弟连》等经典著作有异曲同工之妙，它刻画了一代人：其中有维护受到伤害的兄弟情谊的职业军人科尔伯特军士，由胆小变成尝试杀人滋味的特朗布利，毕业于院校、勇于挑战连长、对部下非常信任的菲克中尉，趾高气扬、不能自控、后来受到战争罪指控的连长“美国上尉”等。

此书的内容比我们读到的许多来自前线的报道更为丰富，更让人觉得身临其境。本书的每一页都散发出浓烈的战争气息——不可知、刺激、疲劳、恐惧以及无处不在的死亡。《美军战地记者伊拉克战争亲历记》在最具感染力和真实性的战争文学经典著作中能够占有一席之地。

《金融时报》评论称：“这本名列《纽约时报》畅销书排行榜的书，是‘关于伊拉克战争的最优秀的图书之一’。”

《沃斯堡星电讯》评论则认为：“难得读到一本如此惊心动魄的书。赖特的描述没有使用‘战争是恐怖的’这类陈词滥调，但它却可以使任何有头脑的读者几个晚上睡不着觉。”相信此书必然会带给你应有的震撼！

先睹为快

但是，无论某些指挥官和陆战队员出了什么错，在被入侵国的公路上驱车前进，一切都令人困惑。你从路边的三具尸体边走过，尸体周围都是武器，接着你看见他们身后田野里的牧羊人在微笑着向你挥手。一辆汽车的后座上有个女人被打死了——没有迹象表明为什么海军陆战队或者直升机要向她开火——后面跟着一辆被烧毁的 SUV，车后面装了高射机枪。我们路过的许多人家门前都挂着白旗，海军陆战队将此视为投降的白旗。后来我们路过一些门前挂着黑旗的人家。全营的无线电报话机全都活跃起来。大家都想知道这些特别的旗子是不是用来给敌军发信号的。陆战队员将武器瞄准了这些挂黑旗的人家，直到上面传下话来，说这是什叶穆斯林人家挂的旗子。

卡拉扎尔斯来自德州的库埃罗，他恨海军陆战队，恨军官以及夫人。“这些人每年都该休假，要是你一年赚不到三万美金，就开到富人居住区，捣毁那些富人的房子。进去砸它个稀巴烂。每个蓝领都到那些白领家去睡觉。”有时候他问其他队员，“你读过《共产党宣言》吗？上面说得很好。上层阶级是如何镇压下层阶级的。在国内就是那样。富人和大企业得到各种各样政府秘密分发的东西，可是他们从来不告诉我们。”

一枚地狱火导弹在大约500米开外爆炸。迫击炮弹也不断炸响。珀森扯着嗓门唱起他最近的一首新歌。这是他和哈塞尔一起创作的。这是一首乡村歌曲，他唱着这样的歌是公然违反科尔伯特的禁令。科尔伯特已懒得让他把嘴闭上。这些天来，他很难与珀森交流。他在伊拉克产生了过敏反应，两眼红肿，布满血丝，老是流泪，而且眼泪还和鼻子里流出的鼻涕混在一起。布赖恩用抗组胺剂和其他药物来为他治疗过敏。只有老天才知道这些药物与珀森使用的麻醉营养片以及其他兴奋剂会发生怎样的反应。整个上午，珀森一直在哼哼唧唧地唱着他那首新歌。他和哈塞尔准备把他们的姓分别改成“麦”和“田”，这样他们就可以出一盘乡村音乐专辑，并由此命名为《麦田》。

延展阅读

《我在指挥中央司令部：阿富汗和伊拉克战争真相》

作者为前美国海军陆战队中将迈克·德龙和作家诺亚·卢克曼。迈克·德龙前不久作为美国中央司令部副司令结束了他36年卓越的军旅生涯。他是美国海军学院的毕业生，在越南战争、1991年海湾战争和其他重大军事行动中获得高级勋章的老资格参与者。诺亚·卢克曼则是大受欢迎的畅销书《最初的5页》和《情节复杂起来》的作者。他生活在纽约市，是卢节曼文学管理公司的总裁。本书使你得以了解美国针对更大范围的中东而掌握的国防情报和制订的作战计划的核心消息。你将走进导致阿富汗和伊拉克战争的不为人知的行动的幕后。

《德军总参谋部 1650—1945 年》

〔德〕瓦尔特·戈利茨 著

本书详细地讲述了德国总参谋部从草创到充当战争主角的全过程。

关于作者

瓦尔特·戈利茨，德国历史学家，大多数人都是通过《德军总参谋部 1650—1945 年》一书对其有所了解。这也是他的代表作品。

德国的总参谋部制度是一种有别于古典军事活动的近现代组织形式，有人说“总参谋部也许是 19 世纪最伟大的军事创造”，而普鲁士—德国总参谋部是历史上第一个真正具有现代意义和形式的总参谋部，对世界军事史的发展具有深远的影响，实现了从早期战争的“统帅决策型”模式向近代战争的“军官团决策型”模式的转变。

当 1948 年一切都宣告结束之后，戈利茨认为，撰写一部普鲁士—德意志总参谋部的历史，是极富诱惑力的冒险。于是着手进行卷帙浩繁的资料查阅工作。

1950 年秋，在法兰克福首次出版了作者的研究成品，题为《德军总参谋部——历史及人物》。此后又出版了修订版，并被译为英语、西班牙语等版本。此后，几乎每年都有人询问他是否还会出版《德军总参谋部》。戈利茨也从未放弃搜集资料的工作。在不断获得新资料和新证言之后，根据新的资料重新撰写的《德军总参谋部》日渐成熟。柏林的豪德—施配纳出版社出版了此书，这就是《德军总参谋部 1650—1945 年》。

荐读理由

“在历史上有些统帅不需要别人出主意，而是自己思考问题，自己定下决心，周围的人只是执行他的意志而已。但这种巨星一百年也难得涌现出一个。在大多数情况下，军队指导者需要顾问，一支军队组建一个司令部是十分重要的。”

——普鲁士总参谋长毛奇

在今天，人们似乎难以想象一场没有总参谋部的战争，世界各国的军事机构无不把总参谋部摆到最重要的位置。但这种领导体制却非自古就有。当普鲁士人发明了它并依靠它在欧洲所向披靡的时候，各国才恍然大悟般抛却了对个人英雄主义的崇拜，转向现代军事体制。

德国总参谋部，是德国军队中对战争进行规划和决策的高级军事机构，由原普鲁士军队总参谋部发展而来。在那样一个军事独裁者当道的年代里，普鲁士王国第一次科学地建立起了集体参谋领导军队的体制。这种体制，使得普鲁士军队的战斗力大大地强于敌人，普鲁士军队攻无不克，战无不胜，创造了世界军事史上的神话。总参谋部的崛起和发展是德军与其对手相比最大的优势，是德军两个多世纪来最令人生畏的部分，也是近两个世纪以来军事史上最出色的参谋机构之一。

1640 年，勃兰登堡—普鲁士大选后弗里德里希 · 威廉在组建部队时，仿效当时备受推崇的瑞典军队，组建了一个军需总监部，这便是最初的总参谋部——德国的总参谋部基本定型，是在毛奇任总参谋长期间完成的。在对丹麦的战争中，由于毛奇的参与，战争迅速取得了胜利。这一胜利，使总参谋长第一次成为新闻人物。1866 年 6 月 2 日，国王颁布命令，授予毛奇以指挥军队的全权，宣布总参谋长与战争部长保持平行的指导关系，从而使总参谋部第一次成了全军最高的、具有实权的指挥与协调机构，成了国家首脑名副其实的军事顾问。

希特勒上台后，德军总参谋部的职能渐渐发生了变化，德国军队的传统的陆军总参谋部的地位和职权被领袖独裁所取代。但战争末期，德国总参谋部的军官不满希特勒的统治，策划了对希特勒的暗杀。虽然未能成功，但彰显了总参谋部在德国军队中扮演的特殊角色。

二战结束之后，纳粹德国向同盟国投降后总参谋部再次解散。纽伦堡审判中总参谋部因战争罪被起诉，后被宣判无罪。

本书作者瓦尔特·戈利茨，是德国著名的历史学家。在二战结束之后，他有感于德军总参谋部的峥嵘历史，决心写一部专门介绍德军总参谋部的书籍，于是开始了卷帙浩繁的资料查阅工作，最终著成此书。本书详细地讲述了德国总参谋部从草创到充当战争主角的全过程，对从 1650 年弗里德里希时代开始起，直到 1945 年二次世界大战结束为止的有德国参加的历次战争都有较为详尽的描写。对于我们了解那段历史，尤其是了解德军几百年来所向披靡背后的内幕，具有十分重要的参考价值。

本书出版之后就成为经典，被翻译成多国文字，在世界范围内广泛流传，好评如潮。人们从中读到普鲁士—德意志帝国的峥嵘岁月，读到德国民族的精神，读到冰冷面孔背后的鲜活历史。而且这些资料对于我们更好地理解现代军队的建制、理解现代政治经济领域内的“高参”部门，具有很强的启发意义。

先睹为快

总参谋部仍如磐石一般屹立在斯帕。停战谈判书是由一名中央党左翼政治家——一个共和主义者和民主主义者，而不是由皇家普鲁士军队的元帅签署的，军队仍未缴械投降。此事的结局对新的民主党——对战争失败的继承人来说是危险的，而最后确实出现了这种结果。

皇帝的被废黜和无声无息的离去，不仅对总参谋部军官而且对整个军官团好似当头一棒。没有国王，普鲁士军官和贵族就一钱不值。泽克特曾将国王比喻成军队的象征，对于大多数军官来说，这是失去“国王盾牌”的一刻。对几乎所有人来说，这是寻求另一象征的时刻，是寻求国家新领导人的时刻。

自1935年夏，总参谋部一直在研究一个问题：通过什么途径能将《凡尔赛和约》所划定的莱茵河以西和西巴登非军事区重新纳入德国的国防势力范围。对此问题，《洛迦诺公约》规定不允许单方面解决……在希特勒的梦想中，意大利的法西斯总理如同英国的国王一样，是德国放手在东方攫取土地时所渴望得到的理想伙伴。但是，进一步接近墨索里尼的尝试并没有如愿。

施陶芬贝格伯爵上校1944年7月20日所做的事，是对总参谋部军官共同负责原则的最后的和最强硬的诠释，现在他将全部责任一身担。政变的军事准备不可能面面俱到，许多不测因素会突然出现，为此必须十分谨慎。其前提就是在谋杀希特勒之后，随着“瓦尔屈蕾”行动的启动，军事命令必须随之下达。施陶芬贝格在此行动中同时担负起谋杀和指挥双重任务，将刺杀凯撒时布鲁图和马可·安东尼的角色集于一身。

延展阅读

《刺杀希特勒》

作者美国作家穆尔豪斯。行刺希特勒的人来源广泛，既有普通工匠也有高级军官，既有敌方特工也有他最亲密的伙伴，既有对政治漠不关心者也有满脑子充满意识形态的人。令人费解的是，他们的名字只是在狭小的学术范围之内被提及，他们的事迹却鲜为大众读者知晓。本书要讲的就是这些行刺者的故事：他们的行刺计划、动机，以及他们的失败。本书也要讲述暴君希特勒屡遭刺杀却又总是幸免于难、奇迹生还的故事。

《抗日战争在总参谋部》

作者杨迪，抗日战争时期曾在总参谋部一局（作战局）任作战参谋。总参谋部一局是中央军委指挥作战的最重要的机构，毛主席和中央军委的战略方针、战略意图，都是通过一局具体贯彻实施的。书中回顾了许多他亲身经历的、鲜为人知的战争决策和指挥内情。再现了抗日战争时期我军总参谋部，在极端困难的条件下，艰苦奋斗，努力工作，刻苦学习，克服各种困难，及时掌握研究国内外战局发展变化，向中央军委提出战略战役上的意见与建议，为夺取抗日战争的最后胜利所作出的贡献。

《隆美尔战时文件》

〔英〕李德·哈特　编著

隆美尔好像把读者带上他的指挥车一样。

关于作者

见《战略论：间接路线》之“关于作者”。

荐读理由

隆美尔（1891—1944），纳粹德国陆军元帅、军事家，第二次世界大战期间纳粹德国的三大名将之一。从政治角度来说，他绝对是助纣为虐的法西斯帮凶，是希特勒祸害天下的杀手，对别国犯下了不可饶恕的战争罪行。而从军事角度来看，他过人的军事素质，出色的军事指挥艺术，对世界军事历史产生了重大影响，值得后人深入研究。由于在第二次世界大战的北非战场中，他军事行动迅速，风格果断，能以寡胜多，获得“沙漠之狐”称号。

谈起隆美尔保留这些战时文件的初衷，隆美尔之子曼弗雷德·隆美尔回忆说：“第一次世界大战之后，我父亲根据他自己的作战经验，出版了一本研究步兵战术的专著。当他写那本书的时候，发现自己所保存的文件实在太少了。毫无疑问地，父亲想根据他在第二次世界大战中的经验，再写一本有关军事教训的书籍。所以这一次，他就决定不再重蹈上次的覆辙，尽量地保存他手里所有的资料。”

自 1940 年 5 月 10 日隆美尔参加法国战役开始，他就开始对自己的作战经过作了一个私人记录。在二战形势急转直下的时候，隆美尔害怕自己死后，他的作战记录会被湮没，以至于他原有的意图被人误解，于是秘密对手稿进行加工。隆美尔逝世之后，很多文件都被保留下来，其中有军队中的命令、战况的报告、向最高统帅部的日报；除此之外，还有很多私人日记，以及关于 1940 年法国战役和非洲沙漠战争的综合笔记等等。

德国战败后，隆美尔家人将这些文件分散保存在不同地方，有很多在当时的混乱环境中遗失了。英国军事思想家李德·哈特整理了这些资料，并邀请隆美尔的部下补全了部分历史资料。

由于希特勒的命令，隆美尔被迫自杀，他也无法完成自己著书的愿望。但是他的这些文件能够保存下来，为我们展现了他非凡的一生。在看到这些文件的时候，李德·哈特惊言：“没想到这样一位猛将，竟然有如此深厚的战略素养，一切都是谋定而后动，令人拍案惊奇。”

李德·哈特在该书《导言》中说：“没有其他的指挥官，曾经对于自己的作战经过和指挥方法，做过这样栩栩如生的描写。对于闪击战的机动性和装甲部队运动的速度，没有第二个人可以比得上他。行动的迅速和决定的敏捷，使人在阅读的时候为之神往——隆美尔好像是把读者带上他的指挥车一样。”

本书包括五个部分：“1940 年的法国战役”“非洲战争的第一年”“非洲战争的第二年”“意大利”“侵入战”。分别描述了法国战役、非洲战役、诺曼底战役等经典战役，带领我们以德国元帅的视角来重新审视二战。

我们不仅可以通过阅读此书转换历史视角，更可以站在隆美尔个人的立场上，跟随他的思想来思考每次战争，筹划每次行动。尤其是书中附录了大量的作战手绘图，都是隆美尔亲手绘制，对于我们了解他的战略意图意义重大，以此来反观实际的战争过程，令人扼腕。

本书编译者钮先钟先生感叹道：“凡是略有军事知识的人都一定知道，在第二次世界大战时，德国这时名将辈出，其人才之盛实非其他各国所能及。尽管德国终于还是失败了，但从纯军事的观点上来看，那的确有一点输得冤枉，大有‘非战之罪’的感想。无论如何，德国军人在战场上的表现，至少是可以名垂青史，永为后世的楷模。”表达了他对隆美尔崇高的敬意。

隆美尔是一名职业军人，是一名为了自己国家视死如归的勇猛斗士。虽然从战争性质上，我们可以说他助纣为虐，但我们尊敬这样的对手。阅读隆美尔亲手写下的战时文件，可以让我们对德军有更深入、更真切的把握。

先睹为快

为了尽可能虚张声势，以吸引英国人的注意力，我命令在的黎波里南面3英里远的工厂制造大批的假战车。这种假战车装在德制汽车的底盘上面，从外表看来几乎可以以假乱真。2月17日，敌军非常活跃，我害怕他们会向的黎波里发动攻势。这种迹象到了18日就更明显了，因为我们在艾阿格海拉和艾季打比亚之间，已经发现了更多的英军部队。为了让他们也看看我们的战力，我决定让第三侦察营在意军桑塔马里亚营和第三十九战防营的增援之下向前推进，直到诺夫理亚地区为止，并设法和敌人发生接触。

这个命令所要求的不是我们所能做到的。尽管我们的情况报告如此坦白率直，可是很明显，元首大本营中的大人物们对于非洲战场的真实情况还是完全不了解。能够帮助我们的是武器、燃料和飞机，而不是一纸空文的命令。我们都感到一筹莫展。当我们在命令各部队坚守原阵地的时候，心中非常难过。因为我一向要求我的部下要绝对服从我的命令，所以我不能不以身作则，绝对遵守上级的命令。但假使我有未卜先知的本领，那么这一次我的行动也许就会不同了，因为在此以后，我们经常不理会希特勒和墨索里尼的命令，以救出我们的部队，以至于使他们不被歼灭。

最亲爱的露：

昨天是一个特别艰难和危险的日子。虽然我们又暂时渡过了难关，不过这种情况绝不可能持久，否则整个前线都会崩溃了。就军事方面来说，这是我过去从未经历过的最困难阶段。当然，援兵已经在望了，但是我们能否拖得过去却很成问题。你知道我是一个不可救药的乐观主义者，但是当前的情况实在是一片漆黑。不过话说回来，这个阶段总会过去的。

1942 年 7 月 18 日

延展阅读

《隆美尔》

作者弗兰茨·梅林。隆美尔是纳粹德国军队公认的天才战术大师，在北非的戈壁沙漠中成就其一世英名。他一身兼备“虎”威与“狐”气，当他率军冲锋陷阵时，像一只下山猛虎；当他施展各种诡计蒙骗对手时，又似一只狡猾的狐狸。丘吉尔这样评价隆美尔：“尽管我们在战争浩劫中相互厮杀，请准许我说，他是一位伟大的将军。”本书作为一部纪实作品，严格做到尊重史实，在文风上则力求朴实无华，以便使读者能够在阅读当中更加真切地把握历史人物的本来面目。

《闪击英雄：古德里安大战回忆录》

〔德〕海因茨·古德里安　著

本书实在是一本对苏联作战的标准教科书，当年一口气打到莫斯科把克里姆林宫里的人骇得面无人色的，就是这位古德里安上将。

关于作者

海因茨·古德里安（1888—1954），生于但泽南部魏克塞尔河附近的Culm（当时属德国，现属波兰），德国陆军一级上将，杰出的军事家、军事理论家、统帅，装甲战的倡导者。

从1901年到1907年，就读于军事学校和柏林陆军军官学校。毕业后，他作为一名准尉加入了他父亲指挥的部队。1934年7月，德国组建了装甲部队，希特勒派古德里安为装甲兵总监。古德里安系统地研究了第一次世界大战时战术方面的经验教训，特别是英国人李德·哈特和富勒的《战略论》等军事理论，逐渐萌生了以机械化部队为主体、各军兵种密切协同的战术思想。希特勒信奉的机动、攻击、迅速的“闪击战”理论，也为古德里安欣然接受。装甲兵总监这个职务，使古德里安得到了把自己的战略战术思想付诸实践的机会。

古德里安的过人之处是他的战术远见。他设计的作战形式就是坦克集群的高速进攻。1936年至1937年，他写了一本名叫《注意——坦克》的书，书中阐明了他以后在战争中运用的坦克战术。1939年，古德里安任第19军军长。这个军包括一个装甲师和两个摩托化步兵师，在闪击波兰的战役中发挥了重要作用。他出色地执行了希特勒速战速决的战术原则，也使自己提倡的“闪击战”理论获得了惊人的成功。波兰投降后，古德里安又转战西线，和他的坦克兵拖着德国陆军前进，创造了现代史上空前的胜利。1941年6月22日，德国发动侵苏战争，古德里安指挥的装甲兵团属中央集团军群，担负了向莫斯科方向突击的任务。战争初期，他们节节获胜，但到12月初，由于冬季的来临、苏军的英勇抵抗和德军战略目标分散等各种原因，进攻莫斯科之战以失败告终。12月6日，古德里安被撤职，编入预备役。

1944年7月，谋杀希特勒的事件败露后，与此事无关的古德里安出任德国陆军总参谋长。但这时德军的失败已成定局，第三帝国大厦将倾，已是独木难支。1945年3月底，希特勒免去了古德里安总参谋长的职务，再次将其贬入预备役。5月10日，古德里安被美军俘虏。不久获释。

1954年，古德里安病逝。这位坦克战专家虽然最终也没有挤进元帅的行列，但他为法西斯德国称雄一时所起的作用以及所负盛名，并不亚于纳粹德国26位元帅中的任何人。他的肖像至今仍挂在德国的装甲兵军营中。

荐读理由

这是一本专业的军事著作——系统阐述古德里安的军事战略思想。但就是这么一本专业书籍却畅销不已。这是为什么呢?

钮先钟先生感慨道：“不仅是因为古德里安是一位当代的兵学大师，他对于战略战术的见解深为人们所重视；不仅是因为这一本书可以算是由德国方面所发表的，关于第二次世界大战的唯一信史，所以为研究战史和兵学者所不可或缺的重要材料；主要的原因却是因为这本书实在是一本对苏联作战的标准教科书，当年一口气打到莫斯科把克里姆林宫里的人骇得面无人色的，就是这位古德里安上将！”

英国著名历史学家李德·哈特在将此书翻译为英文版的时候所写的序言里面，对古德里安这位声名赫赫的纳粹将军予以了极高的褒奖。他提道：“古德里安的书对于一个专家的‘心’和这个‘心’是怎样工作的，有很详尽的‘自我表白’，这也是最有趣味的一部分。他比一般的专家具有更多的幻想力，但是这个幻想力的实施却几乎完全是在他职业范围之内，而他那疯狂的热心更增加他集中力的强度。”

古德里安被誉为“闪击战之父”。虽然他并没有能够挽救第三帝国的灭亡，但是他的所作所为已经足以使他在军事方面建立一个不朽的名誉。李德·哈特直呼其为天才。同隆美尔一样，我们虽然对他们效忠纳粹进行侵略战争是坚决反对的，但是就纯粹的军事层面来讲，他们都是难得的军事奇才。

《闪击英雄：古德里安大战回忆录》是德国方面所发表过的，对于第二次世界大战最充实、最真实、最富有启发性的个人回忆录。它的内容如此详尽，而在写作方面又是如此的坦白和充满热情，使人读下去就有一种轻快的感觉。他对于各次战役的描写，也会让你觉得如同坐在他的指挥车里看他如何指挥装甲部队，如何紧迫敌人一样。尤其是古德里安对于苏德战争的详细描述，是所见的历史资料里面最为详尽的。在这本书里，古德里安还对希特勒和第三帝国的其他要人的性格有很详细的个性分析。

全书分十四个章节。

第一章，作者作了一个小小的自传，叙述了自己的背景和青年时代。

第二章，转入正题，开始讲述德国装甲兵的建立以及自己为之付出的努力。

从第三章到第六章，则非常详细地记述了希特勒第三帝国扩张的一步步过程。从吞并奥地利，一直到从苏联铩羽而归。这是古德里安最为辉煌的一段时间，也是德意志第三帝国最为辉煌的一段时间。

第七章，记述了自己被罢免之后的一年闲散生活。

第八章，古德里安总结了装甲兵从 1942 年到 1943 年的发展。

第九章到第十二章，则是古德里安人生的又一个篇章。从被任命为闲职，到被重新提拔为参谋总长，一直到重新被罢免，德意志第三帝国崩溃。古德里安伴随着德意志第三帝国一起，起起伏伏。

第十三章，古德里安饶有兴致地点评了很多德意志领袖人物，当然，不能缺少希特勒。

第十四章，则对德国军队的核心机构——参谋本部有详尽的说明。

看过这些内容介绍，你就会知道为什么可以说这本书是一部内容详尽的信史。如果想了解那段时间德意志第三帝国的高层详尽的情况，了解古德里安本人的军事战略思想，这本书是值得精读的。

先睹为快

希特勒一直让我说下去，并没有中途打断我，等我说完以后，他才开始发言，他很详细地解释了为什么他又另下决心的理由……千言万语的总结论是，希特勒已经决定把基辅当作第一战略目标，并且已经严命所属努力进攻……这也是第一次，我看到下述这种怪现象，以后我确实常看到的：希特勒没说一句，在座的各位高级将领都莫不点头称是，结果使我一个人完全孤立在那里。无疑问地，希特勒对于那些理由是已经背诵了好多遍，在这种自我陶醉的心情之下，才会使他莫名其妙地做出决定。我感到非常遗憾……

7 月 20 日事变的效果到底怎样呢？

他们想要暗杀的人，事实上却只受了点轻伤。他的生理情形在过去本已不太强健，现在就更减弱了。他的精神上的安定却从此完全被破坏了，他全身的一切邪恶的魔力都充分地发泄了出来，他从此更不受任何的限制。

有人认为希特勒之所以能够一帆风顺的缘故，是因为德国这个民族特别容易接受这种鼓动。不过在所有国家，所有各时代中，人类在非常领导之下，常常都可以接受这种鼓动。在近代史上，就不乏很多的例证。法国大革命时代，许多法国人都追随在拿破仑的后面，为他的人格所感召。法国人民跟随在这位伟大的科西嘉人的后面，一直走向完全毁灭的途径。他们也明知是如此，但却还是死而无悔。

延展阅读

《古德里安：横扫欧陆的闪击怪杰》

作者施塔贝尔·泽德勒。作者从古德里安子承父业从军开始，叙述到纳粹末日结束，很好地展现了古德里安最辉煌的人生阶段。

《闪击战》

英国作家阿德里安·吉尔伯特著。《闪击战》详细叙述发生在欧洲和北非的重大战役，它从 1939 年 9 月入侵波兰开始，到 1942 年 10 月至 11 月的阿拉曼战役，直至盟军北非登陆驱逐德军非洲军团为止。本书除了权威性的史实论述材料之外，还有 250 多幅精心挑选的彩色或黑白照片，这些图片均出自本书载录的所有战役。

《最后一百天：希特勒第三帝国覆亡记》

〔美〕约翰·托兰　著

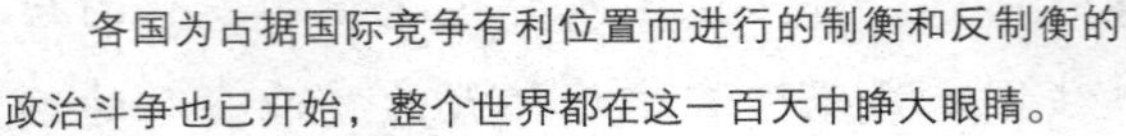

各国为占据国际竞争有利位置而进行的制衡和反制衡的政治斗争也已开始，整个世界都在这一百天中睁大眼睛。

关于作者

见《漫长的战斗——美国人眼中的朝鲜战争》之“关于作者”。

荐读理由

“第三帝国”一词源于意大利末世神学家、佛罗伦萨教派创始人尤阿兴姆·菲奥雷斯与其他中古世纪神学家对《圣经》经文的解释，原初意义是指“圣父之国”“圣子之国”之后的“圣灵之国”，即上帝拯救世界后，完美的，无尽止的，由圣父、圣子、圣灵统治的，以基督为王的第三阶段神国。

到了20世纪，“第三帝国”的概念已脱离神学领域，而被运用在浪漫主义文学甚至保守政治革命中。1923年，德国人阿图·莫勒·凡登布鲁克在《第三帝国》一书中主张创建一个取代魏玛共和国、同时在传统上与神圣罗马帝国（第一帝国）以及由普鲁士主导建立的德意志帝国（第二帝国）一脉相承的新国家。这个概念在魏玛共和国时代被反民主分子与激进右派团体（包括纳粹）广为引用。希特勒正是在这种理论的指导下，宣称自己所缔造的纳粹德国为第三帝国。“第三帝国”也就成了纳粹德国的专有名称。二战末期，根据希特勒遗嘱，北部战区司令邓尼茨海军元帅任总统兼元首、海军部部长、作战部部长。最后邓尼茨向盟军投降，第三帝国时代终结。

在整个人类历史上，恐怕难得有一百天像第二次世界大战欧洲战场的最后一百天那样，具有如此重大的意义：三个月之内，盟国部队发动了一系列震惊世界的军事行动，将战争的前线直逼德国本土，并最终颠覆了这个法西斯政权。墨索里尼、希特勒，这两个法西斯头子在这最后一百天内，分别被绞死和选择自杀。美国总统罗斯福，也在1945年4月12日逝世。

除了军事上的精彩斗争，各国为在战后抢夺胜利果实，占据国际竞争有利位置而进行的制衡和反制衡的政治斗争也已开始，整个世界都在这一百天中睁大了眼睛。

《最后一百天：希特勒第三帝国覆亡记》是美国著名作家、历史学家约翰·托兰的代表作之一，被公认为20世纪最伟大的历史纪实作品。托兰以宏大的构架和深具表现力的电影场景式笔法，向人们展示了二战后期欧洲战场一幅幅惊心动魄的场面：雷马根的突破、对德雷斯顿地狱般的轰炸、德国东部一百万平民的死亡、苏联俘虏对布拉格的保卫、希特勒在暗堡中的最后日子等等。作者曾经对21个国家的见证人进行了数百次的访谈，此外，还运用了数千份第一手资料：事后报告、参谋部的日志、大量绝密信件和私人文献，叙述客观，文笔动人，感染力强。

作者的文笔感染力极强，超越了一般的历史作品。托兰并不仅仅是陈述史实。他通过对大量历史见证人的采访，了解到非常详尽的历史事实，然后将这些非常完整地展现出来，让读者在阅读的时候，似乎身临其境，了解到有血有肉的历史，不会有一般历史书的枯燥感。同时，作者还善于引发读者的思考，从字里行间去把握一些更深层次的脉络。这使得整部作品既有很强的可读性，又有很高的史料价值。

先睹为快

希特勒深信，犹太——马克思主义的阴谋将在德国达到登峰造极的地步。“为了把德国工人阶级置于犹太金融界的剥削桎梏之下，德国的布尔什维克化，即德国知识分子的灭绝，不过是犹太人进而征服世界的前奏。就像历史上经常发生的情形一样，德国是这场残酷无情的斗争的中心。如果我们的人民和我们的民族一旦沦为嗜血成性、贪得无厌的犹太暴君们的牺牲品的话，整个地球将要落到这条章鱼的触手里；反过来，假使德国摆脱了它的控制的话，那么，各民族面临的最大危险就可以在全世界范围内被认为是粉碎了。”

正如那些军事首脑们一样，丘吉尔也觉得艾森豪威尔干了一件大蠢事。在战争的头几年，丘吉尔也曾像罗斯福一样迫不及待地要打垮希特勒，因而，他常常放弃了一些政治上的考虑。但是，自从雅尔塔会晤后，他越来越坚信东方面临的问题预示着未来的危险，随着胜利的临近，政治问题具有极大的重要意义。在他看来，事情已经很清楚了，苏联“已成为自由世界的致命危险……必须立即建立一个对付苏联日益增长的影响的阵线……在欧洲，这个阵线应该尽可能地建立在东方……柏林应是英美军队的首要目标”。

在两支摇曳着的烛光映照下，希姆莱越发显得鬼鬼祟祟，犹疑不定。他接着说，战争能不能结束，唯一的问题就是要看盟国怎样对待德国了。如果盟国要把德国人民全部消灭的话，希特勒就将成为英雄和烈士。“在目前的情况下，”他喝了一小口汽水说，“我完全有权决定。为了使德国的大部分领土免遭俄国的侵略，我希望在西线投降……但在东线绝不投降。我过去是，将来永远是布尔什维主义不共戴天的敌人。”

延展阅读

《柏林日记：二战驻德记者见闻（1934—1941）》

作者美国记者威廉·夏伊勒。《柏林日记》堪称《第三帝国的兴亡》的姊妹篇，后者有大段内容直接引自前者。丰富的第一手资料，是本书最突出的特点。夏伊勒以栩栩如生的笔触，描述了自己亲身经历过的很多历史事件以及纳粹帝国政治生活的方方面面，使人们能够真切地感受到二战前欧洲政治局势的发展脉络。《柏林日记》中关于希特勒的内容也弥足珍贵。夏伊勒担任驻柏林记者多年，使他能够近距离对希特勒进行细致入微的观察，并对其政治活动和私人生活进行了全面详细的记述。

《纳粹德国：一部新的历史》

〔德〕克劳斯·费舍尔　著

一部最好的第三帝国史，它填补了长期以来的空白，因此可能成为今后几代人的基本读物。

关于作者

克劳斯·费舍尔，生于1942年，德国历史学家、哲学家。作者对纳粹德国时期的历史有很深的研究。其著作《纳粹德国：一部新的历史》奠定了他在这个领域的学术地位。费舍尔的作品，并非简单地叙述史实，还具有更深层次的理论思考。他善于非常简明扼要地抓住最主要的问题来剖析，来阐释。其作品具有很强的可读性。著有《德国反犹史》《纳粹德国：一部新的历史》等。

荐读理由

历史，永远不会像后人在瞻仰它时所感觉到的那样自然而轻松。纳粹德国，这个曾经将整个世界带入战争泥潭的政权；希特勒，这个因为给人类带来如此深重的灾难而永载史册的纳粹领袖，在我们今天看来，似乎都是一个传说。甚至可能再经过时间的洗礼，希特勒在后人看来会如同拿破仑一样，成为一个特殊的历史符号。如何才能更好地把握这段历史，做到对其有一个客观公正的评价？德国历史学家费舍尔的名作《纳粹德国：一部新的历史》将带给你不一样的震撼。

纳粹德国的起始应该从阿道夫·希特勒掌握政权开始。从 1933 年到1945 年，它经历了短暂而疯狂的12 年。在这期间，为了追求所谓的民族利益，它连续发动对周边国家的战争，一手挑起了第二次世界大战，几乎横扫整个欧洲。虽最终覆灭，但它留给后人的思考却可以一直延续，成为人类历史上的一个特殊记忆。

从 19 世纪下半叶第三帝国的起源到它灾难性的毁灭，费舍尔成功地对第三帝国进行了有条不紊的分析。作者首先论述了在德国，集权主义思想所产生的历史条件，然后对整个纳粹德国从产生到灭亡的历史进程，都做了非常详细的论述。在书中，费舍尔对集权主义起源的论述是卓越的。这一切，都使得本书成为研究希特勒德国最全面、最权威的著作。

本书分 14 个章节，涉及纳粹德国的方方面面。从纳粹德国兴起的背景、兴起的过程以及权力的巩固，到纳粹德国的政治、文化体制，再到德国所发起的一系列的战争，对涉及纳粹德国的一系列重大问题都有十分深刻的思考分析。让人在明白事情是怎样发展的同时，也能够体会到事情为何会如此发生。

前七章，详细地介绍了集权主义的兴起以及希特勒的崛起。这实际上阐释了一个十分重要的问题，那就是——谁支持了希特勒。作者通过深入的理论分析和事实支持，指出，是德国广泛的但不是大多数的选民在支持他。纳粹很好地利用了自己的组织优势和对手的松散虚弱。而德国人在将希特勒推向权力的高峰的同时，也陷入到了纳粹恐怖的怪异之惑。“许多德国人在后来的 12 年里，一直保持着这样的手势（用手指推推自己的脖子，看头是否依然留在肩膀上面）。很多人失去了他们项上的头，再也不能把它们安上去了。”

后七章主要是介绍纳粹德国的政治、文化体制以及所发动的战争。实际上是在讨论纳粹德国在执政之后所犯下的种种罪行。同时，身为一个德国人，作者对当代德国社会新纳粹主义的崛起表达了深深的忧虑和强烈的憎恨之情。作者的分析不仅仅是历史层面的，在整部书的叙述中，贯穿着特有的德意志民族的哲学思维。在深入浅出的语言中，我们可以跟随作者的思考对历史进行反思。这是这本书最大的魅力所在。

虽然这本书的学术性比较强，但是语言流畅，分析精密，整体的架构也非常清晰。即使是一般的读者在阅读的时候也能够沉浸其中。这本书出版之后，得到社会各界的广泛肯定。我们可以通过如下评价，体会到这部书真正的价值：

一部最好的第三帝国史。它填补了长期以来的空白，因此可能成为今后几代人的基本读物。

——瓦尔特

一部杰出的成功之作。假如我能够拥有唯一一部第三帝国历史的话，本书就是我的选择。费舍尔对集权主义起源论述的章节是卓越的。这也体现在他对以下问题的探讨当中，其中包括：纳粹主义的魔力、第三帝国实际运作的方式、在纳粹体制下什么东西可能生存、与大屠杀相关的许多问题、德国之罪等。这一切都使得本书成为研究希特勒德国最全面、最权威的著作。

——罗伯特·怀特

先睹为快

希特勒具有一种发现这些神秘象征物并将它们服务于纳粹主义事业的神秘能力。他甚至愿意从他仇恨的共产党和罗马天主教会那里学习和借用一些东西。共产党教他认识到普通群众的纪律、意识形态的约束和革命热情这些因素的重要性。天主教会教他知晓了心灵控制的秘密、在神秘的社团伙伴关系之中团结集体成员的艺术。

令人震惊的是，在天主教会中发现的宗教象征体系被用来再次指导纳粹党的典礼和仪式。十字架变成了万字徽；教堂的圣餐仪式在纳粹党人的问候、命令和理想的化身中找到了对应物；牧师的长袍、主教的冠冕和玫瑰花坛变成了纳粹成员华丽的制服、军旗、勋章、纹徽和指挥棒；例如在弥撒中的崇拜仪式也在纳粹党的集会中找到了对应物。

尽管数以千计的德国人欢呼希特勒在1933年的成功，但是记录也显示来自社会各阶层的许多德国人也被恐惧和忧郁所支配，他们强烈地怀疑希特勒会不受控制地向德国和全世界释放出污浊的洪水。

延展阅读

《德国反犹史》

这是德国历史学家费舍尔继《纳粹德国：一部新的历史》后的又一部力作，追溯了从中世纪以来德国文化中的反犹现象，及其在基督教、仇外性、生物人种学等多方面的历史渊源。费舍尔对于一手材料及二手材料的融合可谓驾轻就熟，他能够将各种文学题材糅进一部非凡的学术著作中。通过费舍尔的这部著作，我们可以对德国的那段历史有更深入、更有理论性的了解。

《第三帝国的兴亡》

作者美国作家夏伊勒。阿道夫·希特勒也许是属于亚历山大、恺撒、拿破仑这一传统的大冒险家兼征服者中最后的一个，第三帝国也许是走上以前法国、罗马帝国、马其顿所走过的道路的帝国中最后的一个。那段已经闭幕了的历史，至今依然在人类的心灵中震颤。本书是全世界最畅销的反映纳粹德国历史的巨著。它精彩绝伦地记述了被希特勒称为“千秋帝国”而实际上只存在了12年零4个月的第三帝国从兴起到覆灭的全部过程。以其大量的、真实的资料成为论述纳粹德国最具权威的作品。

《曼施泰因元帅战争回忆录》

作者德国元帅冯·埃里希·曼施泰因。1949年被英国军事法庭判处18年监禁。1953年获释。此书是曼施泰因元帅在获释之后所著的回忆录。曼施泰因在二战中参与德国军队的高层决策，掌握有大量的历史资料，这使得他的回忆录具有非凡的历史价值，对于我们了解那段历史非常有意义。

《联合舰队的覆灭》

〔日〕伊藤正德　著

作者讲述了很多战役幕后的故事，对于我们完整了解整个战争、加深对战争的理解非常有帮助。

关于作者

伊藤正德（1889—1962），日本著名历史学家，对二战有非常深入的研究，尤其是对第二次世界大战前后日本海军历史了如指掌。其著作《联合舰队的覆灭》奠定了他在日本海军历史研究中的重要地位。

第二次世界大战之前，伊藤正德担任《时事新报》的记者，长期采访海军。但即使是他本人，原本也没有意识到自己会与这段历史、这支舰队产生如此难以割舍的纠葛。在《联合舰队的覆灭·初版序》中，伊藤正德自己回忆道："为了当海军记者，我只不过学习了三年（从大正三年到大正六年），而命运却安排我从事海军记者工作达40年之久。"

说起走向写作《联合舰队的覆灭》的道路，可以称得上是一种机缘。战后十年，也就是1955年，为了纪念8月15日这一战败的日子，伊藤正德以《联合舰队的覆灭》为题目，写了一篇很简短的海战记。万万没有想到，在日本社会产生强烈的反响，伊藤本人也很感慨地说："这是我在40年的记者生涯中所未曾体验过的。作为一名记者，我很清楚应该怎样对待这一反响，下一步该如何行动。”于是，他相继在《时事新报》上发表了76回、在《产经时事》上发表了41回的长篇海战记。最终有了此书的出版。

伊藤正德还著有《帝国陆军史》《太平洋战略论》《回忆大海军》《日本军血战史》等。

荐读理由

日本的海军发展晚于西方，却早于中国。“联合舰队”的概念开始于中日甲午海战。二战中，联合舰队总司令直接隶属于日本天皇。1941年12月7日，联合舰队奉命袭击珍珠港，摧毁了美国太平洋舰队主力。但在1944年6月和10月的马里亚纳海战和莱特湾海战中惨败，航空母舰损失殆尽，从此一蹶不振，并最终走向灭亡。

《联合舰队的覆灭》是一部轰动日本的军事历史著作。这部作品，第一次向在战争中被当局闭塞视听的日本民众讲述那段不堪的岁月，回忆当时日本海军强盛与没落的过程，在日本社会掀起巨大的波澜。

战争期间，据说为了不使日本国民意志消沉，日本军方一味地夸大战果而对败绩只字不提。结果，日本国民在茫然不知其所以然的混沌之中迎来了战败。甚至战败之后，日本国民都不知莱特湾海战和马里亚纳海战为何事，也不知道日本七万吨级的“信浓”号航空母舰在迎战的第一天就葬身大海……作为资深海军记者，伊藤正德深感将这段历史告诉国民的必要性。于是，他花费了很大的精力，把自己掌握的资料著述成书，成为一部部震撼日本社会的军事著作。

作品首先是以连载的方式，在《时事新报》《产经时事》等刊物上发表，最终结集出版。这部著作，不仅仅向日本社会普及了那段历史，也为我们研究日本海军的发展以及战争中的作为提供了很好的借鉴。

全书分十个章节，分别为我们讲述了联合舰队的历程、珍珠港事件、中途岛海战、所罗门战役、马里亚纳海战、莱特湾海战等一幕幕精彩的战争场面，同时对这段历史专门做了两个章节的总结，为我们完整地展示了日本海军二战前后的兴衰。

本书非常值得阅读的一个原因在于，作者讲述了很多战役幕后的故事。这些故事对于我们完整地了解整个战争、加深对战争的理解非常有帮助。如：

“昭和十六年1月，山本极为秘密地召见他的心腹大西泷治郎，面授机宜，让他研究一下运用航空兵力攻击夏威夷的可能性……山本看完奇袭方案之后，更加坚定了打夏威夷的决心。然而，对此作战方案持有异议的人大有人在。就连奇袭方案的制订者大西少将本人也向山本进言道：‘此案成败各占一半，是否再慎重考虑一下。’但山本此时的信念已经坚如磐石。”

（《策划大奇袭的内幕》）

伊藤正德写作此书，并非完全以历史研究者的身份来写，而是作为一个知情者，用饱含深情的笔墨来渲染氛围，字里行间都透露着感情的波澜起伏。即使不是日本人，在读此书的时候，也往往能够体会到作者的情感。如：

“加藤友三郎的‘海军防御论’在太平洋的一边放射着异彩。如果日本海军一直老老实实地恪守这一信条，坚决否定对美作战方案，那该多好啊！遗憾的是，日本海军始终缺乏说一声‘不行’的勇气，终于被卷入了一场愚蠢的战争中去，百战而无功，最后以惨败而告终。

啊！大舰队已经一去不复返了，曾几何时那强大的日本海军，现在已经变成了历史。如果以中国古代诗人叹息阿房宫的笔法来结束这篇文章的话，那就是：导致日本联合舰队覆灭的不是敌国，而正是日本自己！”

（《自取灭亡》）

虽然二战期间，中日之间并无海战，但是正是日本海军的溃败，导致本国处于盟国的进攻范围之内，最终不可挽回地灭亡。从这个意义上说这支舰队与中国存在着莫大的关系。我们可以从《联合舰队的覆灭》这本书中，看到日本民族战时的心态以及战后的反省；作为崛起的大国，中国也可以从日本的这段历史之中汲取经验教训，为中国海军的和平成长提供借鉴的标本。

先睹为快

巨舰“信浓”号没有发射一炮，没有载运一架飞机（原定在松山搭载飞机），在竣工20天之后，不，在正式服役出航后仅仅才过了17个小时就悲惨地沉入了海底。在大型舰只的寿命史中，它恐怕是最短的世界纪录创造者了。6年的苦心毁于一旦。这不单单是一个悲剧事件，甚至可以说，这是上帝对日本海军破坏条约、秘密建造大型战舰的诅咒和报应！

当大西泷治郎中将走马上任时，第五基地航空部队仅仅才剩150架飞机（在特鲁克和帕劳遭敌空袭，分别有325架和230架被击毁，可见日机损失之大）。而且，飞机的性能极差，飞行员低劣的驾驶技术达到了惊人的程度。大西中将是山本大将的心腹，是日本海空军的权威人士。据分析，他是不会赞成“捷一号作战”计划的。但是，结果却与估计的相反，大西中将最终下了决心，挥泪同意进行肉弹特攻战，“神风特攻队”就这样产生了（这种特攻作战是自下而上自发产生的，而不是自上而下按命令执行的）。于是，那些年轻的飞行员脖子上围着白围巾，抱着为国捐躯的必死信念扑向决死的战场。

战争宣告结束，和平得以恢复，方知人的生命之可贵。回顾今天的这一现实，对于同一个国家的国民，变化如此之大简直难以理解。为国捐躯，宁可把自己的生命比作轻微的鸿毛，但是，人们怀疑，这样的国家还存在吗？现在，在日本，连杀人犯的生命都受到珍惜，可以说是出现了一个强盗的天堂，这样的比喻难道过分吗？

延展阅读

《山本五十六》

作者加藤正秀。山本五十六是日本帝国海军最著名的统帅，是二战时期日本向外侵略扩张的代表人物。他亲自策划、指挥偷袭美国珍珠港，揭开了太平洋战争的序幕。他指挥的日本联合舰队，曾横扫整个西太平洋，骄横不可一世，为日本军国主义征服亚太、称霸世界立下了战功。他被称为日本帝国的“海军之花”。本书作为一部纪实作品，严格做到尊重史实，在文风上则力求朴实无华，以便使读者能够在阅读当中更加真切地把握历史人物的本来面目。

《逆天而行：旧日本海军发展三部曲》

作者刘怡。走入昭和时代的日本和日本海军，走进太平洋战争的日本和日本海军，了解日本帝国海军战列舰的绝响。本书非常详细地介绍了日本海军的发展史，可以作为与《联合舰队的覆灭》相参照的读本，体会中日作者对于同一段历史描述的差异。

《军国的幕僚》

〔日〕俞天任　著

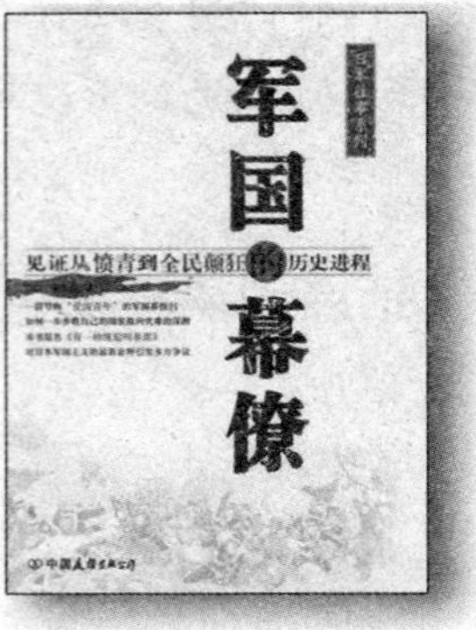

当制度漏洞被放大到了极点之时，也就是日本帝国灭亡之时。

关于作者

俞天任，日籍华人。生于上海，在江西长大。当过农民、工人、代课老师，后考上大学，获得硕士学位之后，在上海某高校工作，20世纪90年代赴日本，现任日本某机械公司技术部部长。

作者在日本生活几十年，深入了解了日本社会生活的方方面面。他深感国人对日本社会所知甚少，感觉有必要将自己所知道的日本展现在国人面前。俞天任并非专职历史学家，也并没有以历史学家的姿态向我们灌输历史知识，而是站在一个平民的角度，谈自己对日本历史与文化的感受。但并非只有专业的历史学家才能奉献出经典的作品，如同美国的约翰·托兰、日本的伊藤正德一样，虽然所著并非本行，但天资加上勤奋，也可以为我们贡献经典的历史著作。

俞天任的《军国的幕僚》（原名《有一类战犯叫参谋》）出版之后，广受社会欢迎，国内报纸杂志纷纷邀请其担任专栏记者。《南方人物周刊》《经济观察》《中国经营报》《世界军事》和《世界博览》均办有个人专栏。2009年，该书又以《有一类战犯叫参谋》的原名，由语文出版社出版。

他出版有《军国的幕僚》《冰眼看日本》等著作。

荐读理由

有这样一个小故事：蒋介石在无法忍受重庆大轰炸时对身边人说："娘希匹的，我也给他们炸烦了，要不然就和他们谈判？可是和谁谈呢？天皇不管事，首相像走马灯似的换，想谈判也没对手啊。"手下人想了想说："报告委员长，有三个人可以谈。""哪三个人？""少佐、中佐和大佐。"

这些所谓的"少佐""中佐""大佐"都是日本军队里面的底层军官。但是为什么蒋介石要谈判的话，只能跟这些人谈判呢？《军国的幕僚》一书将为你解答这个疑问。

《军国的幕僚》即《有一类战犯叫参谋》，向我们展示了日本的这些底层军官是如何左右日本的军国大事。

对比二战时欧洲战场的德国，我们会发现日本的侵略扩张与纳粹德国有着如此大的差异：德国对波兰、西欧国家和苏联，均是集中全力按精心设计的方案以闪电战方式逐个消灭对手。而日本，则是不断分兵，一个敌人未解决又不断增加新敌人，且战争能力是逐渐被动员起来的。回顾历史，如果日本当时没有与德国结盟，没有主动与美英交恶，没有反复去挑衅苏联，在侵华战争中没有上述不可思议的兵家大忌，也许我们今天真的很难说，历史的结局会是日本军国主义的彻底灭亡。弱国被牺牲给大国是当时正常的国际生态，而侵略者并不总是要受惩罚的——苏联曾吞并了波罗的海三国、入侵了芬兰、与德国瓜分了波兰，在德国取得西欧战场的辉煌胜利时热烈祝贺了希特勒"对西方帝国主义的伟大胜利"。

那么，日本对外战争冒险的不断冲动和导致其走向灭亡的背后，是否有什么制度性的原因？

当我们回顾二战时的日本，发现日本从未出现过真正的独裁者，这是与德意法西斯最大的不同。但集体的癫狂比独裁更可怕。日本从维新时代开始，以参谋本部和参谋为中心，接连发动了甲午中日战争、日俄战争以及九一八事变到最后使日本投降的二战。是以青年参谋为主的少壮派一步步把日本武士的“下克上”传统极端放大，使日本政府对军事机器完全失去控制，最后导致全民疯狂投入必然失败的战争中去的。

一个国家的制度设计对一个国家和民族的命运影响是如此之大。因为日本制度漏洞带来的国家政治生活不健全，当时在日本政治生活和军事机器中占据特殊位置的军事参谋群体成为不受制约的人。而独特的教育培训体制，又使这群可以影响整个日本民族的特殊群体，天生就是充满政治短视和社会无知的。而这样一群落后于时代、自闭于社会的人却可以不断通过盲动和冒险，最终如愿走向前台控制了国家决策中枢——当制度漏洞被放大到了极点之时，也就是日本帝国灭亡之时。

作者俞天任对那段历史的高度关注和长期在日本生活的经历，使他有可能在积累大量一手资料的基础上，跳出国内研究者一般性的视野局限，由日本军国主义体制的历史成因、其扩张冒险的动力、决定其失败的内在制度性症结切入，给我们读者一个全新的视角。

本书通过对日本从九一八事变到七七事变再到全面侵华战争过程中，日军佐级参谋群体在其中所起的关键性作用，给我们多数读者一个可能是全新的框架性认识：日本的全面侵华战争，是由佐级参谋群体在不断策划“下克上”的军事冒险中一点一点积累到临界点而最终触发的，它与纳粹德国在欧洲的军事冒险是由最高层精心策划有着本质的不同。这种战争的推动和策划源头的差异，决定了日本从战争开始到结束，在战略方向和目的上从来就是完全混乱的。

本书在微观上既有日本参谋这一群体在重大历史事件中扮演的重

要角色和个体命运的生动描述，也有表现日本军事参谋体制在日本军事冒险史中大胆、荒唐的经典案例；宏观上，对日本参谋体制产生和发展的历史背景，以及由此折射出旧日本在政治、军事体制框架上的一系列制度性漏洞，都有详尽而客观的分析。

当代中国人对日本社会的理解存在着某些偏见。诚如黄章晋先生在《军国的幕僚》序言中所说的那样："我们认识和了解的日本，仅仅是我们想象中的世界，而日本国民，仅仅是一个仇恨想象中的特殊种族。"跟随俞天任先生的笔触，我们跳出固有的看待中日战争的思维，重新审视日本的疯狂，虽无法灭却民族之恨，却也可让我们更好地认清这个对手，认清我们自身。

先睹为快

即使是在甲级战犯中，也有"超甲"的一群。那些"超甲"们是一些什么人呢？他们全都有一个共同点：当过参谋。

大清一来政治腐败，二来军事无能，又根本判断不出日本的战略目的，对日情报更是一无所有……其实应该说日本赢的是很侥幸的。不管大清在军事上打了多少败仗，只要再抗击几个月，那时候谈判出个什么结果来就没人知道了。

为了救本家大叔英国和欧洲，美国已经从坚决不承认"满洲国"、不承认汪精卫政权进行了大踏步撤退。答应逼迫蒋介石承认伪满洲国，承认南京伪政府了。并且同意为大日本帝国输血，为他们提供最重要的战略物资。

现在的日本自卫队，确实流着旧日本军的血，但不是最坏的那部分血。倒是厚生省继承了陆军省和海军省的一部分衣钵。第一复员省和第二复员省后来成为了厚生省的第一复员局和第二复员局。现在的甲级战犯靖国神社祭祀问题，就是厚生省一手制造出来的。

延展阅读

《幕府大将军》

矢川编著。介绍日本一代枭雄德川家康结束日本战国时代的历程。德川氏的隐忍精神深深地刻印在了日本民族的性格之中。当美国打破日本锁国政策时，日本人在天皇发布《终战诏书》，“忍其所难忍、堪其所难堪”之后，准备“一亿玉碎”的日本军民立即放弃抵抗，就是典型的表现。重温德川时代的历史，可以更深刻地了解日本国民的个性。

《日本军国主义论》

该书由中日两国日本军国主义问题研究领域的著名学者万峰和井上清为学术顾问，中国社科院日本所研究员蒋立峰和世界史所研究员汤重南担纲主编。全书通过地理环境对日本民族性格的塑造、尚武传统与武士道精神、神国观念与天皇崇拜思想等方面的论述，探讨了日本军国主义思想产生的源流、形成过程和体制结构等，剖析了日本军国主义对外侵略扩张的历史根源。从国际大背景、日本政治、经济、思想文化、右翼思想、对外侵略战争等方面，全方位、多层次地剖析了日本军国主义这一历史现象产生的深刻根源。

《拥抱战败：第二次世界大战后的日本》

〔美〕约翰·W. 道尔　著

这本书是对日本社会的方方面面进行深入分析的扛鼎之作。

关于作者

约翰·W. 道尔，美国麻省理工学院历史学教授，美国艺术科学院院士，美国历史学会委员。主要研究领域是近现代日本史和美日关系，是相关领域最重要的学者之一。他的研究著作多次获包括普利策奖和美国国家图书奖在内的重要学术奖项。

荐读理由

随着工业化时代的到来，日本作为现代国家的兴起震惊了世界，它的崛起比其他的大国更迅猛、更无畏，也更成功，然而，也最终比任何人所能够想象的更疯狂、更危险、更具有自我毁灭性。

1895 年，甲午之战后，日本取得了在亚洲的霸权地位，迫使中国背上沉重的赔款负担，同时攫取了它的第一块海外殖民地——台湾。从此，日本一发不可收，不断地发动对周边国家的战争，通过中俄之战，奠定了它在朝鲜和中国东北的势力范围，也极大地刺激了它进一步称霸亚洲的野心。这一野心在第二次世界大战中达到顶点。“大日本帝国”的梦想像一个幽灵一样，支配了日本人的心智，而通过其发动的一系列侵略战争，其版图也迅速扩大，几乎支配了整个东亚和东南亚。它甚至还想将自己的版图扩展到太平洋，将印度、澳大利亚并入自己的版图。但是它低估了中国人民抗战的决心和斗志，同时自不量力地对当时的世界第一强国美国开战，陷入两面交战、进退维谷的境地，最终不免于惨败。

战后初期的日本，从世界强国的位子上隐退了。美国战后在占领日本期间，企图建立一套非军事化和民主化的机制。但随着军队撤出日本，日本又迅速恢复到以前的政体之中。但同时，民主观念也在日本生根，而日本也从此依附于美国，成为美国最坚定的伙伴之一。

诚然，日本在战败初期，的确进行了一定程度的反省。包括当时的政治领袖和人民群众，他们渴望和平，并对以前的战争行为进行反省。加上国际格局发生重要变化，美国也迅速转变了对日本的态度，从压制日本、改造日本转变为扶持日本。日本从此走上了快速复苏的道路，重返世界强国之列，并由经济强国进一步发展为政治强国、军事强国。

当今的日本，新的民族主义者中最狂热的分子，习惯于以日本战败后所遭遇的待遇为论据，将美军占领时期描述为一个压倒性的耻辱时期。但约翰·W. 道尔认为这并不是日本人反思战争的主流思想。他认为，“民主与和平”是日本从战争中得到的最大的教训。约翰·W. 道尔试图通过此书，“从内部”传达一些对于日本战败经验的认识，而不仅仅借助于聚焦社会和文化的发展。因为“无论这个国家后来变得多么富裕，多年来，这些留存的记忆，已经成为他们思考国家历史和个人价值观的重要参照”。他希望通过此书对日本战后历史进行多方位的论述，从而得到一个客观的结论。

本书中译本洋洋洒洒 70 万字，主要包括如下六个部分：

第一部分，讲述胜利者与失败者，也就是作为占领军的美军在战败国日本所推行的自上而下的改革，推行的民主化以及非军事化的运动。

第二部分，名为“超越绝望”，比较全面地介绍了战后初期日本人的生活状态和精神状态，对这种状态下生活的人寄予了高度的关切。

第三部分，名为“革命”。包括新殖民主义革命、拥抱革命和实行革命三个部分。作为一名美国学者，作者也并不为美军在当时日本的傲慢自大、以救世主姿态的出现、并强推改革的行为辩解，而是客观地予以批评。但同时也指出，在遭受战争重大创伤的日本社会，人民还是对这种民主化的改革寄予了希望。同时，以日本共产党为代表的改革派势力在这时期获得很大发展，但在意识形态的指导下，被美国占领者打压下去了。

第四部分，名为“民主”。日本民主化的改革大体包括三个方面。首先是把天皇从“神”还原为“人”。为了维护统治，美国保留了日本的天皇，但在日本社会进行了“净化”天皇的行动，使日本人不再一切以天皇为中心。其次，是进行宪法的民主化改革，这是非常重要的一步。制定一部和平的宪法，可以保证日本不再走上军国主义的道路。再次，就是官僚体制的改革。当然，这一点上，改造是不很成功的。但毕竟作出了有益的尝试。

第五部分，作者论述了对战犯的审判和日本社会如何看待战犯的问题。这些论述对于我们反观当今日本社会是有很大的启示性的。

第六部分则是日本战后所进行的经济重建，对日本经济的迅速发展给予了相当的关注。

《拥抱战败：第二次世界大战后的日本》是约翰·W. 道尔的代表作。该书赢得2000年普利策奖非小说类图书奖，1999年国家图书奖，2000年班库若夫特奖，以及1999年洛杉矶时代图书奖。这本书，是对战后日本社会的方方面面进行深入分析的扛鼎之作，值得诸位军事爱好者仔细地品读。

先睹为快

大多数的日本人超越疲惫和绝望，充满想象力、多姿多彩地重建他们的生活，这是人类不屈的生命力的证明。有些人花费很长时间才做到这一点，有些人数日之内就摆脱了意气消沉的虚脱状态，另外有些人压根儿就与虚脱状态无缘，他们在听到收音机里沙沙作响的天皇广播的瞬间，就体验到了解放感和生机。人们大吃大喝一顿或者吃红豆饭以示庆祝。他们匆忙从窗子上取下灯火管制的黑纸，让阳光重新回到自己的生活中。千百万人开始考虑，没有了国家的指令，自由的个人生活可能意味着什么。

多年后，一位批评家回忆起这一切，谈到了当时社会中突然出现的新的“空间”。人们行为变了，思想变了，遇到了前所未有的，甚至也不可能再次经历的新的状况。这是一个流动的、自由的和开放的罕见时刻，新的权威模式和新的行为规范正在形成之中。人们痛切地感到，必须重新开始自己的生活。

当普通的日本人被直率地问及他们是否想要保留天皇和天皇制时，压倒多数的回答都是肯定的。最初，大多数人单是被问及这个问题都会深感震惊。因为在 1945 年 10 月之前，这一质问本身就是大不敬，更遑论否定性的回答。后来的民意调查继续显示出对存续天皇制度的强烈支持，但是这具有误导性。因为如果依照费勒斯（Fellers）的解释，与战时普遍存在的狂热崇拜和深切敬畏相比，情形已经大不如前了。

公众对东条英机的评价相对上升，可以看作是当时社会情绪的一种晴雨表：这并非是对战争时代的怀旧表示，而是对同盟国的双重标准含蓄的批判。然而，东条英机人气的小幅回升，似乎还有更为深远的意义，极端隐秘且具有反讽意味：在被占领受奴役的世界中，东条是公然反对美国人的最著名的日本人。这是胜者与败者马拉松式的舞蹈中又一种离奇的舞姿。

延展阅读

《战后日本文化与战争认知研究》

作者刘炳范。日本国民的战争认知理念是战后政治、经济、文化等各方面综合发展的汇集和意识积淀，本书在对战后日本文学进行研究的同时，又探究了战后日本政治、教育、戏剧、宗教等对战争认知理念的深刻影响。通过研究发现，以文学为代表的战后日本文化并没有对法西斯军国主义发动的那场侵略战争进行真正的反思、批判，战后日本政治、教育、文学、戏剧、宗教等领域都在不同程度和不同形式上存在着淡化、模糊、歪曲、否认、美化那场侵略战争的战争认知理念。

《日本帝国的衰亡》

〔美〕约翰·托兰　著

最适合拿来阅读的日本二战史。

关于作者

见《漫长的战斗——美国人眼中的朝鲜战争》之“关于作者”。

荐读理由

“历史不会简单地给人教训，只有人类本性的再现，而不是历史的重演。事实说明，立足现在，认识过去，给我们的教益只会更多，而不是少了。战后由于我们自身在亚洲所采取的暴虐行径，使美国人进一步看清了上一代日本人当时的战争行动，这无疑是一个可以引以借鉴的例证。”

——约翰·托兰

日本在经过明治维新，并在日俄战争和甲午战争中分别击败俄国和中国后，就奠定了它在亚洲的地位，甚至跻身为世界强国。经济的腾飞、工业化的普及，似乎使得日本在一夜之间由一个蛮荒落后的封建小国成为文明的代表。但是在第二次世界大战之中，日本民族的野蛮和残忍，震惊了世界。在战后，日本人在废墟之上又顽强地站了起来，重新成为世界上举足轻重的大国，令人刮目相看。人们不禁要问："我们怎么能钦佩和尊重一个战争时的行为如同野蛮人一样的民族呢?"

这个问题，同样摆在约翰·托兰的面前。他试图来解答这个问题。而这个问题，要回归到战争本身之中来解答。他在此书的《前言》中提道：

"本书之目的，主要就是要从日本人的角度来试图回答这个问题，进而解答关于那场改变了亚洲面貌的战争的其他一些问题。为什么一个幅员同美国加利福尼亚州那样大小的国家要对珍珠港发动自杀性的进攻，从而使自己与一个国力十倍于己的敌人决一死战呢？两国之间的战争是不是像今天许多人所认为的那样是不可避免和非打不可的呢?打赢那场战争是不是就使美国从此永远卷入亚洲事务呢?"

本书史料极为丰富，有许多材料系出自当时美、日两国的战时档案，也有不少史料是一些原为日本天皇的公卿贵族、重要军政头目和参战当事人提供的。作者根据史实，生动地描绘了一幕幕侵略战争的残酷场面，揭露了战争给受害国人民和日本人民所带来的巨大灾难以及日本战犯制造战争的内幕，描述了第二次世界大战中日本帝国主义于1936—1945年间和希特勒的纳粹德国遥相呼应，在东部开辟侵略战场，横行亚洲，侵略中国，蹂躏东南亚各国人民，发动太平洋战争，偷袭珍珠港，直至最后被迫求和投降的历程。

作者怀着非常严谨的态度来写作此书。涉及一些日本当事人的部分，他在写好之后，都会让当事者自己先阅读，然后再定稿。这些日本人也非常愿意谈起他们在战争中所犯下的错误，说出他们过去所不愿意说出的话：怯懦、谋杀、杀人成性、投降和开小差等等。作者是一名美国人，但却不是单纯地站在美国人的立场来写作此书。他在对战争进行了大量的研究之后，能够提出自己独到的见解。如他认为："美国在第二次世界大战中所犯的最大的错误是，它没有认识到自己同时在打两种不同的战争：其一是在欧洲，与另一个西方民族及其纳粹主义交战；其二是在亚洲，既要同一个求强图存的侵略民族交战，又要在意识形态上同整个亚洲展开斗争。亿万东方人把日本的战斗看作是自己的战斗，看作是一场种族和肤色的对抗。他们还把日本的胜利看作是自己从西方统治下解放出来的胜利。”

托兰的作品向来以文笔丰润、史料翔实著称。此书更是其最有代表性的作品之一，很好地体现了作者的这些特色。原著于1970年10月在美国出版后，即成了一本畅销书，并夺得了1971年度的普利策新闻奖，仅在得奖当年就再版三次，在西方广大读者中引起了强烈反响。该书对研究第二次世界大战的历史，特别是日本帝国主义的侵略史，有极高的价值，是最适合拿来阅读的日本二战史。

先睹为快

这一次，罗斯福听从了那些长期以来敦劝他对所有侵略者采取强硬措施的人（例如伊克斯）的意见。七月二十六日晚，他下令冻结日本在美国的所有资产。接着，英国和荷兰也冻结了日本资产。结果是，日本与美国的贸易全部停止。美国原来是日本石油的主要来源，这样一来，日本便处于难以支撑的境地。《纽约时报》认为，这个措施“是除了开战以外的最严厉打击”，对日本领导人说来，还远不止如此。通过与维希法国的谈判，日本在印度支那获得了基地，而维希法国，美国当时虽然不同意建立，却也是承认的。国际法有利于日本。冻结资产是完成ABCD四国（即美国、英国、中国、荷兰）包围圈的最后一个步骤，这不但否认了日本是亚洲的当然领袖地位，而且使日本本身的生存受到了挑战。

日本统帅部的挫折感、近于歇斯底里和愤慨的心情是可以预料到的，但是，并没有出现混乱。五天以后，小心谨慎而通情达理的海军军令部总长永野还没有从这个本来是可以预见到的事件中恢复过来。他在拜谒天皇时首先说，他要避免战争，要做到这点，只要取消三国条约就行了，海军一直认为三国条约是与美国实现和平的绊脚石。

一架从“利根”起飞的水上飞机飞到了拉海纳上空，从“筑摩”起飞的另一架几乎就在珍珠港的上空。地上的人谁也没有发现这两架飞机。早晨七时三十分整，在拉海纳上空的飞机用明码向机动部队发回下列电报时，也没有一个监听人员在监听。电报说：

舰队不在拉海纳0305。

片刻后，又发了一封电报：

敌舰队在珍珠港。

这是草鹿生平收到的“最使他高兴的电报”。第三个报告接踵而来：瓦胡岛上空稍有云彩，但珍珠港上空却“极其晴朗”。

东乡刚刚来到皇宫，天空闪烁着明亮的星星。看来，又是一个好天。外相被立刻引见天皇。这几乎恰恰是野村和来栖原定会见赫尔的时刻。东乡朗读了天皇对罗斯福的信的复信草稿。天皇批准了复信。东乡想，天皇的神采表现了“与各国人民兄弟相处的崇高感情”。

杜鲁门很恼火，他回答说，关于千岛群岛的建议他可以同意，但也要说清楚，美国想在千岛群岛的某个岛上建立空军基地。对北海道的问题，他却寸步不让；关于四个主岛上的日军投降的目前这个安排必须维持。

斯大林也火了。两天后，即在八月二十二日，他答复说，关于北海道的问题，“没有想到会得到这样的回答”，至于美国在千岛群岛的空军基地问题，雅尔塔会议上压根儿就没有提起过。

……

杜鲁门的“第一个想法，是不答复这封措辞强烈怀有敌对情绪的电报”，但重新考虑后，觉得还是停止笔战好。他向苏联解释说，美国只想在占领日本期间在千岛群岛建立临时基地，以备发生紧急情况时使用。

延展阅读

《偷袭珍珠港》

作者利奥波德·罗森伯格。1941年12月7日，一个让美国人刻骨铭心的日子。山本五十六精心策划了一次震惊世界的行动，强大的美国太平洋舰队顷刻间遭遇灭顶之灾。山本五十六为何选择珍珠港作为攻击目标？美军在珍珠港为何不设防？日本虽赢了这场赌博，但输掉了整场战争。偷袭珍珠港，是日本的一次军事冒险，也是永远载入人类历史的一次军事行动。至今回忆起来，依然让人惊心不已。这中间又有多少难以忘却的秘密，有多少是是非非？一切的一切，尽在本书中寻找。

《战争：日本人记忆中的二战》

〔美〕法兰克·吉伯尼 著

倾听和了解二战后普通日本国民的内心。

关于作者

法兰克·吉伯尼，生于1924年，在纽约长大。1945年毕业于艾比森逊耶鲁学院。1942年至1946年间，以TSNR海军少校军衔服务于美国海军。曾任《时代》杂志海外通讯员和助理编辑，《纽约时报》资深编辑，《SHOW》杂志编辑兼发行人。1966年至1976年，任设在东京的《大不列颠百科全书》日本和东亚公司的负责人。现任大不列颠大百科全书指导委员会副主席，同时还兼任设在加州SANTA BARBARA的太平洋区域研究所主任。

其著述有《太平洋世纪》《日本：脆弱的霸权》《朝鲜：静悄悄的革命》等。本书由吉伯尼组织汇编发行。

荐读理由

日本作为一个东亚岛国，在美国人叩门之前，一直是一个封闭的封建小国。而随着工业革命的到来，明治维新为日本叩响了通往强盛之路的大门。但日本的强盛似乎并不是世界的福音。率先强大起来的日本开始频频向依旧落后的邻居发难，制造了种种事端，挑起战争却落得惨败收场。

战争，无论是对于侵略国家的人民还是对于被侵略国家的人民来讲，都不是一件幸事。日本在带给亚洲人民深重灾难的同时，也给自己国家的人民造成了巨大的负担和灾难。当美国将原子弹丢在广岛和长崎的时候，已经遭受了战争折磨的日本普通民众算是真正体会到了战争的恐怖。而这是其他国家的人民所没有体会过的。

战后，日本的军国主义被强行压制之后，体现日本人民意志的和平力量终于站了出来，他们认真地进行赎罪行动，对战争进行反思，真诚地表达对其他国家人民的歉意。但是，军国主义势力依然没有灭绝，他们在伺机重新掌权。这个时候，将战后日本人民对战争的反思作品拿出来，才能真正地打击那些军国主义分子，体现日本人民对战争的反省。

1986 年 7 月 10 日，日本《朝日新闻》发表了一封读者的来信，记录自己对二战的回忆，从此拉开了一个反思二战的读者来信专题的序幕。

“我在战争中的经历”系列，由于其题目本身所具有的特质，反响也是异乎寻常，该系列一直出到第二年的 8 月 29 日才截止，来信总数达到了 4000 封，其中 1100 封获选得以在《朝日新闻》发表。同年，在加以适当的介绍之后，这些信又以一套两卷本的书籍《战争：血泪交织的证词》出版。该书一经出版便进入了畅销书排行榜。这些来信都直接关系到写信人的战争经历和对战争的看法。其中一些人是参战的士兵，他们写出了自己亲历的战事、自己在行军帐篷里和战俘营的经历；一些信写的是平民在战时的生活；一些信讲述了战时军事管制下的情况。

所有人都在用心地倾诉自己的故事。那些日本军人的妻子们、母亲们和孩子们的感受，听起来即使作为战争受害国人民的我们也感到让人揪心。大部分写信人在写信的时候已经60多岁，而战争岁月里，他们只是少年。往事挥之不去，在进入暮年的时候回忆那段不堪回首的少年时光，是怎样的感受！编辑们在读到这些信的时候，也为这些人的坦率而感到震撼。大部分来信所揭示的，都是从来没有对别人说过的事，似乎是在临近暮年的直抒胸臆的需求。

实际上，很多人对这种做法感到不安。在20世纪80年代，日本正致力于同周边国家发展友好关系，勾起过往不堪的回忆，似乎有悖于这个大的趋势。但是《朝日新闻》编辑部显然更有远见。他们认为："当人们回想自己私人往事的时候，自然而然地，都愿意将那不愉快的回忆尽量抹去。的确，作为个体，忘掉坏事确实属于某种具有自我净化作用的健康行为。但一个国家的历史就不同了。尽量掩盖过去的坏事，假装这类事根本没有发生过，难道对我们民族的良知没有损害么?"这就是当时日本人直面历史的精神，至今，依然有不少的日本和平爱好者致力于此。

吉伯尼在本书的中文版序中说道："羞愧的感觉充斥在他们的陈述里，那种在老年间比年轻气盛时更容易感受的羞愧。他们的时代结束了，因为他们干下的事，大多已经由整个民族偿付了。冤冤相报、以血还血。对骇人听闻的南京大屠杀和巴丹死亡行军，有人会说，那报应就是硫磺岛和冲绳之役，还有广岛、东京遭受的轰炸。但这依然不能回答，有着足够道德良知的个体，是怎么样和为什么全都落到集体性的狂热和盲从之中。每个民族和国家的人，不妨都这样问问自己。"

先睹为快

入伍时，曾对送行的人誓言："至死方归。"那以后，从未有一念及于双亲和兄弟。递交了"派往火线请愿书"，希望尽快上战场，所以被派到了志布志。结果，我们打败了，我却还活着！

我想，就这样若无其事地回家，实在太可怕了。为了不让任何人发现，回家时坐了最后一班列车。我在黑暗中通过检票口，忽然，听到有人喊我的名字："英夫！英夫！"我大吃一惊。朦胧中，父亲已经来到我面前。"你可回来了！你可回来了！"父亲一边说，一边哭。这时已经是夜里十一点以后。我不明白父亲怎么会知道我回来。我问父亲，父亲告诉我，自从8月15日以后，三个月中每一天，只要有列车到站，他和母亲轮班到站台来等我。整整三个月啊！我沉默了，从来没有这样痛切地体会过父母的爱子之心。

而我曾经考虑自杀。这真是莫大的不孝。母亲一日三餐都要摆上我的那一份，每天到离我家四公里的神社去参拜，在我当兵的两年间，从来没有间断过。

陛下并不是神。战争是侵略行为，我以为皇军是神的军队，这是多么悲惨的事。我暗暗发誓，从此再也不唱"君之代"。

山口英夫　64岁　退休高校教师　佐世保市

活体试验：

昭和12年，日中事变爆发，我作为新兵在上海登陆，参加了中支作战，就像当时报章所说的那样，用每步75厘米的步伐，一步步开进南京、徐州、汉口和南昌。那时候，我作为"宣抚班"队员开进汉口北边的信阳，负责收集敌方情报，向当地居民作亲善宣传。一天，一个中国间谍给带到我们部队，据说他是被当地眼线告发的。这人已给打得体无完肤，但仍旧死不承认。最后，只好将他当做试验材料，送给军医和兽医了，供他们进行血管注气试验。在半山腰的一个山洞里，卫生兵们往他的静脉里注射空气。眼看着血管鼓起来，空气一鼓一鼓地灌了进去。那人轻轻地咳嗽，但没有死。当兽医的士官觉得奇怪，说："要是一匹马，一下子就没命了。"大约30分钟之后，他们决定一刀把他刺死拉倒。

那中国人在死前说了些什么。后来我问翻译，弄明白他说的是“An Hao Ren（俺好人）”。他说他是好人，不是奸细。

横山常佐　72 岁　退休公务员　静冈县

延展阅读

《日本老兵忏悔录》

作者星徹。本书通过当年参加过侵华战争的日本官兵的证言，公开披露了那个时代日本军人的所作所为，以帮助人们弄清为何竟有那么多的年轻士兵犯下如此累累罪行以及此后他们又是通过何种途径来进行深刻忏悔的。作者并没有着重描述盐谷保芳忏悔罪恶的思想过程，但对忏悔的结果却做了十分生动的描述。

《二战秘密档案：苏联惨胜真相》

〔俄〕鲍里斯·瓦季莫维奇·索科洛夫 著

该书引用的大量资料属首次公开，精确的数据加上作者批判性思维，赋予本书很大吸引力。

关于作者

鲍里斯·瓦季莫维奇·索科洛夫，俄罗斯军事历史学家，波茨坦军事历史科学研究所特约研究员。其研究以苏维埃史、二战史见长，在西方历史学界具有深远影响。

著有《二战秘密档案：苏联惨胜真相》《胜利的代价》《芬兰战争秘密事件》等。

荐读理由

我们所了解的二战远非完整的二战，大量的历史被尘封进厚厚的历史档案之中。历史并非被湮没了，只是尚未被发掘出来。二战中的苏德战争有许多历史谜团，其真相只能在两国的秘密档案之中找到。

1991 年苏联解体之后，一大批二战期间的政治经济军事档案得以解密。俄罗斯历史学家库德里亚舍夫说：“档案解密能使历史恢复本来面目，这将使几十年来苏联有关二战的官方宣传蒙上一层阴影。”俄罗斯历史学家鲍里斯的《二战秘密档案》就是一本利用解密档案揭示苏联二战惨烈真相的书。

为创作《二战秘密档案》一书，鲍里斯研读了“俄罗斯社会政治历史国家档案资料”“俄罗斯军事档案资料”“历史档案资料”“苏联外交政治文件”等浩如烟海的解密档案。另外，鲍里斯还参考了他的同行根据苏联二战解密档案撰写的著作，如《俄罗斯档案资料：卫国战争》《战争与政治：1939—1941》《1941 年不为人知的战争真相——一些秘密文件》等。依据上述可靠资料，鲍里斯颠覆了广为流传的苏联卫国战争的神话，重新审视了苏联在二战中的国家形象。

首先，苏联并非单纯的受害者，回顾整个二战前后的历史，苏联像它的对手纳粹德国一样积极扩张，追求霸权，被它奴役的许多弱小民族甚至宁愿投向德国入侵者来反抗其统治；其次，苏联高度集权的国家机器在战争中效率低下，一味依赖西方盟国的援助，并因其毫不重视个体生命的政策让人民付出了过分惨重的代价。

鲍里斯指出的事实震撼人心，他的观点也无比犀利：“二战后，卫国战争取得的胜利成为苏维埃政权存在的主要理由，也为苏联的集权政治提供了道义上的支持，于是它的存在得以延长 40 余年，同时也使得效率低下的政治和经济体制处于停滞不前的状态。”

该书没有试图对二战做一个宏大的叙述，而只是就所掌握的解密资料，修正或者补充现有历史叙事中的个别事件的遗漏或错误，并试图从一系列的解密档案中，探寻一个更为真实的历史。它探讨了二战中最具争议性、迄今为止仍困扰着人们的诸多问题：人员伤亡问题、英美租借法案、斯大林是否准备先发制人、库尔斯克会战的失策、关于英雄和叛徒的传言是否属实等等。苏联几十年的政治宣传，在俄罗斯人心目中树立起一个光辉伟大的形象。鲍里斯试图以事实为依据，颠覆这种谎言，揭露胜利者的悲壮与丑陋，这是需要极大勇气的。

该书引用的大量的资料，属于首次公开。这些精确的数据加上作者批判性的思维，赋予了这本书以很大的吸引力。读者可以跟随作者的思路，一起寻找历史的真相，看一看苏联二战胜利背后的一幕幕惨烈的悲剧，并追寻悲剧背后深刻的历史根源。

先睹为快

1939 年 7 月 4 日，塔斯社援引了波兰报纸上的一篇文章，文章写道："波兰是使波罗的海各国免受西方和东方威胁的真正朋友和保护者。"苏联领袖在这个句子下面画上了线，并在页边批上了"哈哈"二字……斯大林正打算把作为一个独立国家的波兰从欧洲政治地图上抹去。

关于苏军和德军死亡人数的比例关系可以举几个例子清楚地说明：在莫斯科城下的反攻战中，1941 年 12 月 17 日至 19 日期间，西部方面军仅一个师阵亡和失踪人数就达 1696 人，平均每天死亡 565 人。而德国整个东部集团军有 150 个师，在 12 月 11 日至 31 日间平均每天的阵亡和失踪人数也只是 686 人。这简直令人震惊，我们一个师的伤亡竟然相当于德国 150 个师的伤亡！……1942 年在向勒热夫登陆场旁的一个高地发起进攻时，仅在我方一次进攻中红军战士就牺牲了 800 人，而德军只损失了 17 人。

延展阅读

《北极熊的隐痛：苏俄军队败战录》

作者旷小林。本书全景式地记述俄罗斯（包括苏联）历次著名败仗的起因、战事过程及此后的影响，其中也穿插了一些著名军事将帅的生平和他们在该战役中扮演的角色。

《苏联军队是怎样崩溃的》

作者威廉·奥多姆，曾任美国国家安全局局长，是美国研究苏联军事问题的专家。本书对苏联军队崩溃的原因、过程和结果作出了实质性的分析，始终把苏联政治、经济与军事联系起来论证，苏联解体了，俄罗斯还在，苏联军队崩溃了，俄罗斯军队还会强大起来，本书的见解对了解俄罗斯军队的现状也很有参考价值。

《崔可夫元帅战争回忆录》

〔苏〕B. N. 崔可夫　著

这本回忆录是对崔可夫戎马生涯的最好总结。

关于作者

B. N. 崔可夫（1900—1982），出生于沙俄农村一个贫寒家庭。1917 年，崔可夫投军于沙俄波罗的海舰队。不久，俄国爆发“十月革命”，崔可夫随波罗的海舰队加入了红色政权的行列。从此开始了其声名赫赫的戎马生涯。

崔可夫指挥的最经典的战役是在斯大林格勒战役中创造的。在斯大林格勒会战中，崔可夫指挥的第 62 集团军在市区防御作战中，一次又一次地击退了数倍于己的德军部队，完成了苏联最高统帅部“不许后退一步”的任务。“第 62 集团军震惊世界的顽强精神，使我统帅部有可能集结兵力，转入反攻，重创庞大的德国法西斯部队。”苏军的《红星报》在社论中对此给予充分的肯定。

为表彰第 62 集团军的战功，苏联最高统帅部向第 62 集团军授予“列宁勋章”，并将其命名为“近卫军”。而崔可夫本人则两次获得了苏联最高荣誉“苏联英雄”称号。

崔可夫与中国的渊源颇深。1922 年，崔可夫跨入苏俄第一所最高军事学府——伏龙芝军事学院，毕业后留校在东方部中国系继续深造。1927 年赴华任军事顾问。1940 年秋，苏共中央委员会决定派通晓汉语、出使过中国、此时正在赋闲的崔可夫少将前往中国担任苏联军事使团团长即蒋介石的总军事顾问，指导中国的抗日战争。

崔可夫勤于笔耕，以自己丰富的人生经历和非凡的军事指挥生涯，撰写了《在战火中锤炼青春》和《在华使命》两部回忆录。出版了《集体英雄主义的集团军》《斯大林格勒：经验与教训》《战火中的 180 天》《空前的功绩》《从斯大林格勒到柏林》《斯大林格勒近卫军西进》《在乌克兰的战斗》《本世纪之战》等八部很有分量的战史著作。

1982 年 3 月 18 日，戎马一生的崔可夫元帅逝世，享年 82 岁。与世纪同龄的崔可夫元帅是勇于创新的战术家和技艺高超的战役指挥官。他在自己漫长的军事生涯中，以其大胆的独创精神屡建战功。9 枚列宁勋章、1 枚十月革命勋章、4 枚红旗勋章、3 枚一级苏沃洛夫勋章、1 枚红星勋章以及无数枚其他奖章和外国勋章，将他永远载入世界级军事家行列。

荐读理由

崔可夫元帅是声名显赫的二战名帅，戎马一生，创造经典战役无数。而这本回忆录是对其戎马生涯最好的总结。

1942 年 3 月，在希特勒授意下，德军最高统帅部制订了进攻斯大林格勒的作战计划。崔可夫率领自己的第 62 集团军奋勇抗敌。在市区防御作战中，一次又一次地击退了数倍于己的德军部队，完成了苏联最高统帅部“不许后退一步”的任务。之后崔可夫率领近卫第 8 集团军参加了解放苏联本土的历次会战。1945 年 4 月，崔可夫挥军进入柏林。5 月 2 日，柏林城防司令魏德林来到崔可夫的指挥所，签署了投降书。1945 年 5 月 9 日，德军最高统帅部代表凯特尔元帅、什图姆普弗上将、弗雷德堡海军上将在无条件投降书上签上了各自的名字。崔可夫作为历史见证人，参加了德国无条件投降的签字仪式。

1955 年，时年 55 岁的崔可夫晋升元帅军衔。1960 年 4 月，崔可夫调任国防部副部长兼陆军总司令。同年 7 月，兼任苏联民防司令，成为苏联武装力量的高层中坚人物。

崔可夫元帅的人生经历，足以吊足所有军事爱好者的胃口。而崔可夫的回忆录也没有让人失望，洋洋洒洒几十万言，将二战的峥嵘岁月描述得酣畅淋漓。

本书共分四个部分。

第一部分是“在斯大林格勒会战的日子里”。在保卫斯大林格勒的决定性战役中，在战役进入极其艰巨和严峻的时刻，崔可夫所率部队肩负防御斯大林格勒中部和工厂区的重任。他率领集团军与其他大部队一起，坚持在伏尔加河两岸和斯大林格勒市里，浴血奋战，遏止了德军的狂猛攻势，粉碎了希特勒妄图一举占领斯大林格勒的罪恶计划。以斯大林格勒会战为转折点，苏军由防御转为进攻，他的集团军和其他大部队乘胜西进。

第二部分是“解放乌克兰的战斗”，第三部分名为“在主要方向上”。记述了解放顿巴斯、扎波罗热、敖德萨以及强渡维斯瓦河和奥德河等几个在现代战争中也占有重要地位的战役。

第四部分则是“攻打柏林”。作者全面地描述了 1945 年 4 月攻打柏林的战役。在卫国战争中这个规模最大的城市进攻战中，他的集团军身负在主要方向实施主攻的重托，历尽艰辛，突破了德军在塞洛高地的坚固防御，在攻克柏林的决战中又作出了卓越的贡献。

作者在书中站在战役现场指挥员的角度，对如何实现最高统帅部的战略意图，如何洞察敌人的奸计，如何组织和实施大城市的防御战和攻坚战，指挥部队创造性地运用推广种种有效的作战方法，克敌制胜，都有所叙述或进行了详细的总结。

先睹为快

太阳升起来了，库利夫开始进行盲射，为的是要吸引法西斯狙击手的注意力。我们决定等待一个上午。午饭后，我们的步枪是处在背光处，而德军的阵地是在太阳直射下。在铁板旁边有个什么东西闪烁了一下。是玻璃碴偶然反射光，还是光学瞄准镜发亮？库利夫开始向上小心地举起钢盔。法西斯开火了。这个希特勒分子以为，他终于把四天来一直想要战胜的那个苏联狙击兵打死了。于是，他从钢板下面伸出了半个头。我正在等待这个机会，一点也不犹豫，就立即准确地射击。法西斯分子的脑袋倒下了……

夜晚，既看不到一堆篝火，也看不到一处火光。甚至连划火柴和打火镰的闪光也没有。前沿一片沉寂。一种特殊的沉寂。偶尔忽这忽那地传来武器的碰撞声。一颗颗照明弹飞挂在德军阵地上空。他们知道我们在准备进攻，他们也在准备对付我们的进攻。他们唯一不知道的是什么时候开始。今天、明天、拂晓、黄昏，还是中午？法西斯分子惶惶不可终日，飞机用降落伞投下一串串照明弹，他们在等待着……

不！我仿佛从未见过这样的队伍。他们步伐整齐，肩并着肩。来自俄罗斯大地的勇士们阔步行进在柏林！突然间响起了歌声——浑厚的歌声，动听的歌声，我们俄罗斯的歌声。这歌声在仍旧弥漫着硝烟的街道上空回荡，在第三帝国的党魁们曾经拟定过统治世界计划的城市上空回荡！

我望着战士们的脸孔，这是一张张疲倦而又欢乐的面孔，这就是一个战士真正的幸福！

延展阅读

《在华使命》

崔可夫著。崔可夫与中国的渊源颇深。1922 年，崔可夫跨入苏俄第一所最高军事学府——伏龙芝军事学院，毕业后留校在东方部中国系继续深造。1927 年赴华任军事顾问。1940 年秋，苏共中央委员会决定派通晓汉语、出使过中国、此时正在赋闲的崔可夫少将前往中国担任苏联军事使团团长，即蒋介石的总军事顾问，指导中国的抗日战争。这本回忆录对于我们研究当时的历史，有很大的帮助。

《斯大林格勒》

英国作家安德森著。斯大林格勒（今伏尔加格勒）会战是苏联伟大卫国战争中，苏军为保卫斯大林格勒并粉碎该方向上的德军集团而进行的一次会战。这次会战从 1942 年 7 月 17 日开始，1943 年 2 月 2 日结束，历时六个半月，这是第二次世界大战的转折点。此书为我们展现了一幅壮阔的战争场面。

《阿富汗战争的悲剧》

〔俄〕A. 利亚霍夫斯基 著

该书是苏联将领痛定思痛著就的反思性历史题材作品，能够反映当时苏联人复杂的心理。

关于作者

A. 利亚霍夫斯基，1946年出生，俄罗斯军队高级将领，少将军衔。先后毕业于阿塞拜疆最高苏维埃高等军事学校、福艺芝军事学院和苏联武装力量总参谋部军事学院。

苏联从阿富汗撤军的完成阶段（1987—1989），利亚霍夫斯基任职于驻阿苏军作战指挥组，是当时作战指挥组组长瓦连尼科夫大将最亲密的助手。他积极参与了苏军驻阿富汗第40集团军与阿富汗国防部、安全部、内务部等强力部门之间的组织协调和协同作战工作。这些经历，让他对当时苏军在阿富汗的军事行动有非常深入的了解。这为他创作一系列关于阿富汗战争的文学作品打下了坚实的基础。阿富汗战争之后，利亚霍夫斯基调苏联陆军总司令部工作，此后长期任职于苏军总参谋部。身处部门内部，他比其他作家了解更多内部资料，这是不可比拟的巨大优势。

利亚霍夫斯基著有三部描写阿富汗战争的长篇纪实性小说《阿富汗战争的秘密》《阿富汗战争的悲剧》《阿富汗火焰》，内容翔实，揭露了很多战争的内部资料，既有很高的学术价值，又具有可读性，成为了解阿富汗历史、研究苏联发动的阿富汗战争的可靠资料。

荐读理由

阿富汗是一个多灾多难的国家。二战之后一直到今天，它都没有享受过真正的和平。二战结束之后，曾经发生过两次著名的阿富汗战争。现在，美军发动的阿富汗反恐战争大大地改变了世界的面貌，影响极为深远，但我们不要忘记苏联在 20 世纪 70 年代末所发动的入侵阿富汗的战争，同样在给阿富汗人民带来深重的灾难的同时，大大改变了国际政治、军事力量的对比，苏联从此一蹶不振，踏上了衰亡之路。

20 世纪 70 年代，苏联加紧与美国争夺世界霸权。为实现其南下印度洋，控制中亚枢纽地区的战略企图，从 1973 年起对阿富汗进行政治、经济、文化和军事渗透。1978 年 4 月，苏支持阿人民民主党军官发动政变，夺取政权。1979 年 9 月，阿人民民主党内部发生火并，政府总理阿明杀死党的总书记塔拉基，自任革命委员会主席兼总理。阿明上台后试图摆脱苏联控制，声称要与美国实现关系正常化。苏联担心失去对阿富汗的控制，决定采取军事行动并进行战争准备。

从 1979 年 12 月到 1989 年 2 月，双方进行了旷日持久、边打边谈的战争。苏联在政治、外交、经济、军事上承受了巨大压力。战场上的屡屡失利、阿富汗游击队的不断壮大，迫使苏联改变侵阿政策。苏联被迫接受 1988 年 4 月 14 日达成的日内瓦协议，并于同年 5 月 15 日至 1989 年 2 月 15 日分两个阶段撤出全部 11.5 万军队。至此，苏联侵阿战争结束。

阿富汗战争，历时 9 年多，给阿、苏两国人民带来深重灾难。阿富汗有 130 多万人丧生，500 多万人流亡国外沦为难民；苏联先后有

150 多万官兵在阿富汗作战，累计伤亡 5 万余人，耗资 450 亿卢布，极大地削弱了国力，从而被迫改变其全球战略，对国际战略格局影响极为深远。

利亚霍夫斯基，曾经担任过苏联高级将领。他掌握有大量详细的阿富汗战争资料，可以带我们重新回到那场充满悲剧色彩的战争岁月。利亚霍夫斯基曾经专门撰写《我为什么要写〈阿富汗战争的悲剧〉》一文，来阐释自己写作此书的理由。他说道：

“我认为，美国领导人缺乏对当地地缘政治的深入研究分析，没有充分预测到动武对自己同当地国家和伊斯兰国家关系会产生长期影响，愤怒情绪和急于对恐怖主义分子袭击华盛顿和纽约的行为予以报复在美国当局的行为中占据了主导地位。

必须做好面对严酷斗争的精神准备，所以，请不要忽视苏联军队在阿富汗境内十年战争的经验。”

现在美苏争霸的冷战时代已经结束。恐怖主义是世界各国面临的巨大威胁，有必要所有国家联合起来，共同应对。以史为鉴可以知兴衰。利亚霍夫斯基写作此书，透彻地分析当年苏联在阿富汗境内军事行动失败的惨痛教训，意在告诫美国要做好充分的思想准备，从苏联的行动中吸取教训，少走弯路，以真正打赢这场反恐战争。

作者在回顾这场战争时，没有采用概括的理论分析法分析出兵一事，而是按照时间顺序，一步一步讲述事件过程。同时，作者引用大量的历史档案，真实讲明苏联出兵阿富汗的历史背景，比较客观地反映了苏共当时的一些内幕，苏联军队占领阿富汗后的实际状况，以及出兵给阿富汗和苏联带来的严重后果等。《阿富汗战争的悲剧》一书，荟萃了作者多年资料整理和理论分析的精华，是苏军将领痛定思痛著就的反思性历史题材作品，读来如身临其境，能够体会到当时苏联人复杂的心理。

先睹为快

事情过去了许多年之后，阿列克谢耶夫回忆说，当时觉得不能在酒吧待下去了，得赶快离开；大家在走廊里走着走着，突然发生了爆炸。冲击波把他们抛到了会议室门前，于是，大家索性躲了进去……库兹涅契科夫靠在窗户左面的墙壁站起来，阿列克谢耶夫在右面，命运就这样把他们分离开来：有一名战士从门前跳过，以防万一地朝黑暗中扫了个点射，库兹涅契科夫不幸被一发子弹击中，他只惊叫了一声，便倒下死了。

阿富汗形成了这样的传统，政权发生更替时一定要杀人。1997年夏天，玛苏德在接受《绝密报》采访时说："我和纳吉布拉是站在街垒两边的人，这是公开的秘密……他为了逃避塔利班，躲在联合国驻喀布尔和平使团内。我们非常清楚，他绝无出路，我们并不希望他死……纳吉布拉是被金属链条殴打致死的，还被挖出双眼暴尸街头……我们爱莫能助。"

美国国务院官员麦克·加里森在莫斯科逗留期间回答我的提问时说："当谈及办事不得要领时，我一贯觉得那是不会有所作为的。我们不止一次地提醒国内，可12月13日却收到卡特致勃列日涅夫的信函，里面谈到的是柬埔寨边界问题。我们继续以阿富汗目前已处于苏联势力范围为由提醒国内注意。当时我真不明白华盛顿的狗为什么总也没叫起来……"

延展阅读

《中东国家通史：阿富汗卷》

商务印书馆出版，作者彭树智是我国著名的历史学家，尤其对阿富汗问题有相当深入的研究。如果想对阿富汗历史作更为深入的了解，这是非常好的读本。

《哭泣的阿富汗》

作者丝芭·沙克布，生于伊朗德黑兰，信仰波斯教，熟悉阿富汗及其传统风俗。1996 年开始在阿富汗进行写作，并做编导，为德国电视台（ARD）制作的文献资料记录下了饱受蹂躏的阿富汗人民的悲惨遭遇。本书是一部讲述战争中女性遭遇的小说，可以比较自然地带领我们走进阿富汗人的真实生活。

《苏联出兵中国东北纪实》

〔苏〕乌斯季诺夫、扎哈罗夫　著

本书以苏军统帅的视角来审视苏联出兵东北这一重大历史事件。

关于作者

乌斯季诺夫（1908—1984），苏联党务和国务政治家、军事家，苏联元帅、苏联英雄。1946—1953 年任苏联武器装备部部长。1953—1957 年任苏联国防工业部部长。1965—1976 年任苏共中央书记。1976 年 4 月起任国防部长。

乌斯季诺夫不是职业军人，没有指挥实战的经验。但他一生与军事有紧密的联系，了解和熟悉苏联军队。据西方评论，他头脑清醒，智力敏锐，军事思想比较全面。1979 年出版的《乌斯季诺夫言论集》中很大篇幅是谈军事问题的。乌斯季诺夫是勃列日涅夫时代苏联军方的核心人物之一。

扎哈罗夫（1893—1972），苏联军事家，苏联元帅，两次荣获苏联英雄称号。1917 年 4 月参加赤卫军，参加了攻打冬宫和在普尔科沃地区平息克伦斯基—克拉斯诺夫叛乱的作战。1943 年 10 月至 1945 年 6 月任乌克兰第二方面军参谋长。1945 年 6 月至 10 月任外贝加尔方面军参谋长。1952 年 6 月起任苏军总监察长。1953 年 5 月起任列宁格勒军区司令。1957 年 11 月起任苏军驻德军队集群总司令。1960 年 4 月至 1963 年 3 月和 1964 年 11 月至 1971 年 9 月任苏联国防部第一副部长兼总参谋长。撰有关于战争理论、战争史和训练培养苏军方面的一系列著作。主持编写的战史理论著作有《苏联武装力量五十年》《结局》《布达佩斯—维也纳—布拉格》等。

荐读理由

这部书的两位作者均为苏联军队元帅，尤其是扎哈罗夫元帅，亲身参与了苏军出兵东北的整个过程。这本书以苏军统帅的视角来审视苏联出兵东北这一重大历史事件，对于研究苏军出兵中国东北苏联方面政治军事历史具有很高的参考价值。

1945 年 2 月 4 日至 11 日，苏、美、英三国首脑斯大林、罗斯福和丘吉尔，以及三国外交部长聚集于雅尔塔。会议的一项重要内容就是讨论苏联出兵中国东北问题。《雅尔塔协定》规定：在德国投降及欧洲战争结束后的两个月或三个月内，苏联将参加对日作战。

雅尔塔协议实际上是对中国主权的粗暴践踏。事实上，苏联出兵中国东北，在历史课本上之所以并未过多提及，也是因为这并非一段完全光荣的历史。苏联出兵提出了很苛刻的政治条件。譬如：外蒙独立问题、中国东北不允许出现反苏政权、东北经济必须与苏联进行垄断性合作等等。可以说，中国付出了巨大的领土和主权代价之后，才换得苏联的出兵。

1945 年 8 月 9 日零点 10 分，苏联红军从东、西、北三个方向，在四千多公里的战线上，越过中苏、中蒙边境，向关东军发动突然袭击。经过近一周的激战，8 月 14 日，苏军各集团军迅速向东北腹地推进。8 月 15 日中午，日本天皇发布投降诏书。8 月 17 日下午 5 时，关东军司令山田乙三大将致电苏联远东军司令部华西列夫斯基元帅，说关东军

"奉天皇之命停止军事行动"，向苏军缴出武器。18 日下午，关东军司令部向所属部队下达了投降命令。19 日下午，苏军进入沈阳，还在这里俘虏了清朝末代皇帝溥仪。8 月 22 日，哈尔滨日军向苏军投降。同一天苏军进入大连。

1945 年 9 月，八路军挺进东北，积极配合苏军作战。苏军撤退前，将大批关东军的装备交给了中共军队，仅第一、第二两个方面军移交的武器就有 3700 门火炮、迫击炮和掷弹筒，600 辆坦克，861 架飞机，680 座军用仓库及松花江舰队的船只。可以说，正是因为苏联接受了日本投降，才免于这些武器装备落入国民党手中，从而为共产党依靠东北野战军为主力打赢内战创造了条件。

这本书，是苏联的军事统帅所著，其意义一方面在于对这场战役予以总结，另一方面，就是为苏联的这次军事行动提供理论支持和历史定位。我们可以通过这本书，透视当时苏军领导人的思想，从而为我们解读当时复杂的政治、军事情况提供必要的借鉴。这本书中详细记录了战役开展前后的各国政治、经济、军事情况，尤其是记录了战役发动的每一步进展，记录了当时东北各界的反应等历史资料，对于我们把握这段历史还是大有裨益的。

全书分十个章节。第一个章节，总体上讲述了当时东亚地区的军事、政治局势。第二章至第五章，则分别对日本、中国、盟国、苏联力量的彼此消长以及为战役所作的各种准备做了非常详细的介绍。第六章至第八章则叙述了苏军战役进展情况，并把苏军出兵东北归结为摧毁日本帝国主义的最直接原因。第九章和第十章则论述了日本投降之后，美国和苏联在东亚地区利益的争夺。

历史留给我们遐想，我们也应该回归历史去寻找答案。虽然书中的很多观点，如苏军出兵东北是促使日本投降的最直接原因等，并不能得到所有读者的认同，但这本由苏军统帅写成的书，可以引领我们进入那段不寻常的历史。

先睹为快

日本军部和日本政府认为，1945年美国与英国的作战方向首先指向了日本，然后才是中国东北和中国其他战场，即战争将转向大陆战场的武装斗争。他们认为，日本有足够的武装力量建立纵深梯队防御，能抵制美军进攻并使其遭受重大损失。这样一来，战争可能会延期，日本也能以此获得和平的有利条件。日军大本营认为，他们在大陆地区的作战准备要高于美军，而且在陆地作战美军的海舰炮和海军部都发挥不了支援作用。这样美军战略后方将更远离供应基地。日军便可在陆地组织游击战争与美军周旋，对其交通线予以重击也毫无疑问能削弱其作战能力。

出于这种考虑，东北及中国地区战略基地的巩固对日军来说才具有特别的意义。

法西斯德国粉碎和投降以后，苏联认为，只要在远东还存在战争和侵略的策源地，它的安全性就不能得到保证。铲除这一策源地符合苏联及东亚和东南亚广大人民的切身利益。

全人类企盼早日结束第二次世界大战。然而，只有在粉碎了关东军后才可能在短时间内使日本投降。1945年5月前，苏军的远东集群承担防御任务，然而它还没有强大到足以迅速粉碎敌人。

在捏造了苏联企图侵略的事实后，报告的作者认为，如果苏联得以完全控制东北，或者“完全抑或在很大程度上使其成为经济上的附庸”，那么此举“将使苏联在远东发生大的战事的时候大大加强自身的军事潜力”。报告还强调，美国不应该允许“苏联利用东北在东亚建立强大的力量，这会对美国构成严重威胁”。报告指出，如果不利用东北的资源，“中国在将来的一段时期只能是一个名义上的强国而已，并且随着日本逐步成为三流国家，亚洲的力量平衡将被打破”。

美国国务院和军事部门的军事家们的这些反苏的主观臆断和论调自然只是为美国统治阶层在东北的特殊兴趣辩护，他们把东北作为与苏联一旦开战的屯兵场，此时美国国内许多鹰派的政客和将军们已高呼号召准备发动与苏联的战争。

延展阅读

《苏联出兵东北始末》

作者汪宇燕。本书对抗日战争后期苏联出兵中国东北，歼灭日本关东军的历史过程作了全面翔实的介绍。二战后期，苏、美、英三国围绕对日作战及战后国际格局的重组等问题展开了一系列的外交角逐。英、美两国通过牺牲中国利益换取了苏联参加对日作战的承诺。苏军出兵东北大大加快了抗战胜利的进程，并对战后中国政局产生了重大影响。本书作者以崭新的视角全景式地回放了抗战后期的这段历史画卷。

《关东军和苏联远东军》

作者日本学者林三郎。作者对日本的关东军有深入的研究。这本书，系统地阐述了自 20 世纪 20 年代以来，日本、苏联在中国东北与当地政府的复杂的利益关系，读此书，有助于我们很好地把握苏联出兵中国东北的复杂的幕后背景。而且，这是从一个日本学者的角度来审视的，正好可以与苏军统帅的视角两相比较，更能客观地把握当时的历史事实。

《超级大国的较量》

黄甫生　主编

本书主要记述了20世纪下半叶在美苏争霸背景下发生的局部战争、武装冲突和反恐行动。

关于作者

本书为长江文艺出版社组织相关精干力量编写，作者均为供职于军事院校的一批专家，本书体现了他们厚实的军事和人文素养。

荐读理由

能够称得上“超级大国”这个称呼的，只有二战之后的美国和苏联。这两个国家同样幅员辽阔，同样有着强大的军事实力。它们的强大实力更多体现在军力上。

第二次世界大战的烟云还未完全消散，冷战的大幕又缓缓拉开。美国和苏联这一对超级大国，在从共同对抗纳粹的威胁中解除出来后，就再也没有过真正意义上的和平相处。它们在全球范围内明争暗斗，让整个世界都不得安宁。不过与以往战争不同的是，双方都更倾向于在他国挑起间接的战争对抗，而避免相互间的直接作战冲突。据统计，在第二次世界大战后的50年里，世界上共发生各类战争及武装冲突近200次，造成的生命及财产损失已远远超过两次世界大战。没有一方希望挑动对方直接开战，因为这意味着全面核战争，即便是冷战，美苏双方也积极寻找多种途径与对方展开竞争。这其中最令人生畏的是军备竞赛，双方囤积了足以让对方毁灭成百上千次的核弹头，并将核弹的打击范围扩大到太空空间。双方无时无刻不在策划实施针对对方的间谍活动。太空竞赛的唯一积极后果是促进了航天事业的发展，苏联人首次在太空航行，而美国人则抢得了登月的先机。

战争还改变了军事联盟的格局。美国人与西欧国家组成了北大西洋公约组织。而作为对抗，苏联人则将大多数东欧国家集结在一起，共同组建了华沙条约组织。这两个组织中的任何一个成员国如果遭受攻击，则视为对整个组织的挑衅，该组织的所有成员国将立刻针对挑战国发动最严厉的反击。尽管美苏真正意义上的全面战争从未爆发，但有数次战争已一触即发。美苏争霸的结果是，美国的经济发展战胜了苏联的人力优势。1991 年苏联解体，共产主义在苏联遭到彻底失败——即便在苏联解体之前，不少前共产主义阵营中的国家已纷纷相继抛弃他们的信仰。昔日的华约早已无处寻觅，而北约则一直活跃至今，并吸纳了不少苏联阵营的成员国加入其中。

苏联解体后，俄罗斯继承了苏联 70% 的军事实力，但再也无法同美国抗衡。美国凭借其绝对的实力依然维持着其超级大国地位。

《超级大国的较量》主要记述 20 世纪下半叶在美苏全球争霸背景下发生的局部战争、武装冲突及反恐怖行动中的著名军事行动。如“烙铁行动”“铝块行动”“猎人行动”“海湾战争”“印巴战争”“诺亚方舟行动”“蓝光行动”“沙漠之狐行动”等等。在叙述这些军事行动的时候，作者严格按照纪实的笔法，将军事行动的来龙去脉、前因后果、秘闻趣事、历史价值、社会影响等内容有机结合，力求做到史料准确、语言流畅、通俗易懂。

二战后的几十年，世界从未太平。如果给世界一个重新来过的机会，超级大国是否还会如此左右世界的进程，你我是否又能享受到今天的安定和繁荣？如果你对这段美苏争霸的历史知之甚少，或者根本不了解，不妨将这本书拿在手中，细细揣摩其中的来龙去脉吧！

先睹为快

从“铝块”行动的设计，到圆满结束，历时14个月。以色列终于搞到了200吨铀。这样，它足以制造20枚威力相当于美国掷在广岛上空的原子弹了。

据美国《时代》杂志报道，到1973年，以色列靠偷到的铀制造了13枚原子弹。在1973年10月爆发的第4次中东战争中，以色列军队节节溃败。以色列总理在国防部长要求下，曾下令以色列最机密的原子特种部队进入最高戒备状态。10月8日夜间，储存在以色列奈格夫沙漠中的地下工事里的原子弹，被迅速运到经过改装的幽灵式战斗机上。一位顾问迫不及待地向总理哀求：“发信号吧！把原子弹扔到埃及去！我们宁可先毁掉整个中东！”那时，全世界不知不觉地处于一场原子战争的边缘。只是后来战局发生转变，以色列军队乘隙突过苏伊士运河西岸发动了反攻，以色列的原子弹才没有扔出，重新回到了地下工事。

在大洋底秘密打捞苏联核导弹潜艇的这一秘密行动，共耗资5亿美元，历经风波曲折，整整用了六年时间，而关于这次历险的过去、现在和将来的一切情况，却仍将有可能永远淹没在巨大而黑暗的秘密之中。

关于苏联沉艇的发现，还有这样一个有趣的故事：在一本名叫《神秘的秘密战》的书中，作者说，目前人类还根本无法用仪器探测到沉没在5000米以下的大洋深处的东西。中央情报局是因为请了一位具有“特异功能”的纽约艺术家莫戈·斯旺才测出了苏联沉船的位置。这位有名的艺术家具有大脑透视功能。据美国斯坦福研究院院长拉塞尔·塔格和哈罗德·普托夫曾发表的一篇研究报告中说，莫戈可以用大脑“看见”千里之外的任何物体，乃至木星、水星上的情景。据报道，他对水星的描述，后来均被美国国家航空和航天局的飞行器“水手”10号发回的照片所证实。证实这位具有特异功能的莫戈·斯旺，用他的大脑“看见”了沉没在太平洋底5000多米深的苏联“G”级Ⅱ型潜艇，从而为中央情报局打捞提供了确切的情报。

可是这里自古就是兵家必争之地。自从1690年，英国人约翰·斯朗特因受暴风雨的袭击，意外发现了这个岛屿以来，就纷争不断。英国人、法国人、西班牙人和阿根廷人纷纷宣布此岛归自己所有。经过一番争斗，西班牙人赶走了英国人；但几十年后，英国人又重回马尔维纳斯群岛，从西班牙人手中夺得其主权。当阿根廷摆脱了西班牙人的殖民统治后，他们马上宣称继承西班牙对马尔维纳斯群岛的主权，可英国并不买这个账，仍然能占据着这个岛，并多次申明此岛以及整个马尔维纳斯群岛海域都是英国的领地。其后，进行了数次会谈和调解，如1965年在联合国大会明确指出，马尔维纳斯群岛问题属殖民地问题后，英国在联合国的督促下勉强和阿根廷举行断断续续的谈判；1971年，“逐步把岛上的居民阿根廷化”的协议等。但英国态度变化不定，总是出尔反尔，马尔维纳斯群岛的主权问题一直得不到解决。

延展阅读

《冷战时期的美苏关系》

作者北京大学教授牛军。本书是在利用最新的档案资料作出的研究成果的基础上编撰的北京大学国际冷战史专题讲义。

本书包括的主要是美国与苏联之间的关系中的一些重大问题。因为冷战的历史从起源到结束，都主要是美国与苏联两个超级大国之间的关系的历史。贯穿所有前述重大问题之始终的，便是美苏两个超级大国的有关政策和它们之间关系的互动。

《古巴革命战争回忆录》

〔古巴〕埃内斯托·切·格瓦拉　著

古巴革命战争是个传奇，而格瓦拉则是传奇中的传奇。

关于作者

埃内斯托·切·格瓦拉（1928—1967），原名埃内斯托·格瓦拉·德拉塞尔纳，1928 年 6 月 14 日生于阿根廷罗萨里奥省。他是古巴民族解放运动的领导人之一，也是卡斯特罗的亲密战友。一个被称为“红色罗宾汉”的游击革命家，一个被誉为“共产主义堂吉诃德”的理想主义者，用他 39 年的短暂时光谱写了一部生命传奇。

切·格瓦拉两岁时就患上了哮喘，无法治愈。后来学医，毕业于布宜诺斯艾利斯大学医学系。后来，格瓦拉周游拉美，在行医的同时，深切地感受到拉美人民身上所承受的痛苦。受过良好教育的格瓦拉，本来可以选择稳定安逸的生活，然而，他却抛弃了这一切，投入了拉丁美洲的革命事业。1955 年，格瓦拉在墨西哥流亡时与古巴革命者卡斯特罗结识，从此加入了古巴的革命斗争，开启了他生命中最为光辉灿烂的篇章。

革命胜利后，格瓦拉曾担任古巴国家银行行长、工业部长。1965 年 3 月，在他出访亚、非国家回到哈瓦那后，古巴政坛上再未出现格瓦拉的身影。原来，这位天生的革命家已经辞去了古巴党、政、军的一切职务，去其他国家继续进行反帝斗争。格瓦拉在给卡斯特罗的告别信中说："哪里有帝国主义，就在哪里同它斗争；这一切足以鼓舞人心，治愈任何创伤。"而在他看来，非洲无疑是遭受帝国主义压迫最严重的地区。切·格瓦拉先在刚果东部金沙萨领导游击战争，1966 年返回拉丁美洲，深入玻利维亚丛林开展"游击中心"的革命活动。1967 年 10 月 7 日，格瓦拉的游击队伍被玻利维亚政府军包围，格瓦拉被俘。1967 年 10 月 9 日，他被玻利维亚当局杀害，时年 39 岁。

今天，我们看到世界各地都掀起了崇拜格瓦拉的热潮。这种崇拜在充满叛逆精神的青年人身上尤为明显。青年人喜欢特立独行的风格，但是能够在世界范围内普遍引发青年人的崇拜，就非常难得了。这正说明了格瓦拉独特的个人魅力和意志品质在当下依然具有强大的感召力。

荐读理由

"在将来，当人们要寻求一个无产阶级国际主义者的榜样的时候，那个高于一切的榜样就是切的榜样！国旗、偏见、沙文主义和利己主义已经从他的思想和内心深处消失了。为了任何民族的利益，为了任何民族的事业，他随时准备立即慷慨地洒出自己的热血。"

——菲德尔·卡斯特罗

切·格瓦拉，现在已经化身为一个文化符号而被全世界范围内的青年人所追捧。这种追捧，并不是对他事业的崇拜——相当多的崇拜者，来自发达国家的青年人，他们并不追求革命——而是对他人格的崇拜和对他特有的精神品质的敬仰。

格瓦拉是个满怀激情的革命家，是一个为正义、为真理献身的理想主义者。他写信给子女："你们应当永远对于世界上任何地方任何非正义的事情，都能产生最强烈的反感。这是一个革命者的最宝贵的品质。”身为阿根廷人，为了正义，他投身于古巴的革命事业；作为古巴国家的开创者，为了真理，他放弃了已有的一切，深入玻利维亚丛林，在极其艰苦的环境中继续反帝游击战争。他总是给世人以惊奇，用自己的生命谱写一个共产主义战士的青春之歌。

古巴革命战争是一个传奇，如同中国共产党在毛泽东的带领之下，用小米加步枪打败了美援装备的国民党部队一样。卡斯特罗所率领的革命部队，同样采取游击战争的形式一步步茁壮发展起来，最终摧毁了美帝国扶持下的傀儡政权。古巴革命战争是个传奇，而格瓦拉则是这个传奇中的传奇。了解格瓦拉，了解格瓦拉在古巴革命战争中的贡献，可以加深我们对这场革命战争的理解，同时也可以走近这位传奇英雄。

古巴革命战争胜利之后，格瓦拉断断续续写了一些关于古巴游击战争的文章，阐述他的“游击中心”思想。这些文章陆续在古巴《绿橄榄树》《波西米亚》等杂志上发表。1963 年，哈瓦那出版社收集了 19 篇文章，汇编出版了《革命战争随笔》（《古巴革命战争回忆录》是在此书的基础上整理而成）一书。本书主要是对古巴武装斗争史实的详细描写。内容包括卡斯特罗在墨西哥秘密组织游击队、“格拉玛号”远征、革命队伍进入马埃斯特拉山、山区的战斗生活、下山后向哈瓦那进军取得胜利等等。绝大多数篇幅是对古巴起义军在马埃斯特拉山区的战斗生活的叙述。格瓦拉对于自己所亲历的战役，描写得特别仔细，往往涉及从战斗开始到战斗结束的各个环节。另外，本书还附带了格瓦拉在古巴革命胜利后到 1967 年春“失踪”前在古巴当权时所写的 26 封信，对于研究格瓦拉的人生具有相当大的参考价值。

先睹为快

那次讨论的时候并没有说服我，而过了几年，在今天我必须承认菲德尔的判断是正确的。就是对一个乘卡车的巡逻队采取这样的孤立行动，对我们来说其所起的作用也不会多么大。这因为当时我们渴望战斗的心情使我们难于忍耐而采取了这种过激的态度。或者，也许是我们没有能看到比较长远的目标。不管怎样，我们已开始做着乌维罗战役的最后准备工作了。

如果你们不相信人民，不依靠他们的力量和战斗精神这个伟大的源泉，那么你们就没有权利在当前这个共和国生存中最英勇和最富有希望的时刻插手进来破坏和捣乱。别让这些政客老爷们用他们的那种勾当、他们的赤裸裸野心、他们的穷凶极恶的贪婪要求、他们贪赃枉法的高明手段，来打乱革命的进程吧！因为在古巴，人们一心向往的是比这更加重要的事。如果这些卖身投靠的政客老爷们愿意的话，让他们变成革命者也行！但是千万不能让他们把革命搞成他们那种蜕化变质的政治交易，因为今天我们人民的鲜血已经流得太多了，人民作出的巨大牺牲已经太多了，明天不该再受到这种毫无价值的欺骗。

我们不屈不挠的美洲大陆上的朋友可以相信，如果必要，我们就会斗争到我们的最后一口气。如果战争还要继续下去，我们将打到流尽我们起义者的最后一滴血，把我们的土地变成一个独立自主的共和国，发扬一个幸福、民主和对其他美洲人民怀着亲兄弟情谊的那些民族的真正品质。

延展阅读

《古巴革命纪实》

这是作者的另一部精品。

本书以第一手的笔记辅以大量访谈，使得卡斯特罗领导下的这支马埃斯特拉山区著名的游击队，轮廓逐渐清晰。第一部分所收录的，是刊登于杂志《绿橄榄》的文章，经由格瓦拉本人亲自整理，本书初版在1963年发行。第二部分则收录革命期间所发生的事情，比如处死小狗仔、难忘的女性伙伴丽迪亚等诸多埋没在大历史中的小故事。革命时，背包里绝对有诗集跟笔记本的切·格瓦拉，以黑色笔在本书初版的页缘上做了逐页的注记，为的是“如果有一天可以重新出版”。此版本为切·格瓦拉的女儿亚蕾伊达·格瓦拉审定新增，是最完整的格瓦拉作品。

《切·格瓦拉：卡斯特罗的回忆》

最了解格瓦拉的人，非卡斯特罗莫属。格瓦拉青年时代即怀抱拯救拉丁美洲的梦想，离家参加反帝运动。十年的戎马生涯无疑是他一生中最重要的部分。卡斯特罗是格瓦拉最亲密的战友，他们并肩作战，一同出生入死。在本书中，卡斯特罗回忆了他们之间不同寻常的友谊，并为格瓦拉描绘了一幅立体的肖像：作为一个人、一个战士、一个思想家的格瓦拉，他的过人之处和致命缺陷。为了了解一个真实的切·格瓦拉，让我们走进卡斯特罗的回忆。

《拿破仑传》

〔德〕埃米尔·路德维希 著

没有拿破仑的战争史，不会是一部完整的战争史。

关于作者

埃米尔·路德维希（1881—1948）是国际知名的德国作家，尤以脍炙人口的名人传记而享誉国际文坛。他在大学时代攻读法律，25岁后，开始创作诗歌和剧本。第一次世界大战期间，他担任德国一家报社的驻外记者，继续从事文学创作。

1920年，埃米尔·路德维希因写作《歌德传》一举成名，开创了传记文学写作的新流派。他尤以描写传主的心路历程，着重性格分析而享有盛名。继《歌德传》后，路德维希又先后发表了众多名人传记。其中译成英文的有《拿破仑传》《俾斯麦传》《林肯传》《兴登堡传》《克里奥帕特拉传》《罗斯福传》等；另有《三人肖像：希特勒、墨索里尼、斯大林》《贝多芬传》与《奥塞罗传》等。

荐读理由

如果要你选择一位你心目中的欧洲资产阶级时期最著名的人物，

你会选择谁？无论最终选择的是谁，拿破仑的名字肯定会闪过每个读者的心头。早在半个多世纪以前，毛泽东就将拿破仑与华盛顿并提为“西方资产阶级英雄”。这个科西嘉的小个子将军，曾经在当时的世界掀起狂风巨浪，而随着时间的流逝，他又被世人所传颂、所敬仰。

拿破仑于1769年出生在科西嘉的阿雅克修。时势造英雄，法国革命爆发后，刚成立不久的法兰西共和国政府卷入了同几个外国列强的战争之中。拿破仑指挥了著名的土伦之战。1796年他被提升为驻意大利法军司令。从1796年到1797年，拿破仑在意大利赢得了一系列辉煌的胜利。

1799年拿破仑离开了他在埃及征战的部队，返回法兰西共和国。一个月后就与其他人一起发动了一次政变，宣告成立一个新政府——执政府，他任政府的第一执政。1804年拿破仑正式宣布自己为法兰西帝国皇帝。拿破仑飞黄腾达的速度令人吃惊。1793年8月在土伦包围战之前他只不过是个无名鼠辈，一个24岁的小军官；不到六年以后，年仅30岁的他就成为法兰西当仁不让的君主，他在君主的宝座上一坐就是14年。

拿破仑在欧洲战场所向披靡，不仅击退了国外军队的入侵，还扩大了法国领土，几乎横扫欧洲。但世无常胜将军，1808年拿破仑使法兰西帝国卷入了在伊比利亚半岛上的一场长期而无目的的战争，使法军多年陷入困境。而拿破仑最致命的失误是他的征俄之战。1812年拿破仑率大军入侵俄国。战争的结局为人所共知，俄国人充分利用地理和气候因素，战胜了不可一世的拿破仑。1813年拿破仑在莱比锡战役中又遭到了一次毁灭性的失败。翌年他宣告辞职，被放逐到意大利沿海的一个小岛——厄尔巴岛上。1815年他从厄尔巴岛奇迹般地逃回法国，在法国他不费一枪一弹夺回了帝位。面对这样的威胁，欧洲列强再次对他宣战。1815年6月18日，滑铁卢成了拿破仑最终谢幕的舞台。滑铁卢之战后拿破仑被大不列颠及爱尔兰联合王国囚禁在南大西洋的一个小岛——圣赫勒拿岛上，于1821年逝世。

埃米尔·路德维希所著的《拿破仑传》是拿破仑传记中的经典作品之一。它有两个显著的特点：第一，将史实与心理分析有机地结合起来。作者在本书的后记中称，此书意在“描写拿破仑的内心历程”，但同时追求“真实”。第二，具有较强的可读性。路德维希并不是纯粹的史学家，而是一个作家，这就保证了其作品在语言上的质量。作者的语言精粹而引人入胜，心理刻画之细致、分析之透彻都达到了非常高的程度。

埃米尔·路德维希自己评价说：“记者、史学家和诗人带给拿破仑的种种光环和幻想，在此书揭示的可怕事实前统统消失了。但英雄并未因此而变得渺小，反而显得更高大了。我们从中看到，真实的事物拥有多么强大的优势，如果你敢于把它说出来。”

没有拿破仑的战争史，不会是一部完整的战争史。而有关拿破仑的传记，我们认为这本书是值得读者阅读的。读到此书，你会感觉自己会跟伟人如此贴近，时间的概念似乎消失了。这里并非充满了战斗的豪情、尔虞我诈的政治，更多的是一个伟人内心的挣扎与煎熬。每一个想要真正了解拿破仑的人生历程，尤其是把握他的心路历程的读者，都不应该错过此书。

先睹为快

当这桩阴谋被揭穿的时候，整个欧洲为之震惊。所有正统统治者都对他的谨慎惊叹不已。现在他们更强烈地寄希望于他的敌人，这些敌人的数目肯定超过政府公报上公布的数字。英国的部长们颜面扫地，伟大的莫罗身陷囹圄！波拿巴此前一直犹豫不决是否要逮捕他，因为这位同伴德高望重，他本人也对他敬重有加。在执行逮捕行动那天，他不断派人去打探消息。他想起了往事吗？三年多前的一个晚上，他躲在塔列朗家。当大门前传来骑兵的马蹄声时，他吓了一跳，以为自己会被逮捕。审判过程令人不快，莫罗被证实罪名成立，但波拿巴不敢处决他，只是将他驱逐到美国。皮什格鲁不知被谁勒死在狱中。其他 13 名叛党被处死。其中一名在审讯时透露，一个波旁王朝的成员也参与了此次阴谋。

他的灵魂因激动而摇摆不定，心神极度不安。他既希望进行决战，又害怕这场战争。同往常一样，他抱着先礼后兵的态度给沙皇写了一封信，言辞颇为友善。同时，他会见了一名在巴黎进行间谍活动的俄国上校，他的言辞闪烁："因为沙皇还很年轻，而我也还得活很长时间，所以我曾以为，我们之间有好的感情可以维护欧洲的和平和安定。我的感情依然如故。请你告诉他这些，并且加上这么几句：如果因为命运的安排，世界上最强大的两个国家为了一点女孩子气的口角而兵戎相见的话，我将像一名英勇的骑士一样全力以赴，既无仇恨也没有敌意。而且我还会建议，我们不要仅仅因为对一条缎条的颜色有意见分歧，便让成千上万的勇士血流成河！"

而今，这个孤独的病人身边有五个科西嘉人。真正顶用的只有两个：仆人和厨子。两个牧师，一个年老耳聋，行动不便，口齿不清；另一个刚从神学院毕业，一无知识，二无教养。而那个年轻的医生则是狂妄而浅薄。可看看自己的老乡，会勾起皇帝对故土的回忆。他以前一心想做一个法国人，所以一直压抑着对故乡的感情。现在，这种乡土情结终于复苏。拿破仑生是意大利人，死也是意大利人。

延展阅读

《拿破仑传》

作者英国作家麦克林恩。这是一部“纪史”性著作，它对拿破仑作为一位历史人物和一种人格的两面性给予尽情揭露。作者在全面和充分肯定拿破仑的伟大历史地位、他的卓越天才和功绩的同时，也将他“方方面面拆开来看”，以一种冷峻的眼光，撇开加在拿破仑头上的种种光环，还他以一个非虚拟的、实实在在的伟人形象。书中充满深刻的剖析和辛辣的评点，读来往往妙趣横生，发人深省。书中还包含着万花筒般的私隐轶闻，这绝不是一种廉价的文字上的入微写照。从心理历史传记的观点来看，这些陈言琐事、家长里短，往往是些零散的历史痕迹、宝贵的证明材料和指标，从中可以窥视传主的内心奥秘，寻求这位非凡人格从生成到泯灭的心理轨迹，探索拿破仑及其帝国悲剧命运的蛛丝马迹。

《中东战争全史》

〔日〕田上四郎　著

全面介绍历次中东战争，深入分析战争全程。

关于作者

田上四郎为日本防卫研究所研究员，著名的中东问题专家，其《中东战争全史》是研究中东战争的权威著作。

荐读理由

阿拉伯人和犹太人都是古闪米特人的后裔。两个民族都曾在巴勒斯坦生活过。在犹太人被赶出这个地区、散落世界各地之后，阿拉伯人已经在此生活了几千年。19 世纪末期开始，犹太人因为在其他国家遭到歧视并被屠杀，萌发了犹太复国主义，大批犹太人开始返回巴勒斯坦。英国和美国支持犹太复国主义。尤其是在一战之后，英国控制该地区，大量的犹太人涌入巴勒斯坦地区。20 世纪 30 年代纳粹迫害犹太人时，移民更是激增。大量的移民潮，造成犹太人与阿拉伯人之间的暴力冲突加剧。1947 年，联合国大会通过“联大 181 号决议案”决议，规定在巴勒斯坦建立阿拉伯和以色列两个独立的国家，这项决议案对阿拉伯人非常不公平，但他们根本无力挽回。1948 年成立以色列国。阿拉伯人未建立阿拉伯国。中东战争爆发。

两个民族都有自己的苦衷，犹太人的悲惨历史是让人同情的，但是阿拉伯人也很受委屈。沙特国王曾经这样说："我们同情犹太人，可是他们建国要在我们的土地上割让领土？历史上谁在迫害犹太人？穆斯林吗？既然德国人杀害犹太人就在德国划出一块土地给他们好了，为什么要损害与犹太人的苦难毫无干系的巴勒斯坦人民的利益?"

即便两个民族都有自己的信仰和理由，但种族仇恨的恶果已经酿下，两个民族在 20 世纪下半期进行了多次战争，统称为"中东战争"。

五次中东战争具体战况如下：

第一次中东战争（亦称"巴勒斯坦战争"，以色列称"独立战争"）

1948 年 5 月 16 日凌晨，以色列建国的隔天凌晨，阿拉伯国家联盟（7 个成员国）共集结军队 4 万多人，向以色列发起进攻，第一次中东战争爆发。

战争一开始，阿拉伯国家处于有利的地位，以色列军队节节败退。但以色列在美国的帮助下，争取到了短暂的停战时间，他们利用这段时间，做好充分的准备，展开反攻。在击溃了阿拉伯联军主力埃及军队之后，1949 年 7 月 20 日，双方签订停战协定。

第二次中东战争（又称苏伊士运河战争）

1956 年，由于埃及收回苏伊士运河公司后禁止以色列船只通过运河与蒂朗海峡，以色列发动战争与埃及争夺通行权。英法军队同以色列军队并肩作战，并最终取得了胜利。

第三次中东战争（亦称六五战争）

巴勒斯坦解放组织成立后，成为以色列的心腹之患。削弱阿拉伯联盟的力量，消灭巴勒斯坦解放组织，进而占领巴勒斯坦，成为以色列发动第三次中东战争的动机。从 1967 年 6 月 5 日发起攻击到 10 日攻占叙利亚戈兰高地，以色列军队取得了巨大的胜利。以色列把战略纵深扩大了6.5万公里，数十万巴勒斯坦阿拉伯人被以色列赶出家园，沦为难民。

第四次中东战争（亦称十月战争）

阿拉伯国家为了收复第三次中东战争中的失地，发动了这场战争。

1973年10月，埃、叙为摆脱美、苏造成的“不战不和”局面，向以色列开战。几乎所有的阿拉伯国家都参加了战斗。在这次战争中，埃、叙经过周密准备对其实施突袭和两线夹击，对以色列形成极大威胁。以军快速动员，先北后西，重点用兵，化被动为主动，尤其向运河西岸的大纵深突击，对于扭转被动局面发挥了作用。双方均损失巨大。战争结束后以色列国内强硬派再次抬头。

第五次中东战争（又称以色列入侵黎巴嫩战争）

1970年，巴解总部和所领导的游击队主力由约旦进驻黎巴嫩，后来又直接介入黎巴嫩国内斗争，扶植和武装伊斯兰势力，打击亲以的基督教势力，逐步控制了黎巴嫩南部和首都贝鲁特地区，成为“国中之国”，成为以色列的心腹之患。1982年6月，以色列对黎巴嫩发动大规模武装入侵，占领黎三分之一国土，重兵围困贝鲁特。此间1000多名巴勒斯坦难民遭到以色列侵略军和黎巴嫩基督教民兵的血腥屠杀。这一暴行激起了世界公愤。

《中东战争全史》非常详尽地介绍和论述了第二次世界大战后前四次中东战争的爆发原因、经过、结局和军事学术上的影响。本书写作时间尚处于冷战时期，因此在分析的时候，作者特别注重从国际大的环境来进行分析，其中的许多分析特别精彩，对于我们深入理解中东战争具有十分重大的价值。尤其是当今时代，中东地区依然动荡不安。虽然美苏对抗的国际大环境已经不存在，但是阿拉伯和犹太民族矛盾依然很深，民族矛盾才是中东战争的根本原因。通过阅读此书，再结合现在的国际局势，相信读者在对中东战争有相当深入了解的基础上，会得出更为客观的结论。

先睹为快

从1965年6月到1967年春，以色列对美国来说，无论是在外交上、军事上还是经济上都是一个沉重的包袱和累赘。但是，在1967年4月，以色列的军事存在压倒了其他一切因素，美国必须进一步加强和以色列的军事合作。美国中央情报局和其他情报机关同以色列的军事情报部部长亚里夫准将、谍报部部长迈耶·阿米特建立起密切的联系。1967年5月22日，纳赛尔总统宣布封锁亚喀巴湾，形势紧张起来。当时，亚里夫准将和阿米特部长私下进行了会晤，他们提到美国国防部和中央情报局对以色列没有大国的介入能够依靠自己的力量处理局势是满意的。这样，在美国的默许下，以色列在六天战争中实施了先发制人的进攻。以色列领导人对苏伊士运河战争时没有取得美国的同意就进行先发制人的进攻这个痛苦教训至今记忆犹新。对美国来说，它既要维护自己的名声，免涉同谋之嫌，更要考虑自己曾做出许诺，如果阿以爆发战争，美国将把自己不介入一事及早通报苏联。六天战争就是在这些超级大国争夺中东地区霸权的冷战条件下发生的。

这两年，从停战到埃及发表驱逐苏联军事人员的声明，的确是动荡不定的时期。南面苏伊士战线的炮火静下来了，相反，东面的约旦与北面的戈兰高地却风狂浪急——接连不断地发生争端。1970年9月，“黑九月”所代表的阿拉伯游击队接二连三地劫持民航飞机；叙军直接插手约旦内战；1970年9月28日，纳赛尔总统突然死去；11月13日，叙利亚发生军事政变；1971年5月13日，埃及发生政变等等，中东完全陷入了台风的漩涡之中。在埃及发生的政变中，萨达特总统驱逐和逮捕了亲苏派的内阁成员与阿拉伯社会主义联盟的骨干，组成了新内阁。5月25日，苏联部长会议主席率代表团访问开罗。27 日，两国签订了为期 15 年的友好合作条约。

以军情报部也错误地估计了阿拉伯民族面临国家危机时产生的战斗性。战争的根本原因存在于阿拉伯民族的心中。以色列所不得不依赖的遏制力对阿拉伯民族及其执政者不起作用。以色列保持强大的遏制力的愿望受到超级大国的制约，经济补偿性的遏制也处于国力和外交的制约之下。这种种制约，使第二次世界大战后阿以之间围绕巴勒斯坦领土的冲突，发展为美苏之间的对抗。

延展阅读

《中东和平进程：1967 年以来的美国外交和阿以冲突》

作者弗吉尼亚大学政治学教授威廉·匡特。本书分析了自 1967 年阿以战争爆发至 2004 年阿拉法特逝世近 40 年间美国历任总统是如何应对中东复杂局势的挑战的。作者采用最新解密的美国政府档案及其他已发表的有关约翰逊、尼克松、福特、卡特、里根、老布什、克林顿和小布什（第一任期）八位美国总统的材料，将当前局势置于宏大的历史背景之中，并指出了打破巴以僵局的可能出路。

《恶魔导演的战争》

刘亚洲　著

中国当代最经典的战争报告文学。

关于作者

《恶魔导演的战争》是一部报告文学集。作者刘亚洲，生于1952年，安徽宿县人，其岳父为我国老一辈无产阶级革命家李先念。1968年3月参加中国人民解放军。1972年在武汉大学外语系英文专业学习。1986年5月至1987年为美国斯坦福大学访问学者。1997年任北京军区空军政治部主任。2002年1月任成都军区空军政委。2009年12月任国防大学政委，上将军衔。

浙江人民出版社《中国高层文胆》一书，援引美军战略安全委员会评估报告，称刘亚洲“20世纪80年代就以描写新军事变革的战争作品著称”“是中国将领中少壮派力量的代表人物，也是中国军方高层的战略思想家和理论笔杆子”。

刘亚洲1974年开始文学创作，处女作长篇小说《陈胜》于1977年出版。主要著作有长篇小说《秦时月》《两代风流》，长篇报告文学《黄植诚少校》及中、短篇小说和报告文学多篇。大学毕业后到空军联络部工作，以敏锐的目光和宽阔的胸怀捕捉国际军事斗争新动向，创作了一系列国际军事题材的报告文学，代表作品有《恶魔导演的战争》《攻击、攻击、再攻击》等。

荐读理由

这是一部国际题材的报告文学集。这篇文章发表于20世纪80年代中期，那个时候，国人对于世界的了解还比较少。长时间的封锁，让我们对二战后几十年外界的军事动向知之甚少，对于外界的很多战争、军事理论的发展了解不足。这个时候，巴以问题的重新升级，得到了应有的关注。刘亚洲紧跟这场战争，做了大量的调查，著就了这部经典的战争报告文学。

《恶魔导演的战争》，使我们看到了一个全新的世界。埃及总统萨达特遇刺的场面，意大利恐怖组织“红色旅”的内幕，以色列“战争之王”沙龙的崛起和下台的经过，英国和阿根廷“马岛之战”的详情等重大的国际政治、军事事件在这里都有真实生动的描绘。

1982年，以色列在黎巴嫩进行的战争是非正义战争。这场战争是由“恶魔”沙龙导演的。从政治上说，以色列是臭不可闻的，然而它的军事原则却引起了许多国家的注意，因为它带有许多“明天战争”的特点。王震同志在《恶魔导演的战争》的序言里说：“读后有陌生感。陌生，因为我们不熟悉它。但，我们必须熟悉它。我们的敌人并不愚蠢，甚至很聪明。任何仅仅把敌人看成是愚蠢的人，才是愚蠢的。世界在研究我们，我们也要研究世界，我们要像了解自己一样地了解世界。”这些话都是我们学习本书的指南。

在本篇中，作者共写了“冒险家”“主战派”“今天是星期日”“小斯大林格勒”“贝卡太空战”“结尾”六个部分，生动地描绘了以色列“战争之王”崛起和下台的经过。

有的评论家还指出，作者表现的是现代战争中的新现象、新知识、新规律，因而他的作品“具有军事教科书的作用”；“他把抽象的现代化战争的规律形象化了，因而它具有向全党和全国人民普及现代化战争知识的不可低估的作用”。“在传递现代化战争信息方面，刘亚洲的报告文学具有首创意义。”一些军事院校已将刘亚洲的报告文学作为必读的军事材料。

刘亚洲的作品具有强烈的现代意识、世界意识和进攻意识；他总是怀着当代军人高度的责任感与使命感注目于祖国的未来和“明天的战争”，因而作品呈现出一种高屋建瓴的气势与恢宏恣肆的风格。这部报告文学集场景壮阔，情节生动，史料翔实，人物形象鲜明，语言精练活泼等特点，是近年来报告文学创作中别开生面的佳作。《恶魔导演的战争》荣获1983—1984全国优秀报告文学奖。

虽然我们现在处在和平时期，但仍不可轻视未来战争的冲击，世界在研究我们，我们也要研究世界。我们要像了解自己一样地了解世界，才能屹立于世界的东方。

先睹为快

巴解战时面对数倍于自己的敌人，死战不退。他们不仅要与以色列作战，还要应付以色列在黎巴嫩的盟友——基督教长枪党的袭击。长枪党不过是一群乌合之众，但以色列军队却是世界公认的最强大的军队之一。对巴解来说，这将是一次怎样严峻的考验！

一个巴解战士在抱着燃烧瓶扑向敌人坦克的时候，却向自己的伙伴大呼：“同志们，去死吧！光荣地去死吧！我们的事业是正义的！”

他们的事业是正义的。他们由1964年的17条枪发展到今天的四万多人，获得了世界上一百二十多个国家承认，并在八十多个国家和国际机构设立了办事处，不足以说明这一点么？

巴勒斯坦解放组织没有国家，但它们在黎巴嫩建立了“国中之国”。贝鲁特更可以强烈地感到他们的存在：穿着草绿色军装的巴解战士在大街上游弋；马兹拉大街以南哨卡重重，过往行人与车辆一律得接受检查；西区和福克拉尼区的建筑物上到处飘扬着巴解的旗帜；巴解总部大楼附近，高射炮管子密密麻麻地从掩体后面伸出来，像刺猬身上的刺……

沙龙这位居心叵测的以色列国防部长，竟敢亲潜此地。

每一分钟都面临危险。他毫不在乎。

两天来，他像魔影一样走遍了整个城市，对每一条街道、每一个重要建筑物都做了细致观察。他在为未来的战争准备第一手材料。

这很值得写在战争史上：一个国家的国防部长竟在战前潜入敌方的首都进行侦察！

有个将军对沙龙说：“历史证明了你是对的。可是，当初你怎么会想到那种提议呢？你是个军人，有人说你是强盗发善心。”

沙龙说：“不是发善心的问题。我早就看到，西奈迟早是要还给埃及人的。不论从政治角度来看还是从军事角度来看，西奈对于以色列都是个沉重的包袱。这一点已为第四次中东战争所证实了。只有甩掉这个包袱，我们才能争取主动。与其在我手而失去主动，不如交给对手而摆脱被动。”

那位将军发愣了。他一点也想不到从沙龙这个赳赳武夫的嘴巴里能吐出这样的话来。

沙龙在意味深长地说完这段话后，突然笑了，笑得很响，很长久，令人听后心里发毛。他眼里抖动着凶光。

“其实，西奈算得了什么？在我眼中，它只不过是个囊中之物罢了。以色列什么时候想要，只要给我一个装甲师，我保证把它拿过来!”

好狂妄!

延展阅读

《刘亚洲战略文集》

收录了《大国策》《百岁空军》《金门战役检讨》《对台作战：战略评估》《中国空军攻防兼备要论》等，是刘亚洲近两年的一些思考。陆续在《空军军事学术》上发表，其影响超乎预料，后结集出版，广受欢迎。

《马岛海战——两个战地记者的日记》

〔英〕布雷恩·汉拉恩、罗伯特·福克斯 著

作者以生动的笔触，展示了一幅战争全景图。

关于作者

布雷恩·汉拉恩，英国 BBC 电视新闻记者，以语言准确、动人而著称。汉拉恩出生于米德尔塞克斯，毕业于埃塞克斯大学政治系，1970 年加入 BBC，成为广播节目撰稿者和电视新闻室责任编辑。

罗伯特·福克斯，1968 年毕业于牛津历史学院，之后加入 BBC 广播谈话和文献部，1974 年加入广播新闻公司。经常接受外派任务，专攻意大利问题，在所在领域很有建树，尤其以红色旅问题见称。

1982 年，英国、阿根廷爆发了马岛战争。两位记者随军前往担任战地记者。他们向英国和世界人民进行广播报道，成为人们对马岛战争的永恒记忆之一。

荐读理由

马尔维纳斯群岛，英国称之为福克兰群岛。1690 年，英国船长约翰·斯特朗最先在西岛登陆。1770 年西班牙开始管辖群岛，但英国声

称仍对群岛拥有主权。1820 年，即阿根廷从西班牙殖民统治下获得独立四年后，阿根廷宣布马岛为其领土不可分割的一部分。英国以最早发现为由声称马岛属英国，并于 1833 年 1 月武装占领马岛，阿驻岛总督被迫撤出。此后两国一直对马岛主权存有争议。长期的争议，终于酿成了 1982 年的马岛战争。

1982 年 4 月 2 日，阿政府派兵占领马岛，英国宣布与阿断交并派出特遣舰队，马岛海战爆发。在阿根廷占领马岛之后，英国迅速地以外交方式回应，给予阿根廷压力。但是由于距离遥远，所有的军事行动都必须仰赖皇家海军出动特遣舰队。在整个行动中，有 43 艘英国商船为特遣舰队服役或补给，提供燃料、物资等的货柜船及油轮形成了一条来往于英国至南大西洋的八千海里后勤线。军事装备精良的英国军队连战连捷，击沉阿根廷多艘主力战舰。6 月 14 日，阿根廷驻军司令梅南德兹少将向英国皇家海军陆战队的摩尔少将投降。9800 多名阿根廷军人成为战俘。1982 年的马岛海战，是高科技条件下的一次大规模的局部战争。大量的高科技武器在这场战争中登场，英国万里征伐，短时间内就拿下马岛，震惊了世界。

战后，马岛开始使用自己的宪法、货币、旗帜和国徽，以体现岛民自治。英国拒绝讨论马岛主权问题。阿曾提出按香港租借方式解决马岛问题和向马岛派遣联合国和平部队等建议，均遭英拒绝。1994 年，阿将对马岛的主权要求写入新修改的宪法中。2001 年，阿政府重申对马岛享有主权，呼吁国际社会敦促英与阿重开马岛主权谈判，表示愿通过和平途径解决争端，并将依据国际法尊重岛民的利益和生活方式。阿根廷对马岛的主权要求得到了世界上大多数国家的支持。自 1983 年起，在英国不参加的情况下，联合国非殖民化委员会会议每年均以协商一致的方式通过关于马岛主权的决议，敦促英国政府同阿政府进行谈判。马岛附近蕴藏有丰富的石油资源，这也成为两国都不肯放弃对该岛主权要求的重要原因之一。阿根廷总统克里斯蒂娜 2007 年上台后多次表示阿拥有马岛主权，要求与英国就马岛问题重新谈判。阿根廷政府 2010 年 2 月 16 日派军舰封锁马岛海路；而英国政府亦不甘示弱，立即派出以驱逐舰“约克号”为主的舰队“捍卫主权”。时至今日，两国摩擦依然不断。

我们关注马岛海战，不仅仅因为它是一次重要的局部战争，更因为它对世界军事产生了深远影响。从这场战争世界各国看到了现代战争的雏形，看到了高科技对战争胜利产生的重大影响，从而促使新一轮世界性军事改革提前到来。以史为鉴，我们回首马岛海战，对于我们了解当代的马岛问题，以及认识世界上的其他地区发生的局部战争，都有十分重要的意义。

《马岛海战——两个战地记者的日记》是当时英国 BBC 两名随军记者布雷恩·汉拉恩和罗伯特·福克斯的作品。他们在马岛战争期间远涉重洋，随军来到马尔维纳斯群岛进行现场采访。本书就是这场举世瞩目的海、空登陆战的实录。本书以日记体体裁写作，内容涵盖了从军队出航一直到战争结束之后作者返回伦敦的整个过程。作者以生动的笔触，将自己的所见所闻记录下来，展示了一幅生动的战争全景图。这里面，有义正词严的口号，也有娓娓道来的个人情感；有高妙指挥的军事首脑，也有戮力同心的普通士兵；有小的战斗细节的刻画，也有宏大的战场叙事，很好地展现了这场战争，尤其是英军的全貌。

书中丰富、生动的第一手材料，不仅对研究现代战争中的战略、战术以及武器装备有一定的参考价值，也可满足广大军事爱好者的需求。该书出版之后，即被翻译成多国文字，广为流传。

先睹为快

“赫姆斯”号从朴茨茅斯出发时，军官们按照传统在标准的豪华环境中用餐。他们扎印度腰带，着晚礼服，正襟危坐在摆着银餐具的桌子旁，秉烛用饭。

现在，这些桌子被推倒在地板中央，用粗绳子向下绑紧，椅子被固定在桌子上面，好像贝尔法斯特街头的街垒。在它们的周围，从战位上下来的人们穿着紧身军服，顾不得满身的污秽，仅用十分钟就吃完一顿快餐。他们腰间蓝色的网状腰带取代了往日那种鲜艳的印度腰带。每个人的腰带上系着一个防毒面具、一件救生衣和一套用荧光橘黄橡胶制成的救生服。救生服看上去像一条鼓鼓囊囊的睡裤，但是在南大西洋的冷水中穿着它能将生存时间从数分钟延长到数小时。

四五架“天鹰”飞机，神不知鬼不觉地贴着水面，低掠过海湾，猛烈地轰炸了正在卸载的登陆舰。尽管英军发射导弹进行抗击，但是由于防空体系尚未部署完备，结果登陆舰“加拉哈德爵士”号第一个中弹，燃起了熊熊大火。这艘舰抛锚已经好几个小时，可是搭乘该舰的两个威尔士禁卫军连却不知怎的仍停留在舰上。正在转运装备的直升机见状不妙，立即成群结队地飞来抢救幸存的人员。火势越来越大，禁卫军的弹药被引爆了，一股黑色的浓烟像飞龙一样直冲九霄。英勇的直升机飞行员置生死于不顾，灵巧地驾着飞机钻入乌黑的烟云，从水中把人们一一捞起，送往岸上。

经过漫长的旅途，其间几经危险，我们终于来到了马尔维纳斯群岛。但是，打赢这场战争并不意味着从根本上解决问题。我曾找过一些阿根廷战俘交谈，他们情绪十分激昂，坚定不移地认为这些岛屿应归阿根廷所有。而那些和我攀谈的马岛岛民们，则更加强烈地表达了他们必须属于英国的信念。这是水火不容的僵局。如果这些岛屿要长久恢复和平和安静，就得设法寻找一个一劳永逸的解决方法。

当务之急是修复和重建饱受战火摧残的城市。那些曾为他人的安全舍生忘死的工兵战士们，正在不知疲倦地工作着，力争早日把必要的公共设施奉献给住在市区的人们。战争带来了严重的破坏，除了自来水管道以外，照明线路也在战斗的最后阶段被破坏殆尽。现在即使修复这些电缆仍需花费很长时间，因为还要从有限的工兵中抽调出一部分人，去排除阿根廷人埋下的地雷。

延展阅读

《从马岛之战到海湾战争》

作者沈根林等。该书并不仅仅局限于马岛之战的一场局部战争。在二战之后，世界上陆陆续续发生过很多的局部战争。而以马岛之战、海湾战争为代表的高科技战争，为未来的战争指明了方向。研究这些战争，对于指导我们的军事发展具有十分重要的价值。而作为普通的读者，了解这些战争，可以开阔自己的军事视野，提高自己的军事修养。

《世纪末局部战争大参考 1982—1999》

作者马平。本书包括英阿岛之战、以色列入侵黎巴嫩、美国入侵格林纳达、美国入侵巴拿马、美国空袭利比亚、海湾战争、科索沃战争等战争。这是非常全面地介绍 20 世纪发生的重大局部战争的经典著作。

《海湾战争全史》

军事科学院军事历史研究部 著

海湾战争是二战后迄今为止最为典型的高科技局部战争。

关于作者

本书为军事科学院军事历史研究部编著，具有很高的军事研究价值，是国内军事学界对海湾战争研究的集大成之作。

荐读理由

海湾战争由伊拉克对科威特的入侵而引发。历史上，由于种种原因，伊、科两国围绕主权和边界问题存有争端。20 世纪 80 年代末，随着两伊战争的结束和世界两极体系的瓦解，伊拉克和科威特的争端又突出起来。从伊拉克方面来说，主要原因是，它希望能够解决长期困扰它的出海口问题，免除两伊战争中欠下的巨额债务，成为海湾的地区性强国。1990 年 7 月中旬，由于石油政策、领土纠纷、债务等问题，伊拉克与科威特和阿拉伯联合酋长国之间的争端突然公开化。1990 年 7 月，伊拉克在向科威特提出一系列要求遭到科威特拒绝后，愤而定下了以武力吞并科威特的计划。

1990 年 8 月 2 日凌晨 1 时，伊拉克共和国卫队三个师越过伊科边界，向科威特发起突然进攻。与此同时，一支特种作战部队从海上对科威特市实施直升机突击。上午 9 时，伊军基本控制了科威特市。下午 4 时，伊军占领了科威特全境，并将科威特划归其第 19 个省。

伊拉克入侵科威特事件引起了全世界极大震惊。联合国先后多次通过反对伊拉克入侵科威特并对伊实施制裁的决议。反应最为强烈的当属在海湾地区具有巨大经济利益的以美国为首的西方国家。8 月 2 日和 3 日，美国总统老布什主持召开国家安全委员会全体会议，研究对策。会议最终决定，采取大规模军事行动，迫使伊拉克撤军，并为必要时采取军事打击行动做好准备。负责中东地区防务的美军中央总部拟定了“沙漠盾牌”行动计划。

美军在开始执行“沙漠盾牌”计划时，即已估计到伊拉克拒不撤军的情况，拟定了代号为“沙漠风暴”的军事打击行动计划。12 月 20 日，美国国防部长切尼和参谋长联席会议主席鲍威尔批准了这一计划。

1991 年 1 月 16 日，美国东部时间上午 10 时 30 分，布什总统命令美军向伊拉克开战。1 月 17 日凌晨，美军的空袭行动开始实施。28 日晨，科威特城已全部被阿拉伯部队控制，多国部队也大多完成了各自的任务。鉴此，布什总统下达了当日当地时间 8 时暂时停火的命令。暂时停火以后，伊拉克表示接受美国提出的停火条件和愿意履行联合国安理会历次通过的有关各项决议。海湾战争至此宣告结束。

海湾战争是第二次世界大战以后规模最大、参战国最多、现代化程度最高的局部战争，是一场迄今为止最为典型的高科技局部战争。它是在世界两极战略格局终结、世界多极化趋势发展的历史条件下发生的，是在新军事革命发展到一定阶段时爆发的，对世界政治、经济，尤其是军事产生了重大影响，引起了世界的关注。

海湾战争打垮了伊拉克，战后，美国长期对伊拉克实施封锁，导致伊拉克积贫积弱。在美国 2003 年发动的伊拉克战争中，美军终于摧毁了萨达姆政权，铲除了一块心病。海湾战争是打垮萨达姆政权的第一步，也是最为关键的一步。深入研究这场战争，对于我们把握国际局势变化，了解高技术战争的特点、规律和发展趋势，加强我国的国防建设和军队建设，具有重要的现实意义。

《海湾战争全史》内容非常丰富，对中东地缘政治的分析、伊拉克入侵科威特军事行动的过程、国际社会的反应和危机的升级、多国部队的成立和美军的出兵决策、伊拉克的战略方针和战争准备、多国部队军事行动的全过程，以及从战争中所得到的经验教训，都有非常详细的阐述。

中国并不是战争的参与国，可以以一个客观公正的态度来看待这场战争。而且这场战争深深地影响到了中国的军事思想。中国从中认识到了高科技战争的巨大威力，从此开始了大规模的裁军和军事装备的更新换代。他山之石，可以攻玉。研究别人的战争，可以为自己提供有益的借鉴，这就是我们研究海湾战争的意义所在。

先睹为快

两伊战争结束后，世界舆论普遍认为，对于萨达姆来说，两伊战争是一场没有实现战争目标和两败俱伤的战争。但是，萨达姆认为，他虽然没有达到推翻霍梅尼政权的目的，但却狠狠教训了伊朗。他认为伊拉克与伊朗之间的冲突，是一场阿拉伯人与波斯人的冲突，是伊拉克阻止了波斯人对阿拉伯半岛的入侵，保卫了整个阿拉伯民族，提高了伊拉克的国际地位，为实现阿拉伯民族的“统一”打下了基础。更令萨达姆感到鼓舞的是，伊拉克的军事实力在战争中急剧膨胀，他手中已拥有经过战火考验的100万大军和大量先进的武器装备，伊拉克已成为海湾乃至阿拉伯世界无与匹敌的头号军事强国。这就增强了萨达姆在更大范围内称雄的欲望。同时，萨达姆还认为，在战争中，伊拉克不仅进一步密切了与苏联的关系，而且成功地改善了与美国的关系，伊拉克在两个超级大国中左右逢源，因此，他相信美、苏两个超级大国不会与他为敌。这也在一定程度上刺激了萨达姆称雄中东的决心。

美国政府所发出的最后通牒虽然与苏伊协议相比更加严厉、苛刻，但对伊拉克来说也并不是无法接受。事实上，美国政府根本未做好伊拉克接受其协议的准备，所提出的最后通牒也仅仅是迎合国际社会的一种姿态，其真正的目的就是让伊无法接受。一旦伊宣布接受最后通牒，以美国为首的多国部队处境同样尴尬，进退维谷。可以说，这是伊拉克由惨败走向体面和平的唯一良机。然而，伊拉克没有把握住国际社会为其争取来的机会，把自己置于绝境。实际上，美国政府是在极其不安的情况下迎来其最后通牒期限的。23日中午12时刚过，美国政府就宣布伊拉克不接受最后通牒，地面作战将如期实施。

苏联在海湾战争中的表现，已充分说明，作为两极格局中的一极，苏联已是名存实亡。在战后两极对抗的40余年里，中东地区是美国和苏联争夺的重要战场。然而，海湾危机时的苏联已成强弩之末。在海湾危机爆发时，苏联也曾试图发挥其大国作用。然而，对于美国不断增兵海湾，敌对双方剑拔弩张，战争一触即发的严峻态势，昔日的超级大国苏联无计可施，只能听任事态的发展。在整个海湾危机期间，苏联非但没有任何反对美国动武的表示，反而在许多问题上迎合美国的利益，特别是在联合国安理会通过关键的第678号决议，决定“可以使用一切必要手段，恢复海湾地区的和平与安全”时，苏联投了赞成票，为美国堂而皇之地发动战争机器开了绿灯。

延展阅读

《美国人眼中的海湾战争》

作者卡莱尔，哈佛大学历史学学士，加利福尼亚大学伯克利分校历史学硕士和博士。他曾任新泽西州坎登城著名的拉特格斯大学历史系主任，并在该校执教30余载。他专攻20世纪历史尤其是军事史，现在是该校名誉教授。他发表了许多在历史学研究领域颇有影响的文章，并著有十余部历史学专著。本书是一部饶有兴味的历史著作，它全面分析了美国在20世纪90年代卷入海湾地区事务的深层原因，并在此基础上探究了这场战争是如何影响美国社会各阶层对于本国介入外国事务所采取的政策与立场。同样重要的是，本书将引导读者去思考在冷战后的美国社会中，战争到底意味着什么。为此，本书生动地描述了战争各个阶段发生在美国国内及国际政治舞台上的一系列重要事件。

军事器械

《兵器史：由兵器科技促成的西方历史》

〔美〕罗伯特·L. 奥康奈尔　著

了解兵器，才能真正看懂现代战争。

关于作者

罗伯特·L. 奥康奈尔，美国陆军情报中心的著名军事历史学家、资深情报分析家。

奥康奈尔可能并不为很多人所熟知。因为他所从事的工作与我们大多数人的关系并不大，而且在其领域内也并非声名显赫。但是，正是有了《兵器史》一书，他获得了超越其社会地位的声誉。

奥康奈尔在本书中将向我们展示内容广泛、引人入胜的兵器史，其内容涵盖了从钉头锤到核弹头的全部历史。他在书中主要阐述这些兵器对战争的过程及对社会的冲击。这饱含着作者对兵器问题的重视，以及为此所做的大量思考。通过书中热情洋溢的语言以及对战争场景、武器制造的描述，我们可以感受到作者对兵器的钻研和热爱之深。奥康奈尔的这部书，带领我们对人类社会兵器的发展做了很好的梳理。

为奥康奈尔的文字叙述绘制插图的是世界上位居榜首的军事插图画家——约翰·巴彻勒，他能够绘制出从第一把西洋枪出现到使用蚊式轰炸机期间出现的任何武器。这从另一个侧面体现了此书的质量之高。

荐读理由

人们常说战争推动并造就历史，而兵器则推动并造就了战争。人类的战争史也是一部兵器发展史。骑兵的出现提高了作战半径和效能；火药的发明让冷兵器失去了锋芒；当飞机、坦克出现在战场，以人数取胜的时代就已终结；而当核武器出现，整个人类都陷入恐慌。了解兵器，才能真正看懂现代战争，才能真正称得上军事爱好者。《兵器史：由兵器科技促成的西方历史》带您走近兵器。

本书分 15 章，系统地叙述了从远古到冷战时代兵器的发展。作者深入浅出的语言，很好地为我们展现了兵器史的全貌。既然是作为一部讲述兵器发展的历史的书，就与政治无关的。作者纵论世界各地各个种族人们在各个历史发展阶段的兵器发展进程，为我们展开了一幅波澜壮阔的画卷。

第一章，作者从讲述在人类出现之前，动物们为适应这个弱肉强食的世界所发展出来的各种防御性和进攻性的“武器”，以及石器时代的远古人类所制作的各种简陋的兵器开始。这个时代的人们只是为生存而与大自然、与猛兽作战。

第二章和第三章，则开始讲述冷兵器时代前期的历史。这时候，战争开始出现，在彼此征伐、争斗不息的古代社会中，兵器虽然发展缓慢，但是具有划时代的意义。这中间，作者也讲述了在古代，希腊、中国、罗马等国家依靠自身掌握的武器，各自衍生出的不同的战斗方法。

第四章和第五章，人类开始迈入骑兵时代，这是冷兵器时代的顶峰。帝国也在骑兵的脚蹄声中，更迭不息。这时候，冷兵器日臻完善，达到了无与伦比的程度。作者为我们展现了冷兵器的精华。

第六章，人类不仅仅局限于陆地，开始征服海洋，各种战舰开始出现。

第七章至第九章，讲述的是具有划时代意义的火枪获得空前发展的时期。火枪直接引导人们进入现代兵器时代。

第十章至第十二章，系统阐释了工业化时代兵器的标准化生产以及在科技推动下实现的质的飞跃。兵器的长足发展，犹如潘多拉的盒子，给人类带来阴影。

第十三章至第十五章，人类的兵器发展到登峰造极的地步，从一战到冷战结束，人类经历了从肆无忌惮地运用各种武器一直到不敢放肆地运用手中的武器的过程。潘多拉的魔盒已经打开，当人们意识到手中的武器可以毁灭人类自身的时候，人类在一种恐慌中进行了更为清醒的思考。

虽然武器推动了战争，并在当代社会成为和平的隐患，但武器终究还是人类的工具。了解武器，可以更好地理解战争，但并不能代替战争本身。通过阅读《兵器史：由兵器科技促成的西方历史》一书，希望读者可以从中窥探战争更深层次的本质问题，了解兵器如何为人所用，如何发挥最大效能。这也是此书最大的意义。

先睹为快

在西方人眼中，商朝和随后朝代所发生的战争都称不上是英勇的行为。与西方文学史诗中所坚定认同的阿喀琉斯和罗兰式的英雄所不同的是，在中国产生了兵法——除了讲述约定俗成的战争方法的《七略》外，最著名的就是《孙子兵法》。尽管军事著作使未来的军事思想变得明确了，当爱好和平的农夫第一次被攻击时，它同样起到了相当大的作用。因此以对付生性残忍、诡计多端并且有着暴力性奇袭行为的游牧民族的兵法为例，孙子对此的阐述就是：“不战而屈人之兵，善之善者也。”

最终兵器力量的独创性还是摆脱了束缚，并再次在整个人类世界中迅猛发展起来。这一过程就像所有的越狱事件一样发生得毫无预兆。根据资料记载，最早出现这一趋势的是刚刚建立的美国，并且这一趋势还在生产的过程中不断加强。可以肯定的是，这其中包括了改善武器效用的愿望在内。除此之外还展现出了对兵器生产过程最早并且最有推动力的参与，一开始是工业，然后是兵器的创新。这一过程在欧洲出现得稍微晚了一点，并且在很大程度上是受到了国际竞争和针对兵器致命性的器件工艺学的推动；企业家精神也同样在这里表现得淋漓尽致。由于美国在多方面都是处于一个发源地的地位，所以托马斯·杰斐逊可以被认为是西方世界枪炮解放的鼻祖之一。公元1785年，他在写给约翰·杰伊的信中是这样描绘的："将它们的每一个部件全都制造成是一样的，这样就能使任何一把步枪的部件都可以使用到另外一把步枪中去。"

"冷战结束了。"里根在任期的最后一天直言不讳地说，虽然随即便被吓人的国家安全顾问反驳了，但只有里根更洞悉这一切。如果说谁有资格做出这个论断，这必定是里根无疑。幸运也会给这位电影明星带来一些不足之处。

冷战的和平结束有着重大的意义。两个直接对抗的武装力量在经历了长期的经济政治斗争之后，却没有发生大规模的战争，这在以前是从来没有过的事情。由于缺乏其他重要的地理政治因素，因此可以说是核武器，至少是核武器使用的后果才会造成这样与众不同的结果。武器装备的发展是战争历史中的一个独立甚至是自相矛盾的重要因素。在敌对双方保持理智的情况下，武器装备的发展已经成为当代战争的最主要决定因素。冷战的和平结束似乎有些幸运成分。虽然如此，客观来说，长期处于冷战阴影笼罩下的人类社会终于得到了光明的结局。

延展阅读

《王者兵器》

主编李杰。本书精选了近百种当今世界战役的主流兵器与曾经辉煌无限的老一代王牌兵器，用近 500 幅精美图片的全景展示，为您带来强大的视觉冲击与心灵震撼；从全新角度、全新视野、全新理念为读者量身打造一本具有一定收藏价值的全方位兵器图书。

《亚洲古兵器图说》

周纬 著

本书是古代物质文化领域不可替代的经典之作。

关于作者

周纬先生是古代兵器研究之先驱，1884 年生于安徽，1903 年作为官费生赴法国留学，后获巴黎大学法学博士学位，期间被英国皇家学会接纳为名誉会员。归国后任职于外交部，曾参加中国政府代表团出席巴黎和会，并撰有《巴黎和会纪要》一书。后出任中国驻国际联盟代表团秘书长而驻留瑞士日内瓦。此后除在中央政府外交部、立法院任职外，还曾担任中央大学教授。1949 年病逝于南京，享年 65 岁。

周纬先生毕生倾心于兵器史研究。据其自述，他少年时读侠义之书即倾慕削铁如泥的宝刀名剑，壮年后在欧洲接触到各国收藏家所藏珍贵古代兵器，令他大开眼界，怦然心动，从此将大量精力投注于中国及亚洲各国古代兵器的研究探索。他广泛接触兵器研究者和收藏家，遍访图书馆与博物馆，搜集研读各种语言之研究著述，更出资收集了几百件古兵器珍品和近万幅资料图片。在大量第一手资料的基础上，他对亚洲历代兵器的发展源流、形制演变、制作工艺进行了开拓性的研究。周纬先生可称亚洲古兵器收藏研究第一人。

荐读理由

本书是一部系统研究亚洲各国古兵器发展史的著作，全书共介绍日本、印度、越南、马来亚、伊朗等 16 个亚洲古国的兵器数千件，解说它们的形制、源流和制造，附有 200 多幅精美图版与插图。作者周纬先生是古代兵器研究之先驱，自幼对兵器研究感兴趣，后留学法国，足迹遍及三大洲数十国搜访资料，因此书中所介绍的兵器资料大多极为珍贵、稀见。经过 20 年收集资料后，作者又花十年的时间撰成书稿，系统研究亚洲古代兵器的发展源流、形制演变与制作工艺，终有此成就。

据周纬先生自述，他对兵器史的研究始于 1916 年，前十年遍访欧美各地，考察古兵器藏品，后十年继续广泛收集资料。至抗战爆发前后，资料搜集工作基本完成，1937 年所写作的《亚洲古兵器与文化艺术之关系》已经初步披露了其研究大要。随后他闭门著述，经过近十年的辛勤笔耕，至 1945 年，终于完成《中国兵器史》《亚洲各民族古兵器考》《亚洲古兵器制造考略》三部著作的初稿。这三部著作，在当时的学术界都可视为拓荒之作。

研究亚洲各国或各民族的兵器，不但可以了解人类的起源、人种的播迁、文化的源流、科学艺术的演进，而且可以知道亚洲古艺术品比欧洲同时代艺术品更加精巧优良，华美富丽，自远古以来，直到近代都是这样。亚洲各民族之间有紧密的相互关系，这种关系在远古就已经这样，从兵器中我们就可以看到这种联系。如石制兵器，自中国以至马来群岛、马来半岛，均已发现同类同源的兵器。斯基泰人的铜制兵器盛极一时，东自日本、西至欧洲匈牙利及瑞典等国的古兵器均曾受其影响。西伯利亚与高加索、古埃及的铜制兵器和初期的铁制兵器，均与中国古代兵器极其相似。

《亚洲古兵器图说》一书包括两个部分："亚洲古兵器图说""亚

洲古兵器制造考略”。

“图说”部分分16章，详细地介绍亚洲16个国家的古代兵器。每介绍一个国家的兵器，都首先概述这个国家的武器特点，然后分长兵、短兵、射远器、卫体武装等几个部分来讲述，系统条理。整部作品如同一部兵器辞典一样便于阅读和查阅。尤其是书中附录的大量兵器插图，精美绝伦，详细地说明了各种古代兵器的性状、尺寸等等方面的特性，可以使读者非常直观地了解到这些兵器的样貌。

“考略”部分，则将制造兵器的原料、制造工艺、装饰风格等做一个全面的介绍。这些对于研究、保存资料，让读者加深对这些工艺理论的认识很有帮助。

正如前人所评价的，本书是古代物质文化研究领域不可替代的经典之作。若想对冷兵器时代亚洲兵器的特点加以了解，此书是必读之作。

先睹为快

清水橘村氏坦然承认日本古刀剑来自高丽与中国，而高丽古文化本自中国迁往，是不啻谓来自中国也。其言甚近于事实，徐福渡海赴日本时从人甚多，大概均携有周代战国时吴越之名刀宝剑，且或有谙铸造之术者相与俱去。日人至今尚处处尊吴，或者清水氏所称之舶来刀剑，在昔均为吾战国时吴国良工之制造品也。

据埃及人之记载，斯时印度不精战术而颇有武士风。当亚历山大率兵渡杰赫勒姆河时，印酋坡拉斯之抵抗军队有象85头、战车300辆，每辆战车载战士6人，其中2人披甲执护盾、2人为弓手、2人驭马并掷石。另有步兵3万人，中多弓手，所放之箭均带毛发，一入人身不易取出。又有骑士4000人。战车当先，象队次之，步队又次之。步兵于作战时，均击金鼓示威。亚历山大乃以正兵当其卫，以骑兵抄其两翼。象队受希腊人斧砍刀劈，首先崩溃，印军战阵大乱，不可收拾，坡拉斯被擒。亚历山大虽获全胜，然以印度之大，军队之多，亦不敢贸然深入，不久即复言和，仅掳获印度武器多种回国陈列。

埃及铜兵之精美华丽，在世界远古艺术史中可首屈一指，其器形则与吾国出土三代铜兵极相类似。吾国三代铜兵之来源甚远，故不能谓三代铜兵曾受埃及影响或曾受巴比伦、苏美尔人之影响，只知埃及古文化之时期与中国南方石铜器古文化之时期相埒，必有渊源存于其间耳。

延展阅读

《中国兵器史稿》

本书是周纬先生另一部扛鼎之作。

本书作为我国第一部系统研究古代兵器史的拓荒之作，内容宏富，资料详赡，其中许多见解与论述至今仍广受重视，其价值自不待言。但本书完成后的几十年中，考古工作者发掘的不少前所未见的兵器实物，在兵器史研究的宏观与微观层面也取得了大量成果，我们对于古代兵器的认识已较作者创作本书之时大大向前推进，在某些具体问题上也有与本书不同的看法，这一点，望读者阅读时留意。为使读者对书中论述的问题获得更全面的认识，编者还补充了部分考古发掘所得兵器实物及相关资料图片，置于卷首，供古代兵器的研究者和爱好者参考。

《中国古代冷兵器》

作者郑铁伟。本书从一个独特的角度讲冷兵器的演进，反映了古代社会和古代文明的发展轨迹。中国古代冷兵器以其悠久的历史、丰富的品类、精绝的工艺、有效的实战性以及精深的民族文化内涵，成为中华文明乃至世界文明的一颗耀眼的明珠。

《北洋海军舰船志》

陈悦　著

中国近代海军研究书中第一本舰船志。

关于作者

陈悦，1978年生，江苏靖江人，现定居山东威海，致力于中国近代海军史、甲午战争史的研究与普及，1999年创办“北洋水师”网站，2003年担任“定远”舰复制工程总监，2004年创立民间研究团体“海军史研究会”，任会长。现任定远号纪念舰策展部主任。

由于长期对北洋水师、甲午战争的历史进行研究，陈悦成为这个领域的顶尖专家，尤其是对北洋水师舰船的了解达到了精深的程度。负责多家博物馆的近代舰船模型制作、近代兵器复制的设计和监督工作。

陈悦著有《碧血千秋——北洋海军甲午战史》等，研究以善于挖掘中西史料、善于思辨见长，主张军事史研究必须与军事技术史研究相结合。在《中国甲午战争博物馆馆刊》等刊物发表专业文章近百篇，参加中央电视台《解密甲午》和《〈走遍中国〉再寻甲午魂》的专题片拍摄。

荐读理由

北洋水师，或称作北洋舰队、北洋海军，是中国清朝后期建立的第一支近代化海军舰队，同时也是清政府建立的三支近代海军中实力最强、规模最大的一支。其建立之初，号称是当时世界第六、亚洲第一的海军舰队。就是这样一支重金打造的、寄予了国人美好期望的钢铁舰队，却因经验、战术的匮乏而在与日军的决战中几乎全军覆没，数千爱国将士葬身鱼腹，开启了中国近代新一轮屈辱史。甲午海战的失败，是中日之间第一次作战的失利，成为中华民族心中的隐痛。

1874 年日本派兵登陆台湾企图将之占据，清兵以仅有之战船赴台将之驱逐。事件引起朝野的警惕，恭亲王提出了“练兵、简器、造船、筹饷、用人、持久”等六条紧急机宜，原江苏巡抚丁汝昌提出《拟海洋水师》章程入奏建议建立三洋海军，李鸿章则提出暂弃关外、专顾海防。在洋务派的一致努力下，清政府决心加快建设海军。1875 年，命直隶总督、北洋大臣李鸿章创设北洋水师。李鸿章通过总税务司赫德在英国定造四艘炮舰，开始了清朝海军向国外购买军舰的历史。1879 年，向英国定造巡洋舰扬威号、超勇号。由于对在英国定造的军舰不满意，1880 年，经过反复比较向德国船厂定造铁甲舰定远号、镇远号。1881 年，先后选定在旅顺和威海两地修建海军基地。1885 年，海军衙门成立，李鸿章遣驻外公使分别向英国、德国定造巡洋舰致远号、靖远号与经远号、来远号。经过一系列采购，北洋水师初具规模。虽然后来在战争中战败，但当时北洋水师的装备水平已达亚洲顶尖水平，比日本海军还要精良。从中，我们也看到晚清洋务派救国图存的决心和勇气。虽战败，但北洋水师注定要成为中国人强国梦中的一座丰碑！

陈悦自小就对北洋水师、甲午风云这段历史非常感兴趣。1998 年年末，他制作了一个网站，名为“北洋水师”，动力就来源于一直以来对这段历史的浓厚兴趣。2002 年，山东省威海市开始筹备按照原比例复制北洋海军旗舰定远号工作。陈悦作为专家受邀参加此工程。陈悦直接把工作转到威海，把自己的全部精力都倾注到再现定远号的努力上。

在研究定远号的同时，陈悦对北洋海军其他舰船的深入考证工作也陆续展开。在以往的海军史研究中，学术界对于军舰史的研究主要依靠引用和转述史料，而许多史料的记录者，由于他们只是清朝的官员，对于西式军舰了解不深，所以讹误很多。陈悦从研究 19 世纪西方军舰发展历史入手，把中国海军购买和自制的军舰放到西方军舰的发展背景中去考察，通过国内外的广泛搜索，他找到了许多新的有用资料，从而取得了许多令人称道的新成果。

研究海军历史，必然要研究军舰，研究舰船的发展历史。舰船志，讲军舰的前世今生，讲军舰的各种性能参数，讲军舰的各种细节。这类书籍，欧美、日本出得很多，印刷也极为精美，甚至也包括了中国历史上的军舰。但是中国国内同类作品却非常少，《北洋海军舰船志》是中国近代海军研究书籍中第一本此类题材的作品。这本书既通俗又具有学术性，是海军史研究爱好者的北洋海军舰船辞典。

《北洋海军舰船志》包括十个部分。

第一部分“北洋海军简史”对北洋海军的筹划、建立以及实战情况作了系统全面的介绍，可以让我们不局限于历史书上稀少的史料，对北洋水师有更加深入的了解。

第二部分至第十部分，分篇讲述了北洋海军的各类战舰。其中包括旗舰舰——定远号；巡洋舰——济远、超勇、致远、经远号；近海防御铁甲舰——平远号；蚊子船；鱼雷艇；军辅舰船；外援舰船等。

同时，文章附录了“北洋海军舰船线图集”“北航海防舰船购造大事记”“北洋海军主要舰艇性能一览表”等使用资料。尤其是丰富的图集、照片资料，对于我们重温那段岁月具有十分重要的价值。

在此书的序言中，姜鸣写道：“他（陈悦）将各型中国军舰放在 19 世纪西方蒸汽军舰发展的历史中去把握，既反映出近年来中国海军历史研究的最新成果，又丰富了甲午战争史的研究。加上丰富的历史照片和引人入胜的文字，使得《北洋海军舰船志》成为一本很有分量的著作。”

先睹为快

据日本史料记载，当时日本国民中甚至出现了恐“定远”“镇远”症。丁汝昌率领包括“定远”“镇远”在内的庞大舰队抵达长崎，在日本引起一片愤懑、羡慕、恐惧的情绪。

8月13、15日两天，中国水兵放假上岸，因购物和嫖妓等事与日本人发生争执，没有武装的中国水兵遭到日本警察及市民的蓄意攻击，伤亡竟达50余人，史称长崎事件。后来虽经调停，平息了此事，但日本人的狼子野心已暴露无遗。

下面的场景，可能是今天每个中国人都熟识的。在中日各舰上一片惊讶的目光中，如同一匹圣洁孤傲的独角兽，重伤侧倾、燃烧着大火的“致远”开始加速冲向日本第一游击队，冲向日本的主力舰“吉野”，鼓轮怒驶，且沿途鸣炮，不绝于耳，直冲日舰。

由于时隔近两个世纪，现代的人们已经很难理解19世纪的撞角战术对于一艘战舰意味着什么。在意奥利萨海战之后，尽管撞角如同雨后春笋般开始出现在各国的军舰上，但对于撞角战术当时世界海军大都有清醒的认识，这实际上是一种两败俱伤的战术。使用这种战术最适宜的是趁乱取胜，而最忌讳使用高航速，因为这样即使撞上敌舰，自己也会受到较大损伤。如果不按照这些规则来，很有可能出现同归于尽的局面。因而这种风险极大的战术，在当时的海军教材中被排在各类作战手段之末，属于军舰的最后一项武器。

撞击战术的偶然成功，很快被传成了神话。以至于有人要设计以撞击为主要作战手段的军舰——撞击巡洋舰。此种尝试的始作俑者是英国著名的舰船设计师乔治·伦道尔。因设计小船装大炮的蚊子船而声名鹊起的伦道尔，是性价比理论的坚信者，他坚持可以建造一种小而便宜的军舰去战胜和替代昂贵的铁甲舰……19 世纪末，人们可以在世界各地很多军港里看到撞击巡洋舰的身影。

延展阅读

《甲午战争》

作者日籍华人陈舜臣。本书从发生甲午战争的时代背景谈起，以袁世凯、李鸿章、日本的陆奥宗光、朝鲜的金玉均为中心，从中、日、英、俄、德、法、美等国际情势叙述甲午战争之所以爆发、战事的经过以至《马关条约》的签订。陈舜臣写历史小说，最难能可贵的是，自己一定亲自前往有关国度、地方做实地调查；一切有关资料和史料都一一过目，融会贯通。因此，他对历史真相的把握甚至比一些历史学家要正确、有深度得多。

《1895：李鸿章》

作者王明皓。甲午战争是日本侵略中国的开端。在这场聚焦了全世界目光的战役中，拥有海军实力亚洲第一强的大清帝国，被它眼中的蕞尔岛国击败。《1895：李鸿章》讲述了这一影响中国近代发展的关键战役。作者以悲剧式的风格，讲述北洋水师诸将领间异己分子的斗争，并以大量篇幅描写海战场面，从而彻底揭开大清帝国即将覆亡的面纱，重新评价这场影响台湾前途、大清国祚、日本命运的战争。

《20世纪军事秘密：反导弹防御和21世纪的武器》

〔俄〕弗·谢·别洛乌斯　著

作者利用大量资料，试图回答俄罗斯能否重振军威。

关于作者

弗·谢·别洛乌斯，俄罗斯著名核武器专家，俄罗斯军事科学院教授，退休少将。在俄罗斯战略火箭军中服役30多年。俄罗斯科学院世界经济和国际关系研究所主任研究员。

荐读理由

作为俄罗斯军事科学院教授，前军方领导人，别洛乌斯写作此书有很强的现实背景：应对美国所积极推行的战略导弹防御计划（TMD）。

《反导条约》全称《限制反弹道导弹系统条约》，于1974年由美苏两国签署，意在限制对方建立全球性反导体系，从而保证双方对彼此的核震慑力，达到“恐怖平衡”。然而，随着苏联解体，美国成为唯一的超级大国，它便开始谋求打破平衡，确保自身安全。于是，它开始谋求建立弹道导弹防御系统。为此，俄罗斯忧心忡忡。

自从1972年签署《反导条约》以来，这个直接涉及苏联和美国相互关系的协定很少触及其他国家的利益。但是从20世纪80年代中期开始，确保国际安全的全球化进程开始加快速度，许多国家的自身安全越来越取决于世界战略稳定的状况。在这样的情况之下，《反导条约》越来越具有国际性，许多国家因此将其视为符合国家利益的国际稳定的保证。所以，维护《反导条约》成为国际上很多国家的共识。部署这种导弹防御系统的必要条件是修改《反导条约》，以期在不违背国际法律义务的情况下研制、试验并最终建立大规模的防御系统。布什政府威胁俄罗斯，如果不同意修改《反导条约》，美国就退出该条约，并且美国真的这么做了。俄罗斯坚决反对美国背信弃义的做法，甚至美国很多的坚定盟友，如加拿大，都不支持美国单方面退出《反导条约》的做法。

但是在俄罗斯经济低迷的情况下，军事发展也大受制约，甚至不得不大幅度主动削减自己的战略核武器装备。这样，俄罗斯的军事学家也只能从理论上来批判美国的反导计划。同时，就俄罗斯本身来讲，它也在努力地追求自身的安全，甚至追求建立自身的反导体系。俄罗斯总统普京承认，国际恐怖组织具有一定的威胁性，所以他建议建立非战略性反导弹防御系统，将来还可能提出在亚洲建立非战略性反导弹系统的建议。所以，本书对反导系统的论述，一方面提出了警示，另一方面却反而强调了这种系统的重要意义。

别洛乌斯的这本书也并非单纯地批判美国。本书详细介绍了从第二次世界大战到20世纪末导弹核武器的研制和改进的历史，描述了世界大国装备的一些主要武器，研究了反导弹防御构想及其21世纪的发展前景，分析了一些国家从战略上更新装备和向高精度武器及新的物理原理武器过渡的问题。此外，他还详细介绍了21世纪可能出现的新式武器，如激光武器、基因武器、心理信息武器、生化武器、粒子与反粒子基础上的湮没武器等。作者利用大量资料，试图回答在21世纪俄罗斯能否重振军威的问题。这些问题在俄罗斯的军事学家看来，是性命攸关的问题。

全书分为八章。

第一章至第三章，作者系统地讲述了美国自里根政府以来所推行的争夺太空和战略防御的计划。《谁占领了太空，谁就控制了世界》，从“绝对武器”——核武器的研制，到五角大楼的登月计划和对反导弹盾牌的研究，作者首先就将整个大的背景展现在我们面前。《举世瞩目的战略防御计划》和《星球大战的武器》非常详细地介绍了美国构筑反导之“盾”的计划，以及一些具体的武器。

第四章至第六章，作者详细地介绍了核武器的发展以及它对俄罗斯安全的重大意义，以及在核武器时代的世界政治军事问题。这其中的很多章节都起到了俄罗斯喉舌的作用，系统地阐释了俄罗斯政府对待这些政治军事问题的态度。

第七章和第八章则分别论述了美国和俄罗斯对待《反导条约》的态度以及近年来的一些针锋相对的斗争。同时，对未来进行了展望。

实际上，这本书所论述的问题不仅仅对俄罗斯具有重大的意义，对中国尤其如此。因为在冷战结束之后，虽然美国和俄罗斯所拥有的战略核武器数量大大超过其他国家，但是由于俄罗斯国力被严重削弱，中国已经取代俄罗斯成为美国的头号潜在对手。

近些年来，美国的很多政策都是针对中国的。美国退出《反导条约》，主要针对的也是俄罗斯和中国。在这个问题上，中俄休戚与共。欧洲的导弹对准了莫斯科，而在亚太周边，日本、韩国、台湾的军事力量主要对付中国。如果美国在这些美国的盟友地区部署反导弹武器，无疑对中国具有重大的威胁。

所以，读此书我们可以学习到很多东西。包括俄罗斯的战略思维、俄罗斯将军对这些问题的冷静思考以及对一些武器的介绍，都是军事爱好者所关注的。所以，此书实为当下军事爱好者的必读读本。

先睹为快

现在，大部分军事理论家醉心于经典战役，包括研究21世纪的未来战争。但是，作者认为，研究一方把赌注押在高精度武器上，另一方把赌注押在核武器上的战争更具有现实意义。应该深入研究这种战争的进程和结局，研究这种战争的性质，它究竟属于哪一代战争？与这种战争有关的军事建设、战役战略规划和军队战斗训练有什么特点？如何在这样的条件下确保国家安全？

本书不准备提供这些问题的答案，但是作者认为，思考这些问题并找到答案极其重要。因为对于至少在未来25年中把确保国家安全的希望寄托在核武器上、寄托在核武器的遏制作用和必要时使用核武器的俄罗斯来讲，回答这些问题具有头等重要的意义——绝不是只具有理论意义。

一些国家研制导弹武器这一事实本身并不意味着它们准备用导弹对美国本土实施打击，无论从政治和经济上来看，所谓的无赖国家都不敢同世界上最强大的国家进行较量，没有任何可靠的证据表明它们准备这样做。拥有导弹武器的一些国家的领导人大概都十分清楚不能招惹美国发威，一旦美国动用包括核武器在内的全部军事力量，它们的国家将被从地球上抹掉。广岛和长崎的惨痛教训是对敢于向美国挑战的国家的严厉警告。但是面对恐怖主义分子和地区极端主义分子，美国和其他核大国领导人不得不表现出克制，它们在许多局部冲突、维和行动和反恐行动中，甚至在一些“核俱乐部”家的军队遭受到屈辱惨败时没有动用过核武器。

俄罗斯必须同那些对美国反导弹计划持否定态度的国家，如中国、法国、印度等在反导弹防御问题上加强合作，如果美国建立反导弹防御系统，这些国家的遏制力量将大大贬值。此外，俄罗斯还应该同对破坏世界战略稳定深感不安的其他一些国家加强合作。

如同苏联在美国实施“战略防御”计划期间采取的对策一样，俄罗斯今后所采取的对抗措施也应该具备不对称性，也就是说，俄罗斯在实际操作中应该把主要力量放在加强和改进战略进攻性武器上，作为对美国建立反导弹防御系统的回答。

延展阅读

《针尖对麦芒——导弹与反导弹》

作者刘绍球。本书系统地阐述了当代军事领域的重大问题：反导问题。作者论证严密，材料丰富，是了解这个问题很好的读本。

《五十年伤痕：美国的冷战历史观与世界》

作者美国作家德瑞克·李波厄特。本书是《上海三联人文经典书库》系列之一，书中考察了 1945 年至 2002 年间美国的对外政策，从二战结束开始，到纽约和华盛顿发生“9·11”突然袭击结束。本书适合从事相关研究工作的人员参考、阅读。

《航空母舰——航空母舰发展史及航空母舰对世界的影响》

〔美〕诺曼·波尔马 著

你想知道的航母的一切资料，在这里几乎都可以找得到。

关于作者

诺曼·波尔马，国际知名的海军、航空和技术情报问题的分析家、顾问和作家。波尔马曾给三位海军部长和两位海军参谋长当过顾问，也给海军和国防部的不同部门与若干家美国和外国的航空航天和造船公司当过顾问。他撰写的著作超过40部，包括《冷战时的潜艇》《美国舰队的舰艇和飞机》和《苏联海军导读》等。他获得的不计其数的奖励中包括在海军航空历史和文学方面的阿瑟·W. 拉福特上将杰出贡献奖。

本书并非波尔马先生独立著成，而是与多位声名赫赫的军事专家合著。包括日本空军自卫队的源田实将军、英国皇家海军埃里克·M. 布朗上校、美国海军军官学校教授罗伯特·M. 兰登、美国海军预备队指挥官彼得·B. 默斯基，以及专门为此书绘图的詹姆斯·凯伊勒。正是如此多的军事专家的精诚合作，为我们献上了一份军事饕餮。

荐读理由

航空母舰已经存在近 100 年了。时至今日，航空母舰依然是各国海军所追求的最大战斗力载体。而很多国家现在依然为了实现航母梦而奋斗不已。

航空母舰的概念最早是在 1909 年提出的。而第一艘航空母舰是英国 1917 年下水的“暴怒”号。随后，航空母舰成为各个军事大国追求的目标。法国、英国、日本和美国都开始了大型的航母建造计划。此后的战争中，都缺少不了航空母舰的身影。从二战时的日军航母偷袭珍珠港到英阿马岛海战、海湾战争、伊拉克战争、利比亚战争，航母都成为攻城拔寨的大本营和急先锋。在空军获得迅猛发展的今天，航母不仅没有失去其重大的军事价值，反而显得愈发重要。

今天，中国也已经拥有了第一艘航母“辽宁号”，并开始实施建造新型航空母舰的计划，未来的某天，中国的航母战斗群也将成为捍卫中华神州的利器。航母，是每一个军事爱好者共同的梦想。

《航空母舰——航空母舰发展史及航空母舰对世界的影响》分两册，分别涵盖 1909—1945 和 1946—2006 两个时间段。讲述的是世界上航空母舰发展和行动的真实历史。本书是我们所见到的专门对于航空母舰的发展和影响作出论述的最好著作之一。翻译为中译本之后，上下两册洋洋洒洒 200 余万言，充分说明其内容之详尽，材料之丰富，实为军事爱好者不可错过的军事大餐。

《航空母舰（1909—1945）》详细叙述了从出现航空母舰概念到 1945 年 9 月第二次世界大战结束期间，世界上航空母舰的发展以及航空母舰参与军事活动的情况。在介绍航空母舰发展时，作者提供了大量的权威材料、翔实的数据以及航空母舰舰载武器、舰载飞机和舰上飞行员的情况等。本书内容丰富，图文并茂，书中很多插图都是首次与公众见面的私人藏品，非常珍贵。通过阅读本书，读者不仅能够加深对航空母舰的了解，而且可以增长很多海军历史方面的知识。这一分册首先著成并发表，受到社会的广泛赞誉。美国前海军作战部长阿利·伯克称赞其为“一本超好的书”；美国海军中将唐纳德·恩根认为这是“一部航空历史方面的经典之作”。

《航空母舰（1946—2006）》是在前一册取得巨大成功的基础上的作品。书中具体讲述了航空母舰在美国军种联合的争论中的角色定位以及在战略威慑方面发挥的作用。本册还阐述了其他国家海军发展航空母舰的努力和进展。形形色色的舰载机和许多“古怪”飞机的研发在本卷也有翔实的介绍。读者将从书中大量精确的史实和珍贵的照片中获得对航空母舰的全面认识和了解。

这部书没有单纯地介绍这些舰艇的构造以及发展的历程，而是结合具体的战争，系统地阐述战争中航空母舰是如何被运用的，而且在具体的战争中起到了什么样的作用，这使得这部书具有战争史的性质。书中大量的图片、数据几乎涵盖了我们所知道的航空母舰的所有知识，既可以让不了解航空母舰的读者入门，又如同一部关于航空母舰的百科全书。你想知道的航母的一切资料，在这里几乎都可以找得到。

航空历史学家巴雷特·蒂尔曼在读完此书之后感慨万千：“35 年来，诺曼·波尔马的《航空母舰》可以称得上是航空母舰和航母操作方面的圣经。我深信他的这本‘新约’会和‘旧约’一样受到人们的热捧，而且会经久不衰。”美国前海军部长约翰·雷曼则严肃地指出：“大概一个世纪前，人们构想出的航空母舰只是一个移动的飞机场；而现在的航母已经发展成为具有无限灵活性的、各国领土的延伸手段。世界各地，无论是在规划进攻还是在部署防御工事时都要依赖航母的参与……诺曼·波尔马的著作是一本独一无二而且必不可少的参考书，海军工作人员和未来的决策者可以参考这本书，制定出能够确保下个世纪全球安全的详尽计划。”

过多的赞誉就不再赘述，相信读者可以在自己的阅读中体会到其真正的价值。

先睹为快

很难确定到底是哪个人首次提出对日本实施航母袭击的。日本的确一直都惧怕航空母舰会袭击自家大门。而美国又一直都很想对日本进行报复。珍珠港被袭两周后，罗斯福总统在1941年12月21日一次白宫会议上曾要求高级将领们一定要想办法回击日本。他强调日本实施空袭是鼓舞美军士气的最好方法。

……

一位日本战俘曾向一位日军将领汇报说："我们有两艘漂亮的航母在前面。"将领冲上甲板仔细看了一下两艘航母说道："它们的确很漂亮，但不是我们的。"说完他就走到甲板下自杀了。

最初为超级航母作战使用的新型飞机在20世纪60年代初期登上了美国航母。新型战斗机为麦克唐纳F4H－1"鬼怪"双引擎双座多功能飞机。麦克唐纳公司最初设计的这款飞机为单座战斗攻击机，一度被命名为AH－1。在飞机的发展过程中，海军又引进了远程高空拦截机，取消了最初计划的4门口径20毫米的大炮，但安装了复杂的电子设备和全导弹武器装备。雷达操作员坐在飞行员后面帮助操作复杂的电子系统。

佛兰克斯（Franks）将军早在2001年12月就向乔治·W. 布什总统简要汇报了攻打伊拉克的计划。相比1991年对伊拉克的袭击，佛兰克斯希望这次空袭行动更加迅速，这在某种程度上可能是由于英美军队在伊南北两地强设伊拉克军机禁飞区，从而导致伊防空力量不断削弱。其中，航空母舰起着至关重要的作用（它们将参与这场战争），这是因为从沙特阿拉伯基地出动美国军机受到了严格的限制。

延展阅读

《航空母舰发展史》

作者英国军事学家安东尼·普雷斯顿。从最早的普通船只一直到今天的现代化战舰，本书搜集了80余幅有关航空母舰的彩色及黑白照片。包括许多剖面图在内的全彩工艺图真实地展示了世界海战史上的某些王牌航空母舰的过人风采。对二战期间航空母舰参与的大规模海战作了详尽的介绍，其中包括中途岛海战和珊瑚海海战。这可以称得上是一位极负盛名的海战专家的权威力作。其中有着有关现代化航空母舰战术和舰载机联队的详尽介绍。

《航空母舰：世界王牌航空母舰暨海战实录》

作者张斌。装备精良的太平洋舰队为什么转眼间葬身珍珠港？珊瑚岛的巨浪，中途岛的激战，仁川登陆，马岛风云……《航空母舰：世界王牌航空母舰暨海战实录》以时间为序，介绍了航母的发展历程和世界的航母，用精炼、准确的语言为读者描绘了一个个庞然大物以及与之相关的战争故事。

《世纪回眸：世界原子弹风云录》

殷雄、黄雪梅 编著

关于核武器非常全面的著作。

关于作者

殷雄、黄雪梅两位作者长期在中国核工业行业工作，对中国核工业有非常深入的了解。

核工业是各个大国的敏感行业，其中很多资料是没有解密的。我们所见到的资料都是冰山一角。殷雄、黄雪梅多年来利用其积累的专业知识以及工作的机会，接触到了非常多的相关资料。在1998年印巴核危机爆发之后，核武器的话题成为大家关注的焦点。这个时候，两位作者联合著作此书。期间，得到了中国科学院和中国核情报中心的多位研究员的鼎力相助。核工业总公司和新华出版社也力所能及地帮助作者完成了更多的资料准备工作，这使得此书成为介绍核武器以及核危机的权威著作之一。

荐读理由

核武器是目前地球上威力最大的武器，一直被称为“武器霸王”。

自从广岛、长崎上空的蘑菇云宣告了核武器的诞生之后，核武器至今已经发展到了九种。核武器，是大国力量的象征，也成为悬挂在各个国家头上的一把利剑，人类在二战之后一直生活在其恐怖的阴影之下。核武器与核技术已经在深深地影响着我们的生活，并且还将长时间地影响下去。因此，有必要更多地了解它，认识它。

武器，尤其是核武器，以其巨大的杀伤力，为爱好和平的人们所极力反对。但潘多拉的魔盒已经打开，只有超级大国拥有核武器，其他国家就会没有安全感，因此各国不顾大国反对，纷纷发展自己的核计划，全球开始展开核军备竞赛。苏联、英国、法国、中国、印度、巴基斯坦等国家相继进入核俱乐部。具有讽刺意味的是，这反而给世界带来了恐怖的和平，谁都不敢动用这种武器，因为它可能会招致自身的毁灭。

原子世界是一个神秘的世界，核武器的研制与发展历程更是笼罩着重重迷雾。世界各国对本国核武器情况的披露都是有限度的，有关的公开出版物更少。人类现在所能掌握的核武器有如下九种：

原子弹：最普通的核武器，也是最早的核武器。利用的是重原子核裂变反应所释放出的巨大能量。

氢弹：威力要比原子弹大几十至上千倍。其原理类似于太阳内部反应，利用轻原子核聚合反应而释放出巨大的能量。

中子弹：又称弱冲击波强辐射弹。中子弹只杀伤有生目标，而不摧毁建筑物和其他设备。这是一种高效率的恐怖武器。

电磁脉冲弹：利用核爆炸能量来加速核电磁脉冲效应的一种核武器，爆炸后可以烧毁电子设备，造成大范围的通信系统瘫痪。

γ 射线弹：这是一种威力比较小的核弹，不会使人立刻死亡，但能造成放射性污染，迫使人离开。

感生辐射弹：这是一种加强放射性污染的核武器。其主要作用是迟滞和杀伤敌军。

冲击波弹：这是一种小型氢弹。但其辐射性被减弱了，爆炸之后，部队可以马上投入爆区战斗。

三相弹：这是一种比氢弹威力还要巨大的武器。

红汞核弹：其体积和重量非常小，大约为一个棒球大小，但是其重量可达万吨以上，目前并没有确切的证据证明这种武器已经问世。

据统计，美国和俄罗斯手中所掌握的核武器的数量，可以把整个地球都毁灭。因为其巨大的破坏性，核武器历来受到全人类的反对。削减核武器数量，甚至最终消灭核武器，是很多和平爱好者的奋斗目标。两个核大国也为此进行了艰苦的谈判，并取得了一定的成果。尤其是在防止核武器和核废料落入恐怖分子手中的合作上取得了很大的成果。但是，近年来，很多后起的国家纷纷宣布要发展自己的核武器。印度和巴基斯坦赌气似的核试验竞赛震惊了世界。朝鲜、伊朗也在跃跃欲试，试图掌握这把利刃。而又有多少国家会一夜之间“突然”成为核国家呢？在全球范围内遏制核扩散是一项任重道远的任务。

本书除了对核武器的发展过程以及其工作原理、核武器的种类都有非常详尽的介绍之外，还对当前很多涉及核武器的重大的国际问题进行了深入的剖析，从而构成了一部关于核武器的非常全面的著作。尤其是对中国发展核武器的历程，以及各个大国在掌握了制造核武器的能力之后所进行的政治、军事斗争，进行了精彩的描述。对于很多想对核武器做更多的了解的读者来说，此书非常适合阅读。

原工业部副部长李觉将军在为此书所做的序言中说：“核武器是人制造的，人也一定能够最终消灭核武器。我对此深信不疑。”希望老将军的信念得以最终实现！

先睹为快

在第二次世界大战结束后，爱因斯坦对自己的老朋友和传记作者安东尼亚·瓦连廷说：“其实，我所起的作用并不比邮箱的作用大些。他们带来了已经写好了的信，我只是在上面签了个字。”

在签字后不久，爱因斯坦就对自己的这个行动感到后悔了。他在私人信件和记事中解释说，由于命运的嘲弄，他发出了开始研究最可怕的破坏性武器的信号。当然，爱因斯坦在那时的做法，是由于他设想美国政府除非是在本身的安全受到这种可怕武器的非常严重的威胁时，才能采用这种武器进行自卫，否则，在任何情况下也不会使用它。但是，6 年之后，当日本即将投降的时候，第一颗原子弹已经投到日本了，爱因斯坦本人以及参加制造这种武器的所有原子科学家才知道他们受了骗。战后，爱因斯坦深感遗憾地说："如果当时我知道德国人在制造原子弹方面不能获得成功，那么我连手指也不会动一动的。”

截至目前，世界核国家为：

NPT 条约宣布的有核国家：美国、俄罗斯、中国、英国、法国以及前苏联解体后派生的白俄罗斯、哈萨克斯坦和乌克兰。

宣布有核武器的国家：印度和巴基斯坦。

未宣布的核武器国家：以色列。

怀疑有核武器发展计划的国家：伊朗、伊拉克、朝鲜和利比里亚。

决定撤销其核武器发展计划的国家：南非、阿根廷、巴西、罗马尼亚、白俄罗斯、哈萨克斯坦和乌克兰。

台湾当局一直在暗中研制核武器，企图在核废料的后处理及运载技术等瓶颈环节上有所突破。美国政府的一份内部报告认为，台湾现今可以被视为准核武器“国家”，并可能继以色列、印度、巴基斯坦之后秘密拥有核武器。

印度与巴基斯坦本来打算通过核试验，一方面向对方示威，另一方面让国际社会注意到他们现在已经是有核武器国家了，因此要获得一定的“名分”。但是，从国际社会的角度来看，印巴两国的核武器只是名不正、言不顺的“私生子”，得不到国际社会的承认，也得不到他们想要的安全。这就是事与愿违，或者说本来就不打算得到什么，只是要让国际社会大吃一惊。但是，这个玩笑也开得有点太大了。新的世纪和新的千年即将到来，以如此事件作为20世纪的尾声，不能不说是令人尴尬的。

延展阅读

《武器霸王：核武器100问》

主编胡学兵等。本书分为6章，并以问答的形式，对核武器的研制过程、结构原理、分类及其对人类社会的影响和未来发展等进行了详细阐述，以揭开其神秘的面纱。全书图文并茂，实例众多，语言生动精炼，力求使广大读者在轻松、愉快的阅读中对“武器霸王”有一个更加全面、理性的认识。本书集思想性、知识性、可读性和趣味性于一身，适合广大青年学生、军事爱好者和部队官兵阅读参考。

《核武器　核国家　核战略》

作者王仲春。核武器的出现是人类科学进步与大国战略需求相结合的产物。本书在广泛占有资料的基础上，遵循历史发展的脉络，将各核国家的核武器与核战略融入不同时期国际战略形势的大背景，在多项政策的结合上，重点阐释了各核国家不同的战略诉求和战略手段的运用，并以唯物史观和辨证的方法，剖析了核战略的发展与调整，以及由此而导致的国际安全格局的演变。作者认为，尽管实现无核武器的目标任重而道远，但是，人类的伟大在于能够在危难之中拯救自我，我们有理由对争取世界持久和平与稳定充满信心。

《较量：米格、苏霍伊及其敌人》

矫中成　著

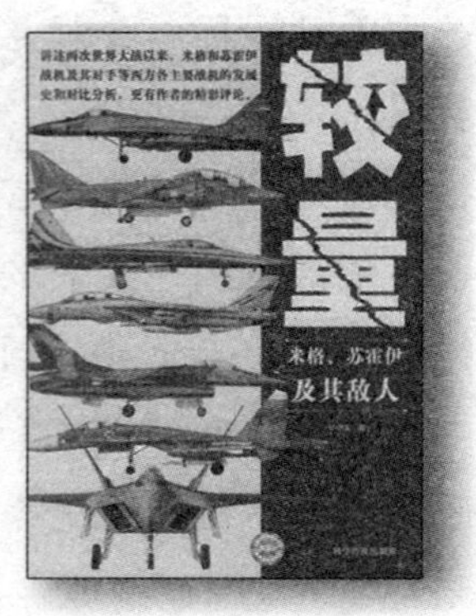

该书能使我们非常准确地把握各个时期美俄两国在战斗机方面的竞争状况。

关于作者

矫中成，军事学者，尤其是对战斗机有非常深入的研究。《较量：米格、苏霍伊及其敌人》是其主要著作。此外，他还翻译了俄罗斯学者戈登的《不为人知的幽灵杀手米格－31》等著作。

荐读理由

米格和苏霍伊家族具有巨大的知名度和影响力，战斗力更是不可低估。这些红色雄鹰不但改变了世界军事力量的态势，甚至影响到了世界上各国军事、政治、经济、外交等各个方面。更主要的是它的独特的风格，永恒的魅力，高傲的气质，先进的性能，强悍的战斗力，至今依然在战斗机领域引领潮流。

中国战机与苏式战机有不解之缘，从设计到性能，中国的战斗机都秉承了俄罗斯战斗机的风格。此外，中国军队列装苏式战机数量也极为可观。因此，米格和苏霍伊战斗机的性能及其面对的敌人的性能，就成为我们必须要关注的。这也是我们对米格家族和苏霍伊家族感兴趣的最重要原因。

提起米格飞机，人们就会想起在朝鲜、越南上空与美军奋勇作战的“米格-15”“米格-21”。中国的战斗机大多是根据米格战斗机仿制而来，如歼-5仿制米格-17，歼-6仿制米格-19，歼-7仿制米格-21。而现在，米格公司更是推出了对抗美军F-22的米格-39，令人充满了遐想。米格设计局是俄罗斯最大的飞机制造厂，其名称“米格”是对其两位设计师——米高扬和格列维奇的致敬。米格飞机对世界航空工业和东西方飞机的设计都产生了深远的影响，缔造了米格王朝。

苏霍伊飞机设计局是前苏联和现在俄罗斯重要的军机研制机构，也是世界上著名的航空企业之一。现已改名为苏霍伊设计局股份有限公司，但是人们还是习惯地称它为苏霍伊设计局。从1939年苏霍伊设计局创立，到刚刚过去的2000年的61年来，苏霍伊设计局曾取得了举世瞩目的成绩。该公司的命名，同样是为了纪念其首位首席设计师苏霍伊。

苏霍伊设计局最为知名的机型就是大名鼎鼎的Su-27。1984年Su-27装备部队试用，1985年后开始大批量装备部队。Su-27的研制成功是苏联军机研制的一个新的里程碑。直到现在，Su-27仍然是世界上同级别生产型歼击机中最优秀的机种之一。虽然在过去的苏式飞机中有不少成功之作，但直到Su-27飞机及其系列的问世，才真正使苏霍伊设计局声名大振，成为世界顶尖的军机制造商，也迎来了该设计局有史以来最辉煌的时期。20世纪80年代末，新型的苏式飞机在超机动性方面又有了新的突破。如Su-27、Su-30和Su-33都成为俄罗斯及其他一些国家最主要的机型之一。

冷战结束后，苏联的主要敌人是美国。因此，两家公司的主要竞争对手自然也是美国的战斗机设计公司，如洛克希德·马丁公司、波音公司等。这些公司同样都是世界航空业的佼佼者，引领着世界战斗机的发展。如洛克希德·马丁公司的“F”系列战斗机，是美军及其盟国最主要的战斗机型之一。现在，F－22战斗机是美军的主力战机，而下一代的新战斗机已经研制成功，需要引起我们足够的重视。

作为实际上掌握最先进战斗机技术的两个国家，美国和俄罗斯的战斗机竞争，就是米格、苏霍伊同马丁、波音这几个公司不断推出的机型之间的竞争。这是我们研究世界战斗机研发进程的风向标。

本书从第一代战斗机开始谈起，以米格和苏霍伊两家公司的战斗机为根据，相应地介绍每个重要的机型及其在实际的战斗中所面临的美军战斗机的相关参数，并进行非常专业的分析评价，使得我们能够非常准确地把握各个时期美俄两国在战斗机方面的竞争状况。

书中配备了海量插图，每一款机型，几乎都可以找到相匹配的图片说明，让读者能够得到视觉上的认知，获得感性的认识。相信很多读者对此会爱不释手。

现在，中国的战斗机设计研发也进入了一个快速发展的时期，并逐步摆脱了对俄罗斯战斗机的仿制。歼－20、歼－31、歼－15等一系列机型的问世让我们对中国战机充满期待，但是俄罗斯战斗机的优越性能及设计思路依然需要我们认真学习。而我们如果想要超越俄罗斯，就必须首先对其飞机有深入的了解。从这个意义上，即使摆脱了对其仿制，我们依然不能放弃对其进行研究，这对中国战斗机的长远发展意义重大。

作者在书中提道：“现代空军的目的可以是防御国家，而不是侵略别人，但核心灵魂和战略手段绝对应该是攻防兼备，突出进攻。在装备和设计战机（如大航程、大弹量、可空中受油、多用途等性能）、编制训练、战略战术、战机设计思维等方面都要适应进攻。空军战略、战术、整个国防战略三者之间的关系是紧密而且相互影响极大的，绝大多数人都能认识到这一层次，但却往往理解上片面化、简单化。”希望此书可以给普通的军事爱好者以启迪，这也是作者写作此书的目的所在。

先睹为快

由于种种原因，米格－21 虽然出口时没有什么简化，但在米格－21之后，苏联出口的所有战机几乎都奉行“猴型”原则——为出口的战机换装比本国使用的同型号的飞机落后的、设备严重缩水和简化的设备。可以说苏联对出口战机采用“猴型”出口政策是从这时开始的，并一直持续到苏联解体。今天的俄罗斯在国力日衰和买方市场的情况下虽然不敢出售“猴型”装备了，但有时仍然对有些国家购买的有些产品进行简化、缩水或不使用最先进技术（当然，有些国家购买的装备情况要好得多，很多装备不但没有简化、缩水，而且采用了很多当今先进技术，甚至比俄罗斯自己用的还要好，但这并不意味着俄罗斯没隐藏更先进的技术）。这自然导致有些苏联战机声誉不好，但这些战机并不是真正的苏联战机，并不代表该型战机的真实性能水平。这种“自毁声誉”的做法保住了秘密，误导了西方，使它们认为苏联的飞机不过如此，因而放松警惕。这正是苏联愿意看到的。当然因此导致战机出口状况不佳，口碑不好，甚至影响到自己的势力范围、盟友对自己的态度乃至国际局势走向，这也是极其严重的，孰轻孰重实在难说。

由于F－117 隐身性好、可维护性好，因此出勤率高。在历次局部战争中，承担了大部分轰炸重点目标的任务。由于出色的隐身性使其任务完成得十分出色，但是这款战机和其他某些美军飞机一样，也是一款贵得惊人、长相抢眼、为了隐身性能过分牺牲了其他性能的战机。试想这样一款只能飞亚音速、机动性又不强的飞机，一旦被发现并成功跟踪会是什么下场。因此，这类战机十分适合欺负那些纵深浅、防控体系不健全的小国。由于他们在这里不会被发现，因此可以保证零伤亡以及最高的出勤率和令人恐怖的战果；在这类战争中它确实是提高战争效率的倍增器，是减少己方损失的最好利器，它比任何其他三代战机都适合在这类战争中执行任务。因此，才造就了F-117的神话。

且不清楚俄罗斯在等离子隐身技术方面有多大突破，所以还不好轻易下结论，不过应该像俄罗斯宣称的那样，已具备实用能力。加上有吸波涂层和红外技术降噪技术的多重保险，米格-39的隐身性能至少和F-22平起平坐。

超音速巡航上，米格-39与F-22同样相差不大，最大速度还能占优势。由于外形设计上F-22为隐身牺牲了一些飞行性能，尽管超机动能力十分出色，但估计不如气动外形优良、大仰角竟能达到100°的米格-39优秀。

更可贵的是，它的研制时间和研制速度并不比F-22慢多少，如果前苏联不解体，很可能在F-22刚装备一两年，米格-39就能列装服役。可惜，历史不能假设；冷战结束后，俄罗斯的经济状况持续恶化，甚至到了崩溃边缘，这个原本与美国四代战机相抗衡的优秀战机很可能只成为技术验证机而不会投产。通过目前掌握的情况可以基本肯定，俄罗斯未来真正打算投产的战斗机计划只是以F-35为对抗目标的轻型四代战机计划。那样很可能F-22主宰天空的时间会更长。

延展阅读

《简氏战斗机指南》

作者鲍勃·蒙罗和克里斯托弗·钱特。如今的简氏是一家由加拿大公司控股的跨国军事战略信息分析公司，旗下有一系列著名的军事信息杂志，如《简氏防务周刊》《简氏军舰》《简氏全球航空器》《简氏情报评论》《简氏外事报道》等，其信息分析在西方媒体和政府中一直被视为权威，其数据库广泛被各国政府和情报机构购买。本书以世界军事信息权威机构英国简氏信息集团提供的权威信息为基础，图文并茂地介绍了100多种现代战斗机的研发历程、卓越性能和技术特征，资料新，内容全，是一本现代战斗机的最佳指南。

《反核化生爆恐怖：威胁·防范·处置》

夏治强　主编

本书既可作为反恐专业人士的参考，也可作为公众科普读物。

关于作者

夏治强，化学工业出版社编辑，主编了多部有关生化类题材的著作。如《反核化生爆恐怖：威胁·防范·处置》《化学武器兴衰史话》《英汉·汉英防化科技词汇》等。

荐读理由

随着恐怖主义逐渐成为全球性威胁，几乎所有的国家都投入到反恐斗争之中。可是每个国家对于恐怖主义的定义又不尽相同，世界上针对恐怖主义的定义多达170多种。现代的恐怖主义经常被人误用滥用，被当成一个标签贴来贴去，“反恐”有时候仅仅是发动战争的一个借口而已。某些国家把被占领国家的解放组织称为“恐怖组织”，他们正当地谋求独立和自由的行为被当作是恐怖主义，但是这些国家自己杀害妇孺、破坏当地基础设施的行为却被美化为“反恐”。恐怖主义包含以暗杀、劫持、爆炸等为手段的极端行为，但一些国家的部门也经常这样做，然而没有人认为他们是恐怖主义。

现代的恐怖主义大概是从20世纪60年代末开始兴起的，虽然并没有构成全球性的威胁，但是恐怖主义愈演愈烈，引起了国际社会的广泛关注。在1973年的时候，针对这种猖獗的恐怖活动，联合国成立了反恐特委会。1988年，本·拉登在阿富汗建立了“基地”组织（又译卡达或凯达）。成立之初，其目的是为了训练和指挥与入侵阿富汗的苏联军队战斗的阿富汗义勇军，但是从苏军撤退后的1991年前后开始，该组织将目标转为打倒美国和伊斯兰世界的“腐败政权”。从此，真正意义上的国际恐怖主义组织形成了。

在21世纪，我们看到并存着三种形态的恐怖组织。

第一类是国别性的，其活动主要针对特定的国家，但其活动范围则是跨国性的。这一类仍然是当前很多国家所面临的主要威胁。如西班牙的“埃塔”组织、车臣非法武装等。第二类是区域性的，主要是在一个地区的某几个国家寻求一种共同的目标、区域的利益。所以我们称它为区域性的恐怖组织。最后是以基地为核心的国际恐怖势力，它是一个真正意义上在全球可以对国际社会利益构成威胁的恐怖组织。

恐怖组织成立的原因也是五花八门。有的是民族主义的恐怖组织，有的是宗教型的恐怖组织，有的是极右翼的恐怖主义组织，还有的则是极左翼的恐怖主义组织。

“9·11”事件，将恐怖组织的罪恶行径放大到了极限，遭到了全世界人民的谴责。世界反恐由此进入了一个新的时代。但是，国际反恐斗争的长期化趋势也是不争的事实。我们不认可恐怖主义，但是我们需要充分了解恐怖主义。对于恐怖主义的成因、状态和发展趋势，我们需要系统而深入地探讨、分析和研究，只有全面、深刻地认识恐怖主义，并对恐怖主义产生的根源和主张进行深入的剖析，才有可能制定科学、系统的反恐策略，才能有效防范和打击恐怖活动。

本书对恐怖主义的方方面面进行了非常系统的阐述和介绍。第一部分，作者介绍了国际恐怖主义活动的历史与现状，让普通读者从中可以得到关于恐怖主义的最基本知识。第二部分则非常全面地介绍了世界最主要的恐怖主义组织。其中有些组织我们都曾经听过，但是对其却缺乏了解。而有的恐怖组织可能我们都不怎么了解，但却是非常危险的恐怖组织。第三部分作者则展开介绍了美国、英国、俄罗斯、德国等国家的反恐特种部队等，相信大多数的读者对这部分内容会非常关注。

另外，其他几个章节则重点突出了对核、化学、生物以及爆炸恐怖的防范、处置的各种措施与方法，还从政治角度分析了国际反恐合作与反恐综合治理。这些核、化、生武器，都是已经存在并且在快速发展的新型武器。恐怖分子很有可能会利用这些武器来发动恐怖战争。本书对这些武器进行了非常系统的说明，这也是此书最为精华的内容。因此，我们将本文纳入“军事器械”的篇目之中来推荐。

本书内容详尽、观点鲜明，注重科普性、实用性，兼顾科学性、学术性和前瞻性。本书既可作为反恐专业人士的工作参考书，也可以作为公众了解反核、化学、生物以及爆炸恐怖知识的科普读物。

先睹为快

21 世纪，随着错综复杂的国际矛盾的尖锐化和畸形化，国际恐怖组织积极谋求利用核、化学、生物大规模杀伤性武器或类似材料来制造高恐怖效应的恐怖活动，成为恐怖主义的重要发展动向。目前世界已知的 200 多个恐怖组织，多数具备制造化学、生物恐怖的能力。随着核化生技术的扩散，又兼国际社会相关的流通监控手段和机制仍不完善，将有更多的恐怖组织拥有制造核化生恐怖的能力。

1975 年前的 36 年中，佛朗哥在西班牙实行独裁统治激化了民族矛盾。以“埃塔”为首的激进民族势力开展“武装斗争”，反对独裁统治。在西班牙恢复君主立宪，实行民族区域高度自治的今天，“埃塔”的“武装斗争”已经演变成分裂国家的恐怖行为。“埃塔”已经由一个地下反抗组织，逐渐发展成为危害整个西班牙社会，以暴力从事民族分裂活动的组织。“埃塔”成员经常流窜到法国、比利时、德国、意大利以及拉美的墨西哥、乌拉圭、多米尼加等国家作案。从 1968 年至今，这个恐怖组织制造了无数的恐怖活动，致使近千人丧生，数千名无辜平民伤残。在其暴力活动中，把打击主要目标指向军人、警察、法官、检察官、党派政治家，甚至企图谋杀反对党领袖、政府首相和国王。40 多年来，“埃塔”的恐怖活动造成千余人死亡。“埃塔”还通过绑架企业家、监狱管理人员，逼迫他们缴纳“革命税”，以解决其经费来源问题。“埃塔”的暴力活动不仅在西班牙全国造成众多人员伤亡和巨额财产损失，也影响到了西班牙国家与社会的稳定。

2001 年，澳大利亚科学家研究一种以基因为基础的避孕药，以控制该国的鼠害，但无意中制造出一种罕见致命的鼠痘病毒变种。据传以色列科学家利用南非“染色体武器”研究成果，正在全力破译犹太人与阿拉伯人之间的基因差异，以研制只攻击阿拉伯人的“基因炸弹”。俄罗斯早就着手研究剧毒的眼镜蛇毒素基因与流感病毒基因的拼接，试图培育出具有眼镜蛇毒素的新流感病毒，它能使人出现流感症状，使一些人出现蛇毒中毒症状，导致患者瘫痪和死亡。德国也在秘密研制可以对付抗生素的基因武器，包括大肠杆菌、霍乱以及黑死病等致命病毒的原病体的基因改造。美国国防科学委员会生物防御技术委员会认为，人类基因组学使基因武器成为了一种能够摧毁城市人口的新战争武器。有消息称，某国拼接出一种剧毒的“热毒素”基因毒剂，仅用万分之一毫克，就能毒死 100 只猫。倘用其 20 克，就足以使全球 60 亿人死于一旦。

延展阅读

《世界恐怖组织的行动》

作者顾雨。现在是反恐的时代，恐怖主义给人类社会造成前所未有的巨大威胁。除传统的恐怖主义威胁外，核武器、生化武器的走私和扩散，信息高速公路的四通八达，使恐怖主义活动具有重大的危险性。美国一位情报官员说过，如果有足够的经费和20名能干的计算机程序专家，就能使整个美国停止运转。有人惊恐地称之为“21世纪的政治瘟疫”，下个世纪将进入一个“超级恐怖时代”。本书对世界著名的恐怖组织进行了比较详细的介绍，可以作为我们了解这方面知识的一本指导书。

《新概念武器与信息化战争》

禚法宝、张蜀平、王祖文、高媛　编著

作者向我们详细介绍了什么是新概念武器，包括类型及工作原理。

关于作者

作者均长期从事高新军事技术方面的研究，是这一方面的专家。禚法宝还出版有《直面信息化战争》《新军事变革与武器装备建设》等著作，其中《直面信息化战争》为禚法宝、张蜀平合著。

荐读理由

一百年前的人们无法想象原子弹的威力与恐怖，而现在的人们对此已经了然于胸，并不会过分诧异。同样，现在的我们也很难想象未来的武器究竟会是什么样——尽管无数的科幻电影已经为我们展示了未来的武器与战争，但想象与现实之间终究存在着一定的距离，而我们迫切想知道的是有科学基础并即将成为现实的武器。

在电脑诞生后的几十年里，信息技术蓬勃发展。随着信息时代的到来，信息化战争就成为未来的基本战争形态。所谓的信息化战争，是由信息化军队在陆、海、空、天、信息、认知六维战略空间用信息化武器装备进行的，以信息和知识为主要作战力量的，附带杀伤破坏减到最低限度的战争。

当然，当今的世界，经济、军事发展极不平衡。超级大国美国，一只脚已经迈入了信息化战争的门槛，而诸如阿富汗这样的贫穷落后的国家却依然在用步枪、炸药进行着战斗。可以说，现在我们处在“高技术战争”时代。这个时代之前是“机械化战争”，而之后则是“信息化战争”。

“机械化战争”从工业革命开始一直到20世纪80年代初期结束。核武器的出现是其顶峰。但是由于核武器的巨大破坏力，而且很难以用于实战，因此，机械化战争日渐式微。

“高技术战争”的起点是20世纪80年代初期，即从英、阿马岛战争开始。因为在这场战争中，敌对双方投入了大量的高新技术兵器和综合电子信息系统。这个时代据预测可以延续到21世纪30年代。在这个时代，精确战、非接触作战等作战形式层出不穷，各种精密的高新技术武器不断用于实战，信息系统与指挥系统实现高度融合，信息将全面主宰战场上的物质和能量。

而“信息化战争”则引领了一个全新的战争时代。《新概念武器与信息化战争》列出了“信息化战争”的几个特点：

1. 战争与和平的界限日趋模糊。因为“信息化战争”首先将以无人员杀伤的“软战”开始，而后才会进行火力打击。“软战”即摧毁敌方的军事信息系统或民用的信息系统。而诸如“信息战”的战斗形式，不一定必须是军人来实施，任何具有比较高的计算机知识的人，都可以借助计算机和网络进行“信息战”。

2. 战争的动因将会非常复杂，战争的目的有限。现代社会，追求领土扩张已经不再是国家的首要需求。因此战争的目的通常是因为其他因素，而战争的范围和强度也将是可控的。

3. 战争的内涵扩大，战争主题多样化。恐怖组织、跨国公司、非政府组织等，都可能成为战争的主体，而非局限于国家。

4. 作战节奏快，战争持续时间很短。经常只要一方占据绝对优势，战争就结束了。

5. 战争破坏小，必要破坏减少到最低限度。

6. 地理因素大大减弱，作战行动在全维空间内进行。

7. 战争一体化程度高，无形作战力量将起到决定性的作用。

以信息技术为先导的高新技术群的飞速发展，催生和促进了一大批在工作原理、破坏机理和作战方式上与传统武器有着显著区别，并可大幅度提高作战效能与效费比或形成新军事能力的高新技术武器群体即新概念武器。新概念武器的陆续涌现，不仅对军事理论、军队体制编制和战争形态产生了广泛而又深远的影响，而且还将改变未来战争的样式。

相信大多数的军事爱好者对未来的新概念武器会更加有兴趣。在本书中，作者向我们非常详细地介绍了什么是新概念武器，包括哪些类型的新概念武器，以及这些武器的工作原理即破坏力等。如激光武器、微波武器、动能武器、离子束武器、气象武器等，都将成为在战斗中经常采用的武器。而这些新的武器的出现，并不代表旧的武器的消亡，相反，旧武器将获得更大的发展，成为科技含量更高的武器。本书对此也有非常详细的介绍和展望。

本书在吸收和借鉴了有关专家学者近年来最新研究成果的基础上，多层次、多角度、全方位地反映了信息化战争的基本内涵与发展历程，以及世界主要国家军队加强新概念武器开发、研究、应用等方面的基本情况，具有很强的针对性。此书将大大拓宽读者的视野。过去的战争，我们应当铭记，而未来的战争，才是我们应该更加关注的。从这个意义上来讲，我们必须要加强这方面的研究，这样，才会在未来的战争中立于不败之地。

先睹为快

西方曾有这样两则报道：一则是说在100年前，南美亚马孙河畔的一个叫拉脱维娜的农场曾经发生过一场人蚁大战，300 多名农场工人曾与长 10 千米、宽 5 千米的南美食人蚁群激战两天两夜，食人蚁群所经过的地区，动植物全被吞噬一光，地平线看不到一点生气。如果这些食人蚁的残忍基因被转移到普通蚂蚁体内并把它们投放到战场上，后果将不堪设想。另一则报道说，1996 年 10 月，美国一个著名的动物考察队在亚马孙河的热带雨林中，曾经被一种变异的红色“血蛙”和一种“巨蛙”包围。“血蛙”尾巴中能喷出浓浓的黑汁，这种黑汁射入人的眼睛中就会使人失明，射在皮肤上就会引起皮肤糜烂；而“巨蛙”更可怕，他们竟然吃人。此后科学家研究发现，“血蛙”和“巨蛙”并不是在地球上的新发现的青蛙，而是人类已知青蛙的变种。如果这种变种青蛙被克隆，就可能成为战争中的“恶魔”。

1999 年在空袭南联盟的过程中，有报道称美军也使用了微波弹试验装置。根据美国公布的研究计划，微波弹的先期概念演示验证工作已经在 2000 财年结束，应该初步具备作战能力。美空军的研究工作集中在飞机自卫、压制敌防空、指挥控制战、夺取空中优势、空间控制等方面。1995 年，美空军开始研制用于压制敌防空系统的高功率微波试验系统，目的是利用微波能量烧毁敌防空系统中的敏感电子元件。1996 财年对选定的综合防空设施进行低功率耦合和高功率破坏试验，并选定休斯公司为承包商。该计划采用的爆炸驱动脉冲功率技术，能在敌防区外进行发射，利用有限的目标信息实现攻击效果。它可以对地方的射频威胁系统造成永久性电子损伤，具有发射后不管的能力，单次发射能杀伤大量目标，有一定的覆盖范围，对发射精度要求不高，天线产生的副瓣对己方的附带损伤很小。

自 20 世纪 60 年代以来，美国和苏联争霸了几十年，逐渐将陆、海、空战场扩展到外层空间，使战争的“时空观”发生了重大变化。由于太空战场上的军事活动不受地球、国界、天候等因素的影响，作战的双方可以在轨道机动能力允许的范围内采取全方位的作战行动，这就使作战达到了真正意义上的灵活和协调。特别是在未来的信息化战争中，位于太空战场上的各种侦查、预警、通信卫星将作为军队指挥自动化系统的核心部件，首当其冲地成为对方攻击的目标。作战双方为获得陆、海、空立体战场上的主动权，必将首先抢占太空战场这一“制高点”。

延展阅读

《未来战争——21 世纪战争面面观》

作者马克·塞拉西尼是美国《纽约时报》专栏作家和评论人。在书中，他分别从陆地、海洋、空中、外层空间甚至网络几个方面向读者预先展现了 21 世纪未来几十年用新武器、新战略和新技术武装起来的新型军人，令人耳目一新。这些尖端的武器和军事高科技可能会改变现代战争的面貌。这些变化，对于我国、我军了解美国军队、武器的现状、发展动态和趋势，美国未来的战略思想和战争设计，从而更有针对性地采取相应战略对策，是有一定借鉴意义的。

图书在版编目（CIP）数据

一生读书计划. 军事与战争书架 / 潞潞, 朱晋平主编 ; 刘新华, 张璇编著. -- 太原 : 山西教育出版社, 2016.9（2018.11重印）

ISBN 978-7-5440-8279-2

Ⅰ. ①一… Ⅱ. ①潞… ②朱… ③刘… ④张… Ⅲ. ①军事理论－推荐书目－世界②战争史－推荐书目－世界 Ⅳ. ①Z835

中国版本图书馆CIP数据核字(2016)第010439号

YISHENGDUSHUJIHUA · JUNSHIYUZHANZHENGSHUJIA

一生读书计划 · 军事与战争书架

主　编　潞　潞　朱晋平

编　著　刘新华　张　璇

出 版 人　雷俊林

选题策划　孙　铁

出版统筹　魏雪萍

责任编辑　樊丽娜

特邀编辑　杜晓虹

排版统筹　许艳秋

装帧设计　后声 HOPESOUND Pankouyugu@163.com 小海馬·书装

出版发行　山西出版传媒集团 · 山西教育出版社

（太原市水西门街馒头巷7号　邮编：030002）

印　　装　新乡市龙泉印务有限公司

开　　本　787mm × 960mm　1/16

印　　张　24.875

字　　数　317千字

版　　次　2016年9月第2版　2018年11月第2次印刷

书　　号　ISBN 978-7-5440-8279-2

定　　价　42.90元
